MÉMOIRES

anecdotiques

SUR

L'INTÉRIEUR DU PALAIS

IMPÉRIAL.

J. TASTU, IMPRIMEUR ET ÉDITEUR,
RUE DE VAUGIRARD, N. 36.

MÉMOIRES
anecdotiques
SUR
L'INTÉRIEUR DU PALAIS
ET SUR QUELQUES ÉVÉNEMENS
DE L'EMPIRE
DEPUIS 1805 JUSQU'AU 1ᵉʳ MAI 1814
POUR SERVIR A L'HISTOIRE
DE NAPOLÉON

PAR L.-F.-J. DE BAUSSET
ANCIEN PRÉFET DU PALAIS IMPÉRIAL.

Avec deux Portraits
ET CENT VINGT FAC-SIMILE.

TOME SECOND.

PARIS
BAUDOUIN FRÈRES, ÉDITEURS,
RUE DE VAUGIRARD, N. 17.

*

1827

MÉMOIRES,

SOUVENIRS

ET ANECDOTES,

SUR

L'INTÉRIEUR DU PALAIS

ET SUR QUELQUES ÉVÉNEMENS DE L'EMPIRE,
DEPUIS 1805 JUSQU'AU 1er. MAI 1814.

CHAPITRE PREMIER.

Le prince Eugène est nommé à la succession du grand-duché de Francfort. — Envoi d'une cour brillante sur les frontières d'Autriche pour recevoir l'impératrice Marie-Louise. — Empressement des cours d'Allemagne. — Le roi de Bavière et deux grenadiers de la garde impériale dans les rues de Munich. — Braunau. — Note renfermant la liste complète des personnes composant le cortége de la cour d'Autriche chargées de remettre l'impératrice Marie-Louise à la cour de France. — Baraque de Braunau. — Remise de l'auguste fiancée. — Dispositions pour le cérémonial de la remise de S. M. l'impératrice dictées par Napoléon.

Mon intention n'est pas de répéter tout ce qui a été dit dans les journaux de Vienne et de Paris, relativement aux cérémonies, fêtes et réjouissances dont le mariage de Napoléon avec Marie-Louise fut accompagné, je parlerai seulement de choses qui n'ont peut-être pas été remarquées.

La première, c'est la nomination du prince Eugène à la succession du grand-duché de Francfort, nomination faite à Paris le même jour, 3 mars, où le prince de Neufchâtel arrivait à Vienne. Coïncidence singulière, qu'il faut considérer comme une espèce d'hommage secret rendu à l'impératrice Joséphine. Ce fut peut-être une faute de la part de Napoléon, parce qu'il faisait connaître par-là son intention secrète de réunir un jour le royaume d'Italie à son empire.

Je fis partie du service d'honneur qui fut envoyé, au commencement du mois de mars, à *Braunau*, pour assister à la remise de l'auguste fiancée. Le comte Philippe de Ségur et moi nous partîmes les premiers pour y établir la maison impériale. L'empressement de tous les souverains et des princes de la confédération, dont nous traversâmes les états, fut extrême, pour apprendre de nous tout ce que nous savions des dispositions qui devaient être prises dans cette circonstance. J'ai sous les yeux, et je vais copier l'ordre qui nous fut remis à la porte de Munich.

« Le général commandant de la place, à Munich,
» a l'honneur de prévenir MM. de Posset (Bausset)
» et de Ségur, venant de Paris, de vouloir se pré-
» senter chez S. M. le roi de Bavière, à l'instant de
» leur arrivée, qu'il soit jour ou nuit et à toute heure,
» ayant à parler avec lesdits messieurs.

» *Signé*, baron D'ojo, général major. »

Munich, 6 mars, 1810.

Le roi désirait connaître le moment du passage de la reine de Naples, et du service d'honneur qui était envoyé pour assister à la remise. Nous satisfîmes à toutes les questions de cet excellent roi, qui eut la bonté lui-même de nous indiquer la meilleure auberge de sa capitale. Il aurait bien désiré recevoir tout le cortége dans son palais, mais les ordres de l'empereur étaient formels. Nous voyagions aux frais de la couronne et nous ne devions incommoder personne. J'ai su qu'après notre départ, ce monarque, si chéri de ses sujets et de tout le monde, se rendit à pied à l'auberge que nous avions retenue d'après ses conseils, pour s'assurer par lui-même des dispositions les plus convenables, qu'il y revint le soir même où le cortége arriva, et que trouvant la reine à table, avec les dames du palais et les autres personnages du voyage, il daigna assister sans cérémonie et avec une grâce parfaite à ce souper.

Le roi de Bavière était le meilleur des hommes. Personne n'avait les goûts plus faciles et plus naturels. Il excusait tout, pardonnait tout, et plaisait à tous par sa douceur, sa tranquillité, sa politesse exquise, et par sa fidélité inaltérable à sa parole. Cet heureux caractère ne fut point perverti par l'éclat et les illusions du pouvoir suprême. Il conserva toujours cette rare simplicité de mœurs, de manières et d'affabilité, qui le rendit si cher à ses sujets, à sa maison, et à tous ceux qui eurent le bonheur de l'approcher.

1.

En 1805, nous étions à Munich, au milieu des fêtes occasionées par le mariage du prince Eugène. Le roi, selon son habitude, vêtu d'une simple redingote, se promenait avec un de ses aides de camp dans les rues de Munich. Il aperçut deux grenadiers de la garde impériale, qui menaient chacun sous le bras deux demoiselles de facile composition : il s'approcha doucement d'un de ces deux grenadiers, et lui dit tout bas... *Mon ami, ne vous y fiez pas, il y a du danger pour votre santé et pour celle de votre camarade...* Le grenadier qui avait reconnu le roi qui accompagnait souvent l'empereur, lui répondit également tout bas... *Si ce malheur nous arrive, Sire, nous irons nous faire guérir dans vos hôpitaux.* — *Non, dans mes hôpitaux,* dit ce bon prince, *mais dans l'infirmerie de mon palais.* — *Nous n'y manquerons pas, Sire.* Ce qu'avait prévu le roi se réalisa effectivement ; nos deux grenadiers se présentèrent à l'infirmerie du palais, et par ordre de S. M. ils y furent soignés, guéris et traités avec la plus grande bienveillance.

La petite ville de Braunau, frontière de l'Autriche et de la Bavière, offrait peu de ressources dans une circonstance aussi pompeuse et qui devait réunir deux cours aussi nombreuses [1].

---

[1] Le cortége autrichien, d'après l'état qui me fut remis,

Il n'y avait aucune maison convenable pour établir le palais; nous fûmes obligés d'en louer plusieurs attenant l'une à l'autre, et de faire percer les murailles pour y faire construire des portes d'étage en étage, et agrandir ainsi les appartemens et faciliter les communications. En deux jours tout fut prêt La corbeille et les présens de noces, dont la magnificence se composait de quatre-vingt-trois voitures ou fourgons ; quatre cent cinquante-quatre chevaux de trait et huit de selle devaient être employés à chaque station de poste. Voici la liste des hauts personnages qui formaient ce cortége.

Le prince Paar, grand-maître des postes impériales.

Le prince Trauttmansdorff, premier grand-maître de l'empereur d'Autriche, et son commissaire plénipotentiaire pour la remise.

Le comte d'Edling, grand-maître de l'archi-duchesse Marie-Louise, impératrice de France.

La comtesse de Lazanski, sa grande-maîtresse.

La princesse Trauttmansdorff,
Les comtesses D'O'Donell,
—— De Saureau,
—— D'Appony,
—— Blumeggen,
—— Trann,
—— Podtotzki,
—— Kaunitz,
—— Huniadi,
—— Chatek,
—— Palfy,
—— Zichy.
} Dames du palais.

était admirable, furent étalés et disposés dans un des premiers salons de l'impératrice. Tout ce que le luxe le mieux entendu, le bon goût et la richesse peuvent offrir d'élégant et de recherché, fut déployé avec ordre. Tous les vêtemens, le linge, etc., avaient

Les comtes D'Haugwitz,
—— D'Urbna,
—— Joseph de Metternich,
—— Le Landgrave de Furstemberg,
—— Ernest D'Hoios,
—— Felix de Mier,
—— D'Haddik,
—— Henri de Wurmbrand,
—— François de Zichy,
Le prince de Sizendorff,
Le prince Paul d'Estherazi,
Le comte Balthyani.
} Chambellans de l'empereur d'Autriche.

Un détachement de la garde noble hongroise, monté à chaque station par les régimens de cavalerie placés sur les routes de Vienne à Braunau.

M. D'Hudelitz, conseiller aulique des affaires étrangères.

Le baron Lorh, conseiller actuel de la régence d'Autriche.

Mozel, conseiller concipiste aulique, etc.

Un médecin, un chirurgien, un chapelain, deux assistans, et une foule d'autres employés des services des grands-officiers de la maison d'Autriche.

Ce personnel dépassait le nombre de trois cents individus, sans y comprendre les militaires. En donnant ces détails, je ne suis pas fâché de faire connaître l'importance que l'Autriche mettait alors à son alliance avec Napoléon.

été faits à Paris d'après les propres modèles à l'usage habituel de S. M.; mais au milieu de tant de belles choses, ce qui nous frappa le plus, ce fut la petitesse du pied, à juger par les souliers que nous apportions, et qui avaient été faits d'après des chaussures envoyées de Vienne.

A une petite lieue de Braunau, sur l'extrême limite des deux frontières, déclaré neutre pour la circonstance, il avait été construit une maison en bois (baraque) divisée en trois salons : un du côté de l'Autriche, un autre du côté de la France, et celui du milieu plus grand que les deux autres. Ce dernier salon fut déclaré neutre et devait servir pour la cérémonie de la remise. Du côté de la France, on entrait dans le salon neutre par une porte à deux battans, placée au milieu du panneau. Du côté de l'Autriche, il avait été élevé un dais magnifique sous lequel était un fauteuil de drap d'or. Ce trône faisait face à la porte d'entrée de France: deux portes latérales étaient disposées de ce même côté. Sur la droite du trône était une table ronde placée dans la ligne centrale, couverte d'un riche tapis, et sur laquelle devaient se faire les signatures des procès verbaux de remise.

Une vaste enceinte était destinée de chaque côté de la baraque pour le placement des voitures des deux cortéges : de belles avenues d'arbres verts avaient été plantées et aboutissaient à la grande route, tant du côté de l'Autriche que du côté de la France.

Nous apprîmes le 16 mars, dans la matinée, l'arrivée du cortége autrichien à *Altheim*, petite ville à une lieue de la baraque. L'impératrice s'y était arrêtée pour quitter ses habits de voyage, et faire sa toilette. La reine de Naples avec le cortége, se rendit au salon français de la baraque. Ce cortége était composé de Mme. la duchesse de Montebello, dame d'honneur, de la comtesse de Lucay, dame d'atours, de la duchesse de Bassano, des comtesses de Montmorency, de Mortemart et de Bouillé; de M. l'évêque de Metz (Jauffret), aumônier, du comte de Beauharnais, chevalier d'honneur, du prince *Aldobrandini Borghèse*, premier écuyer, des comtes d'*Aubusson*, de *Bearn*, d'*Angosse* et de *Barrol* chambellans, du comte Philippe de *Ségur*, maréchal-des-logis du palais, des barons de *Saluces* et d'*Audenardes*, écuyers, du comte de Seyssel, maître des cérémonies, et de moi, préfet du palais.

Un empressement assez facile à expliquer m'avait fait désirer d'apercevoir l'impératrice aussitôt qu'elle arriverait et qu'elle serait entrée dans le salon du milieu, pour se placer sur le trône et donner à sa cour le temps de se ranger autour d'elle, avant notre introduction. J'avais apporté une vrille avec laquelle j'avais fait plusieurs trous à la porte de notre salon. Cette petite indiscrétion qui ne fut pas mentionnée au procès verbal, nous donna le plaisir de contempler à notre aise les traits de notre jeune et nouvelle souveraine : je n'ai pas besoin de dire que nos dames furent les plus empressées à faire usage des petites ouvertures que j'avais ménagées.

Marie-Louise entra précédée par le maître des cérémonies d'Autriche, se plaça sur son trône, et tous les personnages de sa cour se placèrent à droite et à gauche selon leur rang. La dernière ligne était formée par les plus beaux officiers de la garde noble hongroise, dont l'uniforme est si riche et si beau. Toutes ces dispositions étant prises, le baron Lorh, maître des cérémonies d'Autriche, vint frapper à la porte de notre salon. Le comte de Seyssel entra le premier, précédant le cortége français, à la tête duquel était le prince de Neufchâtel, commissaire plénipotentiaire pour la réception et le comte Alexandre De Laborde, secrétaire de la remise.

L'impératrice était debout sur le trône; sa taille élevée était parfaite, ses cheveux étaient blonds et admirables, ses yeux bleus annonçaient toute la candeur et toute l'innocence de son âme, et son visage respirait la fraîcheur et la bonté. Elle portait une robe de brocard d'or, brochée de grandes fleurs de couleur naturelle, qui par sa pesanteur devait la fatiguer beaucoup.... Elle portait, suspendu à son cou, le portrait de Napoléon enrichi de seize magnifiques solitaires qui ensemble avaient coûté cinq cent mille francs.

Je transcris ici le cérémonial que Napoléon avait dicté lui-même. Il fut suivi littéralement; il renferme sur cette remise tous les détails que l'on peut désirer.

Dispositions pour le cérémonial de la remise de S. M. l'impératrice à Braunau.

La baraque pour la remise ayant été préparée, ainsi qu'il a été ordonné, S. M. l'impératrice y arrivera à midi précis.

La dame d'honneur, les dames et tout le service de S. M. partiront de *Braunau*, de manière à être arrivés à la baraque à onze heures et demie.

Le commissaire de l'empereur et roi, le prince de Neufchâtel, y sera rendu à la même heure.

S. M. la reine de Naples sera invitée à être rendue à la baraque à onze heures et demie.

Tout ce qui appartient au cortége français entrera par l'avenue française et se placera dans le lieu désigné par le maître des cérémonies.

L'écuyer de l'impératrice s'entendra avec lui pour donner ses ordres.

Le général Friant donnera des ordres pour placer des sentinelles au dehors et autour des barrières qui entourent la baraque : il ne doit y avoir dans la partie autrichienne que ce qui tient au service autrichien, et dans la partie française que ce qui tient au service français; du reste aucun étranger.

Un officier supérieur sera chargé de maintenir cette police et il y aura de petites patrouilles disposées à cet égard.

M. de Ségur s'entendra avec M. le général *Friant*

de manière à avoir quelqu'un pour diriger l'entrée du convoi autrichien, par l'avenue autrichienne.

L'impératrice, à son arrivée à la baraque, descendra à la porte du salon autrichien.

Après que S. M. se sera reposée, elle se rendra dans la salle destinée pour la cérémonie de la remise, suivie de son cortége autrichien et s'assoiera dans un fauteuil entourée de ses dames, des officiers de sa maison, et ayant à sa gauche le commissaire autrichien chargé de la remettre.

Le maître des cérémonies de la cour de Vienne ou l'officier chargé de remplir ces fonctions, ira chercher le commissaire français et les officiers et dames nommés pour servir l'impératrice qui se seront réunis dans la pièce déclarée française, et se placeront du côté français.

La reine de Naples se tiendra dans la pièce française avec le cortége français, elle sera assise sur un fauteuil et entourée de sa maison. Elle restera dans cette pièce pendant tout le temps de la cérémonie de la remise.

Le commissaire et le cortége français entreront par la porte française dans la salle neutre occupée par l'impératrice.

Le cortége s'arrêtera après être entré dans la salle.

Le commissaire français seul, accompagné des maîtres des cérémonies autrichien et français, s'avancera vers l'impératrice, et après lui avoir fait trois révérences, il adressera à S. M. un compliment dans lequel il lui exposera l'objet de sa mission.

Après la réponse de S. M., le maître des cérémonies autrichien indiquera au commissaire français le commissaire autrichien : les deux commissaires se salueront réciproquement, et se complimenteront : le premier compliment sera fait par le commissaire autrichien.

On procédera ensuite à la vérification des pouvoirs; le conseiller d'état autrichien, faisant fonctions de secrétaire, fera lecture des pouvoirs de l'empereur d'Autriche pour son commissaire ; et le conseiller d'état français, faisant fonctions de secrétaire, fera celle des pouvoirs donnés par l'empereur des Français à son commissaire.

Après que les pouvoirs auront été vérifiés et acceptés de part et d'autre, on donnera lecture de l'acte de remise, qui aura été dressé d'avance et traduit de la langue allemande en français.

La lecture de cet acte sera faite également par les conseillers d'état faisant fonctions de secrétaires autrichiens et français.

L'acte sera signé en double par les commissaires autrichiens et français : le commissaire autrichien signera le premier, et chaque commissaire en prendra une expédition. Les expéditions seront contre-signées par les conseillers d'état français et autrichiens, faisant fonctions de secrétaires.

Après cette cérémonie, le commissaire français se retirera dans la partie de la salle occupée par le cortége français : l'impératrice se lèvera.

Le commissaire autrichien présentera la main à l'impératrice pour la conduire du côté français. Le commissaire français s'avancera au-devant de S. M. et lui présentera également la main ; il la conduira vers le cortége français.

Le commissaire français présentera à S. M. la dame d'honneur et les personnes nommées pour son cortége, qui commenceront à remplir les fonctions de leur charge près de sa personne.

Lorsque cette cérémonie sera faite, la reine de Naples ira à la porte française, à la rencontre de l'impératrice. L'impératrice l'embrassera ; la reine de Naples la prendra par la main, et la conduira dans les voitures de l'empereur. S'il se trouve à cette cérémonie un prince du sang d'Autriche, le prince de Neufchâtel le fera monter dans la voiture de l'impératrice.

Dès ce moment, la conduite de l'impératrice et de son cortége appartient au commissaire français, sous les ordres de l'impératrice.

Immédiatement après la cérémonie de la remise, l'impératrice montera dans sa voiture, et se rendra à *Braunau*, dans la maison qui aura été disposée pour la recevoir, et dans laquelle se logeront, autant que faire se pourra, toutes les personnes qui composent le cortége français.

M. le premier écuyer de l'impératrice donnera les

ordres pour que S. M. arrive à son logement dans l'ordre.

Les personnes qui auront composé son cortége autrichien seront invitées à venir à *Braunau*, et y occuperont les logemens qui leur auront été préparés.

M. de Bausset et M. de Ségur donneront chacun leurs ordres pour ce qui les concerne, ainsi que pour l'archiduc Antoine.

A onze heures, la division du général Friant, celle du général Pajol, seront en bataille hors de la ville depuis le moment de la remise, c'est-à-dire à onze heures, jusqu'après l'entrée de S. M. dans la place.

Instructions militaires.

Les honneurs militaires à rendre à S. M. sont ceux prescrits par le décret impérial du 24 messidor an 12.

Au moment de l'arrivée de S. M. l'impératrice à *Braunau*, le général comte Friant, commandant les troupes sur cette partie de la frontière de la confédération, ira au-devant de S. M. avec son état-major et toute la cavalerie qui se trouvera réunie dans cette place, jusqu'à une demi-lieue de la place, et l'escortera jusqu'à son logis.

Les officiers et les étendards salueront.

Le général Friant saluera le commandant de l'escorte autrichienne.

Les trompettes sonneront la marche.

La moitié de l'infanterie sera mise en bataille sur le glacis, à droite et à gauche de la porte par laquelle S. M. devra entrer, et l'autre moitié sur les places que S. M. devra traverser.

Les sous-officiers et soldats présenteront les armes.

Les officiers et drapeaux salueront ; les tambours battront aux champs.

Les officiers généraux se mettront à la tête des troupes.

Le commandant d'armes et les autres officiers de l'état-major de la place, se trouveront à la première barrière.

Il sera fait trois salves de toute l'artillerie de la place, après que S. M. aura passé les ponts avec les voitures de sa suite.

Il sera fourni une garde à S. M., composée d'un bataillon avec son drapeau, et commandée par le colonel.

Un escadron de cavalerie, commandé par le colonel, sera pareillement établi dans le logis de S. M. Cet escadron fournira deux vedettes le sabre à la main, devant la porte de S. M.

Les commandans de ladite garde prendront les ordres et la consigne du vice-connétable.

Les corps d'officiers seront présentés à S. M. par le vice-connétable.

Lorsque S. M. sortira de la ville de *Braunau*, l'infanterie sera disposée ainsi qu'il est prescrit par l'article 1er.

La cavalerie se portera sur son passage pour la suivre jusqu'à une demi-lieue de la barrière.

Dès que S. M. sera sortie de la place avec toutes les voitures de sa suite, elle sera saluée par trois décharges de toute l'artillerie.

Les mêmes honneurs seront rendus à S. M. à son passage dans toutes les places occupées par les garnisons françaises en Allemagne.

Il sera placé à l'avance des détachemens de cavalerie de distance en distance sur la route que doit suivre S. M., depuis *Braunau* jusqu'à Strasbourg, conformément aux dispositions du ministre de la guerre, pour servir d'escorte à S. M.

Les trois régimens de cavalerie légère de la brigade du général Pajol, qui sont stationnés dans les environs de Braunau, la troisième division de grosse cavalerie, qui doit se réunir dans les environs d'Augsbourg, fourniront les détachemens en Allemagne pour l'escorte de S. M.

Chaque détachement sera accompagné d'un trompette, et commandé par un officier.

Le général Friant donnera les ordres pour que les divisions françaises donnent une fête à la ville de Braunau; comme il n'y a point de local, S. M. ne s'y rendra pas.

Il fera également prévenir que les cloches de la ville doivent sonner quand S. M. entrera.

Le général Friant prendra les ordres du prince de Neufchâtel pour le moment où il présentera les officiers.

Le 16, jour de l'arrivée de l'impératrice, il y aura un banquet pour tous les sous-officiers et soldats de la division. Si l'impératrice ne se trouve point trop fatiguée, elle parcourra en voiture les lieux où les tables seront établies. Les généraux Friant et Pajol réuniront à dîner chacun les officiers de leur division, et ils les inviteront de la part de l'impératrice, à ces banquets. Il sera porté trois santés : celle de l'empereur, celle de l'impératrice, celle de l'empereur d'Autriche. Pour chacune, il sera tiré une salve de trente coups de canon.

S. M., arrivée à Braunau, et s'étant reposée, le prince de Neufchâtel prendra ses ordres pour présenter au serment la duchesse de Montebello, dame d'honneur. Cette dernière présentera aussi au serment la dame d'atours, le premier écuyer, le chevalier d'honneur, et les quatre dames du palais. A cet effet, la dame d'honneur donnera des ordres pour qu'il soit préparé dans l'appartement de l'impératrice une table avec un tapis, un fauteuil pour S. M., ainsi que cela a lieu à Paris. Les huissiers connaissent ces arrangemens.

Les atours apportés à Braunau pour l'usage de S. M. pendant le voyage, lui seront présentés par la dame d'atours. Les femmes de chambre, et autres personnes envoyées pour son service, seront nommées à S. M. par la dame d'honneur. S. M. sera habillée et coiffée à la française, et continuera à l'être de même pendant tout le voyage.

DISPOSITIONS GÉNÉRALES.

La dame d'honneur, le chevalier d'honneur et le premier écuyer auront la direction du service et du voyage, chacun suivant les attributions de sa place. Le prince de Neufchâtel en a la direction supérieure, comme commissaire de l'empereur.

L'aide de camp de l'empereur, le général comte de Lauriston, fera les fonctions de capitaine des gardes; il sera chargé des escortes, de la garde de S. M. partout où elle s'arrêtera.

Un écuyer sera particulièrement chargé des détachemens du voyage pour les chevaux et pour les voitures.

Il y aura toujours un écuyer de service qui sera à cheval à la portière droite de la voiture de S. M., et un page derrière. L'officier commandant l'escorte se tiendra à la portière gauche.

Aussitôt que la remise de S. M. l'impératrice sera faite à la baraque, la maison française commencera son service.

CHAPITRE II.

Instructions données au chevalier d'honneur comte de Beauharnais. — Adieux de la cour d'Autriche. — Entrée à Braunau ; la cour d'Autriche est invitée à s'y rendre. — Départ pour Munich. — Le baron de Saint-Aignan à Munich. — Le comte de Bauveau à Stutgard. — Le comte de Bondi à Carlsruhe. — Entrée de Marie-Louise en France; Strasbourg. — Première audience de l'impératrice ; Nancy, Vitri, Silleri, Courcelles. — Napoléon arrive à cette dernière poste avant Soissons. — Première entrevue entre Napoléon et Marie-Louise. — Il conduit l'impératrice à Compiègne. — Le cérémonial de l'entrevue devient inutile. — Fêtes du mariage. — Présens de la ville de Paris. — Santé portée à un banquet par le prince Ferdinand au château de Valençay.

Il fut donné un règlement particulier au chevalier d'honneur comte de *Beauharnais*, par lequel il lui était enjoint de ne point user des prérogatives de sa place et de ne point offrir la main à l'impératrice lorsqu'elle descendrait ou monterait les escaliers. Napoléon était jaloux de témoigner sa galanterie et son respect à sa jeune épouse. Cette précaution inspirée par un sentiment de délicatesse était un peu tardive, comme on va le voir....

Les formalités remplies, le prince Trauttmansdorff demanda à S. M. la permission de lui baiser la main en prenant congé d'elle. Cette faveur lui fut accordée, et pendant que les commissaires comptaient la dot (cinq cent mille francs en ducats d'or tout neufs), recevaient les joyaux et les diamans, etc., nous vîmes avec attendrissement passer tout le cortége autrichien, selon le rang des personnes, s'approcher du trône, s'incliner et baiser la main de la princesse chérie dont ils allaient se séparer; tous les serviteurs, même du rang le plus inférieur, furent admis à porter à ses pieds l'hommage de leur respect, de leurs regrets et de leurs vœux pour son bonheur. Les yeux de S. M. étaient mouillés de larmes, et cette sensibilité si touchante lui gagna tous les cœurs.

Arrivée à *Braunau*, l'impératrice quitta tous ses vêtemens étrangers et fut complétement habillée d'objets français depuis les pieds jusqu'à la tête, conformément à l'étiquette convenue. Elle reçut ensuite le serment de ses dames, de son chevalier d'honneur et de son premier écuyer. Elle dîna avec la reine de Naples, et madame de Lazanski. La cour autrichienne, qui avait été engagée à passer le reste de cette mémorable journée à *Braunau* pour jouir encore du bonheur de voir S. M., fut logée et invitée à dîner avec la cour de France. Les honneurs de la table furent faits par le prince de Neufchâtel et par la duchesse de Montebello.

Après son dîner l'impératrice passa dans notre salon et y reçut les derniers adieux de la cour de son père.

Je partis le soir même et précédai S. M. qui devait

partir de grand matin pour Munich.... Elle trouva à *Haag* le prince royal, aujourd'hui roi de Bavière, et un déjeuner servi par la maison du roi à *Altuting*, elle arriva dans la soirée à Munich, où était arrivé le baron de Saint-Aignan, écuyer de l'empereur, chargé de lui remettre une lettre de Napoléon. Chaque soir en arrivant dans les lieux où elle devait passer la nuit, elle trouvait un envoyé chargé de lui remettre une lettre de l'empereur : à *Stuttgard*, ce fut le comte de Bauveau ; à *Carlsrhue*, le comte de Bondi, etc., etc. La lettre que M. de Saint-Aignan lui remit à Munich, vint mêler quelque douleur aux fêtes brillantes dont sa présence était l'objet, elle lui imposa l'obligation de se séparer de la comtesse de Lazanski qu'elle aimait tendrement, et qui avait été sa dernière gouvernante. La position des personnes d'un rang aussi élevé, les condamne à des peines qui n'atteignent pas d'ordinaire des conditions privées. Les étiquettes de cour n'admettent aucunes considérations, et comptent pour rien les affections et les sentimens du cœur. Il est arrivé si souvent que des princesses, qui avaient amené avec elles des personnes étrangères au nouveau pays qu'elles allaient habiter, se laissaient influencer, soit par habitude d'enfance, soit par facilité de caractère, qu'il est à peu près généralement établi qu'une princesse que l'on marie à un prince souverain doit être remise seule et sans partage : elle doit tout oublier, et commencer une nouvelle vie.

A son entrée sur le territoire français, l'impératrice fut saluée par toute la nation comme l'aurore des plus belles destinées, d'un nouvel âge d'or. Elle trouva à *Strasbourg* le premier page de l'empereur qui lui apportait une lettre, des fleurs les plus rares, et des faisans de sa chasse. Elle s'y reposa deux jours et fut dans le cas de parler pour la première fois aux autorités locales qui lui furent présentées. Elle laissa tout le monde dans l'enchantement de sa douceur et de sa bonté : le clergé surtout fut touché des derniers mots qu'elle lui adressa. Après quelques remercimens pour les vœux qu'on lui adressait, elle ajouta, *je me recommande à vos prières*. A Nancy, à Vitri, l'impératrice reçut les lettres les plus affectueuses, les prévenances et les hommages de ses nouveaux sujets... Après avoir traversé Châlons, déjeuné à *Sylleri*, chez le comte de Valence, traversé Reims, nous étions au dernier relais qui devait nous conduire à Soissons où nous devions passer la nuit et faire toutes les dispositions qui étaient prescrites par un beau règlement bien circonstancié, bien rédigé, pour l'entrevue qui devait avoir lieu le lendemain. Mais l'impatience de Napoléon, qui était amoureux comme un jeune homme de quinze ans, dérangea tout le protocole, et nous fûmes menés rondement à travers Soissons pour arriver à Compiègne. J'avais l'honneur d'être dans la voiture de mesdames de Montmorency, de Mortemar et de l'évêque de Metz. Il me parut que ces dames ne furent pas plus satisfaites que moi de passer devant un excellent dîner qui nous attendait à Soissons. Nous arrivâmes à Compiègne à minuit,

Napoléon se voyant si près de l'objet de ses désirs, s'était échappé furtivement du palais de Compiègne, enveloppé dans sa redingote grise, et accompagné seulement du roi de Naples, il sortit du parc par une petite porte, monta dans une calèche sans armoiries, et conduite par des gens sans livrée. Cette escapade incognito avait pour but, je le pense, non-seulement de satisfaire aux nouveaux sentimens dont était rempli le cœur de Napoléon, mais encore de simplifier le cérémonial qui avait été réglé pour l'entrevue du lendemain. Le programme disait :

Lorsque LL. MM. se rencontreront dans la tente du milieu (où elles devaient entrer en même temps par deux côtés opposés), *l'impératrice s'inclinera pour se mettre à genoux; l'empereur la relèvera, l'embrassera et LL. MM. s'assiéront.*

Quelle que soit la déférence et le respect qu'un mari puisse exiger de sa femme, il aurait été fort dur pour la fille des Césars de satisfaire à cet article du cérémonial. La brusque entrevue rendit inutile cette fâcheuse exigence.

Napoléon courant au-devant de sa jeune épouse, avait dépassé Soissons et était arrivé à Courcelles au moment où les courriers de l'impératrice faisaient disposer le relais qui devait mener sa voiture. Il fit ranger sa calèche, et, pour se garantir de la pluie qui tombait, il s'abrita sous le porche de l'église située à moitié d'une petite côte hors du village. Il se tenait à l'écart avec le roi de Naples: lorsque la voiture de l'impératrice fut arrivée, et pendant qu'on changeait les chevaux, il se précipita vers la portière, l'ouvrit lui-même : l'écuyer de service qui l'avait reconnu, et qui n'était pas dans le secret de l'incognito, s'empressa de baisser les marche-pieds et d'annoncer l'empereur. Il se jeta au cou de l'impératrice, qui n'était nullement préparée à cette brusque et galante entrevue, et ordonna sur-le-champ d'aller en toute hâte vers Compiègne, où il arriva à dix heures du soir.

Le programme de l'entrevue qui devait avoir lieu le lendemain, n'eut aucune exécution. Il y était dit aussi que lorsque l'empereur se séparerait le soir de l'impératrice, il irait coucher à l'hôtel de la Chancellerie. A juger par l'impatience de Napoléon, et par le déjeuner qu'il fit servir le lendemain à midi près du lit de l'impératrice par ses femmes, il est probable qu'il ne fut pas coucher à l'hôtel de la Chancellerie. Le même règlement portait qu'après le mariage civil qui devait se faire à Saint-Cloud, Napoléon irait passer la nuit au pavillon d'Italie: j'ai quelque soupçon que cet article ne fut pas mieux suivi. Au reste je puis me tromper.

Le détail de toutes les fêtes qui accompagnèrent ce brillant hyménée a été publié.

Les présens que la ville de Paris offrit à LL. MM. dans cette grande circonstance, furent d'une magnificence admirable. La toilette complète en vermeil, jusqu'au fauteuil et à la Psyché, étaient encore plus riches, par l'élégance des formes, la supériorité de la cisclure et le choix des ornemens, que par la matière elle-même. Les plus grands talens n'avaient pas dédaigné d'en fournir les dessins, et de concourir à leur perfection. En 1814, ces objets précieux furent regardés comme la propriété particulière de l'impératrice, et lui ont été fidèlement rendus par ordre de Louis XVIII. Le présent qui fut fait à Napoléon se composait d'un magnifique service de table en vermeil ; c'est le même qui servait au grand couvert, et qui fut remis au trésor royal en 1814, comme faisant partie du mobilier de la couronne, que d'après les dispositions de Napoléon, il s'était engagé de représenter.

Les arts, les talens épuisèrent tout ce que peut inspirer l'admiration pour célébrer cet auguste hyménée. La France entière fit entendre des chants d'allégresse et d'amour ; la poésie fit éclore des cantates, des odes, des stances, des dithyrambes, des couplets et des allégories de toute espèce. Le château de Valençay même vint se mêler à ce concert d'hommages. La santé de LL. MM. fut portée en ces termes à un banquet donné par le prince Ferdinand, aujourd'hui roi d'Espagne, et par lui-même : *A la santé de nos augustes souverains, le grand Napoléon, et Marie-Louise son auguste épouse !* (Moniteur.)

CHAPITRE III.

Voyage de LL. MM. en Belgique. — Arc de triomphe d'un village. — Retour à Saint-Cloud. — Le duc de Rovigo. — Fouché. — Bal du prince de Schwartzenberg —Napoléon quitte le bal et revient sur les lieux de l'incendie.—Abdication de Louis, roi de Hollande. —Cause de ses infirmités. — Sang-froid de Junot. — Prix décennaux. — Histoire de Fénélon. — Réunion de la Hollande à l'empire. — Grossesse de l'impératrice.—Madame de Montesquiou.— M. Dubois. — Canova. — Le pape doit loger à l'archevêché de Paris. — Communication au Sénat. — Brûlement des marchandises anglaises et maladie du roi Georges III.

LL. MM. partirent le 27 avril pour visiter quelques départemens du nord, afin de laisser à la ville de Paris et à tous les grands corps de l'état le temps nécessaire pour préparer les fêtes que réclamaient ces circonstances. Ce fut une marche triomphale ; les provinces saluèrent avec acclamation leur jeune et belle souveraine. Au milieu de tous ces brillans hommages, on remarqua celui d'un petit hameau, dont l'arc de triomphe fut remarquable par une inscription des plus simples ; sur l'entablement de face on lisait écrit : *Pater noster*, et sur le revers : *Ave Maria, gratia plena*. Le curé et le maire présentèrent des fleurs des champs : la flatterie ne pouvait se présenter sous un aspect plus aimable.

Le Moniteur secret, qui fut publié en 1815, a bien voulu me réserver un rôle dans une scène qui eut lieu, dit-il, sur un bâtiment, dans un port de la Belgique. Il s'est trompé ; ma santé ne me permit pas d'avoir l'honneur d'accompagner LL. MM. dans ce voyage.

———

LL. MM. arrivèrent à Saint-Cloud le 1er juin, à neuf heures du soir. Peu de jours après, le général Savary fut nommé ministre de la police, en remplacement de Fouché, qui fut destiné au gouvernement de Rome.

Le reste de ce mois fut consacré aux fêtes et réjouissances publiques ; elles furent terminées par une catastrophe épouvantable.

De grands préparatifs avaient été ordonnés par le prince de Schwartzenberg, ambassadeur d'Autriche, pour la fête qu'il offrit à LL. MM., le 1er juillet. Les rez-de-chaussée de l'ancien hôtel de Montesson qu'il occupait, dans la rue de la Chaussée-d'Antin, ne se trouvant pas assez vaste, son architecte avait fait construire en bois une grande salle de bal, à laquelle on arrivait à la suite des appartemens par une galerie également en bois. Les plafonds de cette galerie, étaient figurés en papier vernis et parfaitement décorés de peintures et d'ornemens. Les planchers de ces deux pièces, élevés au niveau des appartemens, étaient placés sur des charpentes ; un lustre énorme fut suspendu au plafond de la salle de bal ;

les deux côtés de la galerie et tout le pourtour de la salle furent éclairés par des demi-lustres appliqués contre les murailles. Une estrade élevée fut réservée pour la famillle impériale, au centre du côté droit de la salle, et en face d'une grande porte qui ouvrait sur le jardin. Derrière cette estrade, et sur l'un des côtés, on avait pratiqué une petite porte pour l'usage particulier de LL. MM. La fête commença par des danses exécutées dans le jardin au milieu d'une superbe illumination, par les premiers artistes de l'Opéra. On se rendit ensuite dans la salle de bal, où l'on dansait depuis une heure environ, lorsqu'un courant d'air, agitant un des rideaux placés aux croisées de la galerie en bois, les poussa contre les bougies, qui malheureusement étaient trop rapprochées; ces rideaux s'enflammèrent. Le comte Dumanoir, chambellan de l'empereur, et M. de Tropbriant essayèrent en vain d'éteindre le feu, qui gagna promptement les plafonds de papiers vernis. En moins de trois minutes, l'incendie, comme une traînée d'artifice, gagna les plafonds de la salle, et toutes les légères décorations dont elle était ornée.

Le prince de Schwartzenberg oublia toute son inquiétude pesonnelle, et avec un douloureux courage ne s'occupa que du salut de la famille impériale, qui se trouva promptement dégagée par la porte qui avait été ménagée derrière l'estrade. Une fois parvenu dans la cour, Napoléon fit avancer les voitures, et partit avec l'impératrice. Arrivé à la place Louis XV, il changea de voiture, fit continuer l'impératrice jusqu'à Saint-Cloud, et revint au palais de l'ambassadeur, afin de contribuer par sa présence et par ses ordres à l'efficacité des secours. Cette frêle et misérable construction était déjà la proie des flammes, et fut consumée avant que les pompiers pussent en arrêter les progrès. Placé par hasard auprès de la porte du jardin, il me fut facile de sortir un des premiers avec les dames que j'avais accompagnées. A peine étais-je dans le jardin que j'entendis tomber avec fracas, le grand lustre; des cris de douleur et d'effroi se mêlèrent à cette scène d'horreur. La foule qui se pressait et qui s'étouffait elle-même par ses propres efforts, rendait la sortie encore plus difficile; le parquet de cette salle ne put y résister; il s'entrouvrit et des victimes sans nombre y furent écrasées et dévorées par le feu qui les enveloppait de toutes parts; et dans le jardin... que de cris!... que de larmes!... La mère avec des sanglots aigus, appelait sa fille, les femmes leurs maris, les maris leurs femmes, les filles leur mère, l'ami son ami : des plaintes déchirantes étaient les seules réponses à tant d'angoisses et de douleur. En peu de minutes les flammes avaient dévoré ce lieu, qui naguère, semblable à un palais enchanté, renfermait tout ce que la France avait de grâces et de beauté... Lorsque tout à coup au milieu des débris enflammés, et lorsque tout était silencieux comme la mort, on vit s'élancer une femme jeune, belle, d'une taille élégante, couverte de diamans, agitée, poussant des cris douloureux, des cris de mère... Cette désolante apparition fut rapide comme l'éclair qui fend le nuage obscur... Elle n'était déjà plus cette belle princesse de Schwartzenberg;... et sa jeune famille était dans le jardin à l'abri de tout danger!!!

La présence de Napoléon, ses ordres, les secours qu'il fit donner à ceux qui survécurent à de graves blessures, contribuèrent beaucoup à sauver quelques victimes. Le prince Kourakin, vivement pressé dans la foule, accablé de lambeaux enflammés qui tombaient sur lui, dut la vie à son bel habit d'étoffe d'or sur lequel les brûlots glissèrent. Il n'en fut pas moins grièvement blessé, et condamné pendant trois mois à des souffrances cruelles.

Le prince de Schwartzenberg, rassuré sur le sort de la famille impériale, se livra à toute sa douleur, et fit tout ce qu'il était possible de faire. De grosses larmes coulaient de ses yeux; il fut tellement occupé des malheurs des autres, qu'il ne voyait pas sa famille réunie autour de lui... Il ne voyait que ce qui lui manquait... Son infortunée belle-sœur... Désolé, malheureux, autant qu'on peut l'être, il conserva toute sa vie un sentiment de tristesse et de mélancolie, dont rien ne put le guérir. Alors on se rappela avec effroi, qu'en de pareilles circonstances, les fêtes pour le mariage de Louis XVI, encore dauphin, furent changées en jour de deuil, et l'on fut plus que jamais tenté de penser que, la providence réserve ses plus grandes catastrophes aux fortunes les plus grandes.

5 juillet. L'abdication du roi d'Hollande fut connue. On sait que ce prince, d'une assez mauvaise santé, tourmenté d'ailleurs, d'un côté par les exigeances du commerce hollandais qui, souffrant beaucoup des suites du blocus continental, se livrait à de hasardeuses spéculations de contrebande, et d'un autre côté, fortement pressé par une multitude de douaniers français qui avait envahi tous ses rivages maritimes, sous la protection d'un corps d'armée redoutable, prit un beau matin le parti d'abandonner le trône pour aller vivre en Suisse et puis à Rome, dans l'obscurité privée. L'altération de sa santé datait de sa première jeunesse. Je me rappelle qu'étant à Vérone, en 1805, avec Napoléon, et assistant à son déjeuner, il me dit : *Ce pauvre Louis ! c'est ici dans cette même ville, et dans nos premières campagnes d'Italie, qu'il éprouva l'accident le plus funeste. A une heure de nuit, une femme qu'il connaissait à peine, viola son domicile; depuis ce temps, il est livré à des agitations nerveuses variables selon l'atmosphère, et dont il n'a jamais pu se guérir.* A ce même déjeuner, en suivant le cours de ses souvenirs, l'empereur vint à parler du général Junot, et raconta la manière dont il en avait fait la connaissance. A l'attaque d'une place dont j'ai oublié le nom et dans le commencement de sa brillante carrière de gloire, Napoléon, arrivant auprès d'une compagnie de grenadiers fortement exposée au feu de l'ennemi, ayant besoin de donner un ordre pressé, dit au capitaine Ragois qui commandait cette compagnie, et l'un des plus braves soldats de l'armée (le même que nous avons vu sous-gouverneur du palais de Fontainebleau), d'écrire ce qu'il allait lui dicter. Ragois savait bien se battre, mais il n'aimait pas à écrire, il répondit qu'il allait appeler le bel esprit de la compagnie. *Eh! Junot, Junot! hors des rangs...* Junot vient, prend la plume et du papier, met un genou en terre et écrivait ce que lui dictait Napoléon, qui n'était pas descendu de cheval : comme Junot finissait d'écrire, un boulet de canon vint entre Napoléon et lui labourer la terre et faire voler la poussière sur le papier que tenait Junot sur son genou ; Junot se leva en riant et fit une grande révérence au boulet, en disant : *Il faut être poli avec tout le monde, et je remercie ce boulet de m'avoir épargné la peine de me baisser pour ramasser de la poussière.* La gaieté et le sang-froid de Junot charmèrent Napoléon. Il l'attacha à sa personne, et depuis !!!...

———

A cette même époque parurent les différens rapports des commissions chargées de proposer les meilleurs ouvrages pour les prix décennaux, grande et belle idée qui n'eut point de suite. Le prix de biographie fut décerné à l'Histoire de Fénélon, par mon oncle, l'ancien évêque d'Alais [1], qui avait consenti

---

[1] Cardinal, duc et pair de France, décédé à Paris, le 12 juin 1824.

à se charger d'un travail sur les manuscrits de l'archevêque de Cambrai. Ces manuscrits n'avaient point encore été imprimés; ils appartenaient au marquis de Fénélon, arrière-petit-neveu de cet illustre prélat, et que j'ai beaucoup connu. C'était un homme de plaisir, d'un esprit naturel fort amusant, gros joueur et aimant la bonne chère. Par une bizarrerie de la nature, il ressemblait par les traits du visage à son arrière-grand-oncle, dont il avait un petit buste en bronze sur la cheminée de son salon. *Si ce brave homme vivait encore*, me disait-il souvent, *je suis persuadé qu'en dépit de l'extrême douceur de son caractère, il commencerait chacune de ses journées par me donner la bastonnade,... et il ferait très-bien*, ajoutait-il en riant. Ce neveu, si peu ressemblant au moral à ce vertueux prélat, qui a rendu son nom si illustre, avait mis ces manuscrits en gage chez un huissier, pour une certaine somme qu'il lui devait. Il se trouva par bonheur que cet huissier était plus honnête et plus délicat qu'on ne devait et pouvait l'attendre, et qu'il se refusa constamment à vendre ces manuscrits soit au gouvernement, soit à des étrangers, dans la crainte qu'on en fît un mauvais usage, parce qu'en effet il se trouvait dans ces documens des choses bien délicates dans plus d'un genre. Cet huissier ne voulait donc les remettre qu'à un homme bien connu, et dont le caractère pût être un garant assuré de l'emploi utile qu'il en ferait. M. l'abbé Émery, supérieur général de Saint-Sulpice, et grand ami de mon oncle, se réunit à une autre personne, dont j'ignore le nom, pour acheter ces précieux manuscrits sous le nom de mon oncle, qui y mit pour condition qu'il se chargerait volontiers de faire le dépouillement de ces papiers, et de publier ce qu'il croirait utile et intéressant, mais qu'il resterait tout-à-fait étranger aux frais de l'impression et au produit du débit; en un mot, il ne se réserva que le plaisir et le mérite du travail. Mon oncle fut d'abord effrayé du chaos épouvantable et du désordre absolu dans lesquels ces papiers lui furent remis. Il passa plusieurs années à classer cette masse confuse de matériaux, et ce ne fut qu'après les avoir lus, médités, et comparés les uns aux autres, avoir jugé à quelle partie ils se rapportaient, avoir rejoint ce qui était séparé, rétabli les dates par des conjectures, des rapprochemens et des raisonnemens, qu'il parvint à s'y reconnaître. Mais ce grand travail d'ordre n'était encore qu'un travail préliminaire. J'ai lieu de penser que lorsqu'il eut ainsi disposé et étudié ces précieux manuscrits, il jugea qu'il lui serait impossible d'imprimer, ce qu'il y avait peut-être de plus intéressant. J'avais quelquefois parcouru plusieurs fragmens de ces manuscrits chez le marquis de Fénélon, qui les tenait entassés dans un coffre de bois, avant qu'il les eût mis en gage. J'y avais trouvé des choses hardies en politique, et qui, par l'abus qu'on aurait pu en faire, auraient pu servir, en les isolant, à justifier des principes sûrement fort étrangers au cœur et à l'esprit de Fénélon. Mais la sagesse de mon oncle, et la justesse de son esprit, lui firent rejeter tout ce qui aurait pu être mal interprété ; il se livra à ce travail avec d'autant plus de plaisir, qu'il n'en devait compte à personne, qu'il devait en être occupé doucement pendant quelques années ; que d'ailleurs il était convenable à son état, et ne présentait aucun inconvénient politique ou religieux. Il était d'autant plus attaché à ce travail, qu'il pensait que l'on ne connaissait bien les grands hommes que par leur correspondance privée et par l'intimité avec laquelle ils s'épanchent dans le sein de l'amitié, toujours persuadés que le public ne sera jamais associé aux secrets de leurs pensées et de leurs faiblesses, quoique mille exemples eussent dû leur prouver que ces correspondances finissent toujours par être publiques. Il règne en effet dans les actions publiques et dans les ouvrages des plus illustres personnages, un certain apparat de circonstance qui trop souvent n'est qu'une écorce trompeuse. On les connaît mieux en s'insinuant, pour ainsi dire, dans les plus petits mouvemens de leur cœur, lorsqu'ils sont dépouillés de tout motif d'intérêt, d'ambition ou de vanité. C'est cette manière de juger les actions des hommes célèbres qui, depuis quelques années, a donné tant de prix aux lettres autographes.

La Hollande fut réunie à l'empire français. Je n'en parle que parce que cette nouvelle fusion donna lieu au voyage que nous y fîmes dans le courant du mois de septembre 1811. L'archi-trésorier, duc de Plaisance, y fut envoyé en qualité de gouverneur général ; il en expédia une cargaison de pétitions et d'hommages de toutes couleurs, qui fut suivie d'une grande députation.

25 septembre 1810.

.... Deux mois après, la cour fut à Fontainebleau, et déjà nous parlions tout bas de la grossesse de l'impératrice. La nomination de madame la comtesse de Montesquiou à la charge de gouvernante des enfans de France, donna une apparence tout-à-fait officielle à ce grand événement. Bonne fille, bonne épouse, bonne mère et amie fidèle, madame de Montesquiou apportait avec elle une considération acquise depuis long-temps, un esprit mûri par l'instruction, et un caractère solide. C'était une personne à qui les devoirs étaient nécessaires, et, sous tous les rapports, elle était digne des grandes et nobles fonctions qui lui étaient confiées. C'est un de ces choix que Napoléon faisait lui-même.

Le célèbre Dubois fut nommé chirurgien-accoucheur de l'impératrice.

Ce fut pendant notre séjour à Fontainebleau que je fis connaissance avec *Canova*, qui avait été appelé pour modeler le buste de l'impératrice. Ce buste en marbre fut achevé en 1814, à Rome. Il doit être en ce moment à Parme, et a dû être payé 30,000 francs. Admirateur passionné d'un si grand talent, dont j'avais vu tant de chefs-d'œuvre, entre autres le mausolée de l'archiduchesse Christine, à Vienne, qui vaut à lui seul un poëme tout entier, par la richesse de la composition et le grandiose des pensées, je le devins encore plus de la simplicité et de la bonhomie de son caractère. J'aime à consigner dans mes souvenirs tout ce qu'il m'inspira de vénération et d'enthousiasme.

A cette époque, il fut rendu un décret assez bizarre, et qui n'eut jamais son exécution; ce fut pour fixer la résidence du pape dans le palais de l'archevêché de Paris lorsqu'il viendrait en France.

Enfin une communication officielle de la grossesse de l'impératrice fut faite au sénat.

Cette année remarquable finit par le brûlement des marchandises anglaises dans toute l'Allemagne, et par la maladie du roi d'Angleterre, maladie qui fut encore plus sérieuse que les précédentes, et qui dura jusqu'à sa mort; toutefois ce n'était qu'une récidive.

CHAPITRE IV.

Czernicheff à Paris. — Discussions avec la Russie — Promenades de l'impératrice. — Couches de Marie-Louise en présence de vingt-trois personnes. — La ville de Paris offre un magnifique berceau : sa description et sa gravure. — Séjour à Saint-Cloud après les relevailles. — Chute du grand lustre de la salle à manger de l'empereur. — Un enfant nouveau-né est trouvé; inutiles recherches ; il est envoyé aux hospices avec bonne recommandation. — Départ pour Rambouillet. — Voyage à Cherbourg. — Déjeuner sur la jetée. — Napoléon goûte la soupe du soldat. — Visite des vaisseaux de la rade. — Départ de Cherbourg. — Passage à Chartres. — M. De Cazes. — Baptême du roi de Rome. — Mort subite du général Ordenner ; anecdotes. — Séjour à Anvers et à Amsterdam. — L'impératrice visite le village de Bruk. — Saardam. — Départ d'Amsterdam. — Séjour à Dusseldorff. — Détails sur une audience de l'empereur.

Le comte de *Czernicheff*, aide de camp de l'empereur de Russie, vint résider à *Paris*, avec une mission secrète et toute d'observation. Le cabinet de *Saint-Pétersbourg* commençait déjà à désirer d'alléger les obligations auxquelles il avait consenti à *Tilsitt* et à *Erfurt*, et sentait le besoin qu'il avait des produits et des échanges de commerce avec l'Angleterre. La présence du comte *Czernicheff* à Paris était une espèce de placage pour le maintien des relations amicales qui existaient entre le cabinet des Tuileries et celui de Saint-Pétersbourg qui, fermant les yeux sur l'introduction des marchandises anglaises dans ses ports, autorisait la contrebande et violait toutes les transactions signées et ratifiées. Cette infidélité fut la première cause de la guerre contre la Russie. Cette puissance d'ailleurs n'avait pas vu sans alarmes l'intimité de famille qui rapprochait les cours de Vienne et de Paris. Le comte *Czernicheff*, sous une apparence légère et frivole, cachait un caractère ferme, hardi et entreprenant, comme la suite l'a bien prouvé. Un autre objet de sa mission, qui se rattachait nécessairement à celui que je viens de faire connaître, était de s'assurer par toute espèce de moyens de l'*état militaire effectif* de la France, afin de proportionner la défense à l'attaque, que la conscience des torts ou des oublis diplomatiques du cabinet de Saint-Pétersbourg devait lui faire prévoir. Ce fut pendant le trajet du comte de Czernicheff, de Pétersbourg à Paris, c'est-à-dire le 31 décembre 1810 ; que l'empereur Alexandre, sous prétexte de faire hausser le cours de son papier-monnaie (le cours du rouble était tombé au mois d'août de cette même année à 70 centimes), publia le fameux *ukase* concernant le commerce, par lequel il prohibait l'importation des marchandises de fabrique française et allemande, et ouvrait, sous prétexte de favoriser le commerce des vaisseaux américains, les ports de la Russie aux vaisseaux anglais, qui s'empressèrent bientôt d'y apporter leurs denrées coloniales sous ce pavillon : c'était éluder les traités. L'agression ne vint pas de Napoléon. L'occupation prématurée et sans ordres du duché d'Oldembourg par le maréchal Davoust, fut aussi une cause indirecte de cette guerre ; mais ce ne fut que lorsque les intentions hostiles de la Russie furent bien constatées : c'était le cas d'user de tous les moyens pour une légitime défense.

Dès les premiers jours de février, l'impératrice commença à se promener tous les jours sur la terrasse du jardin des Tuileries, qui longe la rivière. Pour rendre plus facile l'approche de cette terrasse, il fut ouvert au rez-de-chaussée, et en face de cette allée, une petite porte avec une grille en fer. Tout le monde s'empressait sur son passage et lui exprimait les vœux les plus tendres pour son heureuse délivrance. Ces promenades durèrent jusques au moment du dernier terme de sa grossesse. Enfin, le 19 mars au soir, elle sentit les premières douleurs : toute la cour et tous les grands fonctionnaires de l'état se rassemblèrent au palais des Tuileries, et attendirent avec la plus vive impatience l'instant qui devait combler tous les vœux de la France. Au nombre des vingt-trois personnes qui étaient dans la chambre à coucher de la jeune mère, et qui assistèrent à ses couches étaient mesdames de Montesquiou, de Montebello, de Luçay ; MM. Corvisart, Dubois, Bourdier, médecins de l'empereur ; Bourdois et Auvity, médecins des enfans de France, la nourrice, les ber-

Berceau du Roi de Rome.

Exécuté en vermeil, burgau et nacre par MM. Odiot et Thomire.

Bas-reliefs latéraux.

Pied du berceau.   *Tête du berceau.*

Exécutés par MM. Thomire et Odiot.

ceuses, etc., etc. Les douleurs furent très-fortes. Elles se calmèrent vers les cinq heures du matin, reprirent avec plus d'intensité à six, se terminèrent à huit heures, et cent-un coups de canon apprirent à la capitale et à toute la France qu'un prince venait de naître... Un instant après sa naissance, et après qu'il eut reçu les soins d'usage, je le vis, porté sur un carreau, par madame de Montesquiou, qui fut obligée de traverser le salon où j'étais pour se rendre aux appartemens du nouveau-né; la vive rougeur de son visage attestait combien son entrée dans le monde avait été pénible et laborieuse. Les petites plaintes qu'il poussait encore nous firent un plaisir extrême, puisqu'elles annonçaient la force et la vie.

La France entière partagea notre allégresse, et l'Europe s'empressa bientôt d'y joindre ses félicitations. La ville de Paris fit présent à ce jeune roi d'un berceau magnifique en vermeil, et figurant un vaisseau, emblème des armes de cette grande capitale. Ce berceau est à Parme [1].

---

[1] Ce précieux objet fut présenté le 5 mars 1811. Il fut offert par M. le conseiller d'état comte Frochot, préfet du département de la Seine, et par le corps municipal, au nom de la ville de Paris. M. Prudhon, peintre de S. M. l'impératrice, membre de la Légion-d'Honneur, en avait composé les dessins et il avait été exécuté par MM. Thomire et Odiot, modelés par Roguet, sculpteur. La description que je joins ici, ainsi que la planche que les éditeurs tiennent à reproduire, en donnera une idée très-exacte.

21 avril.

Après les relevailles, la cour s'établit à Saint-Cloud. Les deux mercredis où furent tenus les deux premiers conseils de ministres, il arriva deux événemens singuliers. Lorsque le conseil devait avoir lieu de bonne heure et qu'il devait durer long-temps, l'usage de **Napoléon** était de faire inviter à déjeuner avec lui toutes les excellences qu'il avait convoquées. Le mercredi, 1er. mai, à peine **Napoléon** était-il sorti de table, que la corde qui suspendait au-dessus de la table, un grand et magnifique lustre en cristaux du **Mont-Cenis**, cassa, et la table fut écrasée.

Le mercredi suivant, pendant un semblable déjeuner, j'entendis de faibles cris, partant d'un local où l'on déposait les **tables** qui servaient ordinaire-

---

Les ornemens de ce berceau sont en nacre, burgau et vermeil ressortant sur un fond de velours nacarat; il est supporté par quatre cornes d'abondance près desquelles sont placés les génies de la force et de la justice ; il est formé de balustres de nacre et parsemé d'abeilles d'or. Un bouclier, portant le chiffre de l'empereur et entouré d'un triple rang de palmes de lierre et de laurier, en forme la tête. La Gloire planant sur le monde, soutient la couronne triomphale et celle de l'immortalité, au milieu de laquelle brille l'astre Napoléon. Un jeune aiglon, placé au pied du berceau, fixe déjà son œil sur l'astre du héros ; il entr'ouvre ses ailes et semble essayer de s'élever jusqu'à lui. Un rideau de dentelles, semé d'étoiles et terminé par une riche broderie d'or, retombe sur les bords du berceau.

ment et qui, par un escalier de service, communiquait aux offices et aux cuisines. Lorsque l'empereur fut rentré dans ses appartemens, je fus visiter ce local avec le premier maître d'hôtel : nous trouvâmes derrière des allonges de tables et de tréteaux, un enfant nouvellement né, sans *pouvoir découvrir ni celui qui l'avait placé là, ni ceux auxquels il appartenait.* Sur le rapport que je fis au grand-maréchal, l'enfant fut envoyé aux hospices avec une bonne recommandation. Nous pensâmes que l'un des nombreux valets de pied pouvait l'avoir caché dans une des grandes corbeilles couvertes, qui servaient à transporter les objets nécessaires pour le service. Toutes les recherches n'aboutirent à rien.

25 avril.

Le roi Joseph vint à Paris pour présenter lui-même ses félicitations à l'empereur : il ne se trouvait pas heureux en Espagne, et profita de l'occasion pour venir se reposer à Paris.

Ce jour même l'empereur convoqua en concile national tous les évêques de France pour le mois de juin. Peu de temps auparavant, il avait rendu un décret, sur l'avis du conseil d'état, qui rejetait un bref du pape, *comme contraire aux lois et à la discipline ecclésiastique de l'empire.*

9 mai.

Dans le courant du mois de mai, LL. MM. partirent de Rambouillet pour aller visiter les travaux de Cherbourg, que l'on venait d'achever de creuser dans un roc graniteux, à une profondeur de cinquante pieds. Ce vaste et utile monument était dû à la persévérance et au génie de l'empereur, qui en avait donné l'ordre depuis quelques années... Pendant notre séjour, il désira d'aller déjeuner sur la digue ou jetée qui avait été commencée sous le règne malheureux du plus vertueux des rois. J'arrivai avant LL. MM. par un temps magnifique, je fis tout disposer. La table fut placée en face de la mer; il était facile d'apercevoir des vaisseaux anglais dans le lointain de l'horizon; certainement ils étaient bien éloignés de soupçonner la présence de Napoléon. Il y avait toutefois une batterie formidable sur cette digue, protectrice de la belle rade et du port : je ne pense pas que nos voisins eussent été tentés de venir nous saluer de plus près, quand même ils eussent été mieux informés.

Comme tous les récits privés de la vie de Napoléon sont de nature à intéresser, je me permettrai de rapporter ce dont je fus témoin, pour prouver l'empire qu'il avait sur lui-même. Il avait encore plus que tout homme que j'aie connu, une répugnance extrême pour tout ce qui n'était pas d'une grande propreté... L'idée qu'il y eut un cheveu sur un plat aurait suffi pour lui soulever le cœur, et lui faire quitter la table. Après qu'il eut inspecté le corps-de-garde et toute l'artillerie, fait pointer quelques pièces de canon, il se fit apporter le pain de munition et la soupe des soldats... Il prit une cuillère, la remplit; la première chose qu'il aperçut ce fut un long cheveu : il l'ôta avec courage, sans témoigner le moindre dégoût, et avala la soupe, ne voulant point blesser l'amour-propre des soldats qui l'entouraient par de dures observations sur leur négligence. Il se mit à la table qui avait été préparée par son service. Sur un signal qu'il donna, l'escadre qui se trouvait appareillée dans la rade, composée de trois vaisseaux de haut bord, commandée par le contre-amiral Troude, s'avança majestueusement avec ses voiles déployées, et fit lentement le tour de la digue sur laquelle nous étions. Jamais un spectacle plus imposant ne s'offrit à mes yeux... Le vaisseau amiral s'approcha ensuite le plus près possible de la digue, le contre-amiral vint avec son canot chercher LL. MM. et les personnes de leur suite : il nous conduisit à son bord, au milieu des cris de joie des équipages pavoisés et dans leur grande tenue. Pendant que l'impératrice et les dames qui l'accompagnaient se reposaient dans la salle du conseil, Napoléon descendit dans l'intérieur du vaisseau, pour en faire l'inspection ; au moment où nous nous y attendions le moins, il ordonna une décharge générale et simultanée de tous les canons. De ma vie je n'ai entendu un tel vacarne, je crus que le vaisseau allait sauter en l'air.

Nous quittâmes Cherbourg le 3 juin, et retournâmes à Saint-Cloud après avoir passé un jour à Chartres. Au nombre des autorités que l'empereur admit à son audience, était la cour d'assises, présidée par M. De Cazes, alors simple conseiller à la cour imriale de Paris. Il prononça avec grâce et dignité un discours très-remarquable. Il était alors d'une santé délicate. Lorsqu'en 1819 j'eus l'honneur de le revoir pour la première fois depuis Chartres, je le retrouvai frais, dispos et tout autre qu'il n'était. Le ministère et la faveur lui allaient parfaitement bien, et je lui rends cet hommage avec d'autant plus de plaisir, que j'ai su qu'il n'usa jamais de son immense pouvoir que pour obliger : sous son ministère, tous les proscrits qui l'avaient été dans un premier moment d'exaspération, furent rappelés sur le sol de leur patrie.

———

Des préparatifs magnifiques annonçaient la cérémonie du baptême de l'héritier présomptif de Napoléon, et petit-fils de l'empereur d'Autriche. Je ne parle de cette circonstance si connue que pour rappeler une plaisanterie que l'on imagina. On disait que le maire de Rome et celui de Hambourg se trouvèrent placés l'un auprès de l'autre, et qu'en s'abordant, ils s'étaient dit : *Bonjour, voisin.* Cette plaisanterie renfermait le plus bel éloge du gouvernement, puisqu'il prouvait la force d'unité d'action et de pouvoir, qui dirigeait l'administration d'un empire si vaste.

Le concile ouvrit ses séances et ne produisit aucun résultat. Après un séjour fort court à Saint-Cloud et à Trianon, la cour se rendit à Compiègne.

30 août.

Peu de jours avant notre départ pour la Hollande, le général Ordenner, gouverneur du palais de Compiègne, mourut subitement, frappé d'une apoplexie foudroyante pendant qu'il était occupé à faire sa toilette. Le général Ordenner avait une manière toute particulière d'aimer sa famille. Je me rappelle que nous étions un soir à Paris chez le comte de Rémusat, avec une réunion brillante; Talma et sa femme jouèrent avec une chaleur et une vérité admirables la grande scène de l'Othello de Shakspeare. Ce grand acteur et sa femme, habillés comme on l'est ordinairement dans le monde, excitèrent un intérêt réel, et non pas imaginaire comme sur le théâtre. C'était véritablement une scène de ménage, de jalousie, suivie de tout ce que cette passion violente peut produire de plus tragique. L'effet fut prodigieux. Encore ému de l'impression que je venais d'éprouver, je passai dans un petit salon avec le général Ordenner, qui se trouvait placé près de la porte. Son agitation était encore plus forte que la mienne : il grimaçait des doigts comme quelqu'un qui souffre d'un mal de nerfs... Je lui demandai ce qu'il avait : *C'est çà*, me dit-il avec son accent alsacien, *c'est-çà que je viens d'entendre.... Je verrais mourir avec courage, mon père, ma mère, mes enfans,... mais çà je ne puis le supporter.* Je racontai à Talma l'étrange effet qu'il avait produit sur ce vieux guerrier; il me parut que jamais aucun éloge ne lui avait fait éprouver plus de plaisir.

Je retrouve dans mes souvenirs une autre circonstance relative au général Ordenner. L'impératrice Joséphine eut une fois l'idée d'aller à l'Opéra, mais sans appareil, sans toilette et dans la loge grillée située au-dessous de la grande loge, qui était toujours réservée pour les représentations d'éclat. Le général Ordenner, premier écuyer, l'accompagna avec les dames et les officiers de service. Il y avait à peine une demi-heure que le ballet était commencé, lorsqu'il se répandit dans cette loge une odeur âcre et violente d'essence de rose, qui insensiblement se communiqua au théâtre et aux alentours de la loge grillée. Cette odeur devint tellement insupportable, qu'elle força l'impératrice Joséphine de quitter le spectacle avec une forte migraine, qui même dura toute la journée du lendemain. Le général Ordenner ayant tiré de sa poche un flacon de cette essence, avait imaginé d'en répandre sur son mouchoir, et en le remettant dans sa poche, il l'avait si mal fermé que tout le reste de cet incommode parfum s'était répandu sur ses vêtemens. Assurément, c'était bien le dernier d'entre nous que nous aurions soupçonné d'une recherche si malheureuse.

———

19 septembre.

Le départ de Compiègne pour la Hollande se fit séparément. Napoléon, voulant visiter plusieurs positions militaires sur les côtes de la Belgique, partit seul, un jour avant l'impératrice *Marie-Louise*, que j'eus le bonheur d'accompagner au château de *Laken*. Le point de réunion avec l'empereur était fixé à *Anvers*, où nous nous rendîmes. Parmi les fêtes brillantes qui furent données pendant les trois jours que nous y passâmes, j'eus le plaisir de voir mettre à flot un vaisseau de haut bord, qui venait d'être construit dans les chantiers de cette belle ville. L'impératrice partit encore seule d'Anvers, et ne se réunit avec l'empereur que dans la ville hollandaise de *Gorcum*. Nous séjournâmes les 9 et 10 octobre à *Utrecht*; j'y vis présenter à Napoléon, parmi les autorités administratives, une congrégation de jansénistes, à mine sérieuse et austère. J'avais toujours cru jusque-là que le jansénisme n'était considéré que comme une opinion isolée et personnelle; j'étais loin d'imaginer qu'il existât un corps constitué et enseignant cette doctrine. Napoléon demanda au supérieur de ces jansénistes s'ils reconnaissaient l'autorité du pape; il répondit, que le pape se refusant à toute correspondance avec eux, ils avaient été dans l'obligation de s'adresser à l'archevêque de Dublin, qu'ils reconnaissaient comme leur chef immédiat.

Le 11 octobre.

Notre entrée à *Amsterdam* fut des plus solennelles, et ce peuple que l'on nous avait fait craindre de trouver un peu froid, accueillit au contraire LL. MM. avec les sentimens les plus marqués de bienveillance et de respect.

Pendant que nous étions dans cette ville, l'impératrice désira visiter le village de *Bruk*, situé à une grande lieue par delà le port d'*Amsterdam*, sur les bords d'un petit bassin entouré de fleurs et de gazons toujours frais, communiquant au *Zuyderzée* par un petit canal. Ce joli village est bâti circulairement ; les maisons sont belles, peintes à fresque à l'extérieur ; les encadremens des portes et des fenêtres, les lambris intérieurs et les marches d'escaliers sont de marbre blanc. Le pavé des rues est en mosaïque, et aucune chaumière ne vient attrister cet aspect enchanteur, qui ressemble à une décoration magique du temps des bonnes fées. Naturellement conservateurs, ces Hollandais ne souffrent point que des charettes, ou des voitures, même des chevaux isolés, parcourent le pavé qu'ils entretiennent avec le soin le plus minutieux. Chaque maison a deux portes principales, l'une pour l'usage journalier, et l'autre qui ne s'ouvre que deux fois pendant la vie, à l'époque du mariage et à celle de la mort, pour être transporté à la dernière demeure. Le bourguemestre enfreignit de lui-même les règlemens austères de la voierie publique, et voulut que le carrosse impérial parcourût la rue pavée en mosaïque et vint s'arrêter à sa maison, où il eut l'honneur de recevoir et de complimenter l'impératrice. S. M. demanda que la porte *fatale* fût ouverte : nous en franchîmes le seuil avec une vanité tout-à-fait plaisante, en présence de beaucoup d'habitans qui n'osèrent nous imiter et qui étaient presque tentés d'admirer la facilité et le courage avec lequel nous entrions et sortions. Après avoir loué tout, admiré tout, visité tout, nous laissâmes ces braves gens enchantés des grâces touchantes et de l'aimable bonté de leur jeune souveraine.

Les habitans de Bruk sont tous riches et font un commerce direct avec Dantzick et la Russie.... L'habitude qu'ils ont de remplacer le lest de leurs embarcations par du marbre, en explique la grande profusion.

Deux jours après je fus seul visiter le village de *Sardaam*, célèbre par de grands souvenirs historiques. Je vis la hutte qu'avait habitée l'autocrate de toutes les Russies pour apprendre, par lui-même, l'art de construire un vaisseau. Ce n'était guère la peine d'être aussi puissant que l'était Pierre Ier. pour se condamner à venir dans le plus triste et le plus sale réduit bûcher des planches et cogner des chevilles. Est-ce que cette vie que la nature a déjà condamnée à tant de contrariétés et de souffrances de tous les genres, ne devrait pas au moins être exempte des peines et des fatigues volontaires que les heureux de la terre pourraient si aisément s'épargner. Si l'on vivait plusieurs fois, on pourrait, absolument parlant, faire des essais pour savoir quelle en serait la suite. J'avoue de bonne foi que mon imagination n'a jamais été assez élevée pour comprendre comment ce célèbre empereur a pu quitter ses palais et se soumettre à jouer un rôle aussi subalterne que pénible dans l'espérance bien incertaine du bonheur qui pourrait en résulter pour les générations futures de ses sujets. Il lui était si facile de le leur procurer en affranchissant quarante millions d'individus qui, dans ses états, meurent et naissent dans la servitude et l'esclavage. J'avoue encore que je n'ai jamais adopté ces idées systématiques qui, depuis un demi-siècle, sont de mode et qui font peser sur une génération vivante une oppression réelle dans la vue de transmettre le bonheur à la génération qui n'existe pas encore. Si ce système était suivi à la rigueur, de génération en génération, il serait vrai de dire qu'aucune n'aurait été heureuse. Ces réflexions ne s'attachent qu'à l'ordre politique, et non pas aux affections de famille, car dans ce dernier cas, c'est un besoin et non un sacrifice. Il y aurait de l'égoïsme à agir différemment. Telles étaient les pensées que m'inspirait la vue de cette misérable cabane, habitée long-temps par ce puissant monarque, pendant que j'écrivais mon nom sur de chétives planches, à la suite des nombreux voyageurs qui, par vanité, ou par respect, se croient obligés de laisser cette espèce de carte de visite dans un obscur réduit....

24 octobre.

Nous quittâmes Amsterdam, et fûmes visiter, au milieu des fêtes, Harlem, la Haie, Rotterdam, le palais du Loo, Nimègue, etc. L'empereur s'arrêta deux jours à *Dusseldorff*, ville charmante et située sur les bords du Rhin. J'y fus témoin d'une singularité fort remarquable : selon son habitude, Napoléon admettait à son audience toutes les autorités civiles, militaires, ecclésiastiques et les chefs de tous les cultes..... : au nombre de ces derniers était un vieux *rabbin* à barbe blanche, centenaire, et qui ayant absolument voulu voir l'empereur, s'était fait porter au palais. Il entra dans la salle d'audience soutenu d'un côté par le curé de la paroisse, et de l'autre par le ministre protestant. Fut-ce un effet du hasard? voulut-on par-là donner au souverain une preuve de l'union admirable qui existait parmi les différens cultes de ses états? je l'ignore. Quoi qu'il en ait été, le grand âge de ce rabbin suffisait seul pour expliquer le secours et l'appui qu'il recevait.

Après avoir visité à Cologne la chapelle des onze mille vierges et fait nos provisions chez le sieur Farina, nous arrivâmes à Saint-Cloud où la cour résida jusqu'au 1er. décembre, qu'elle vint s'établir aux Tuileries.

CHAPITRE V.

Je lis la traduction des journaux anglais pendant le dîner de l'empereur. — Départ de Czernicheff. — Traités avec l'Autriche et la Prusse. — Rassemblement des troupes en Pologne. — Voyage à Dresde. — L'empereur et l'impératrice d'Autriche, le roi de Prusse et le prince royal, etc., se rendent à Dresde. — Séjour à Dresde. — Départ des souverains rassemblés. — Napoléon part pour l'armée. — Marie-Louise à Prague. — Séjour. — Mon journal sur ce séjour. — Carlsbad. — Visite à la mine de Frankenthal. — Égra, Bamberg et Wurtzbourg.

Dans le mois de janvier, un soir, destiné à l'un de ces grands cercles de cour où tant de magnificence était déployée, Napoléon en se mettant à table me remit un cahier manuscrit, qu'il tenait à la main, en me disant de lui en faire tout haut la lecture pendant son dîner, parce que sa soirée étant consacrée à la représentation, il n'aurait pas le temps de les lire. Ces papiers étaient la traduction des journaux anglais, qui lui était habituellement envoyée par M. le duc de Bassano. Je commençai d'abord avec beaucoup d'assurance. Je la perdis bientôt en lisant des expressions dures et désobligeantes qui étaient employées en parlant de lui. J'étais fort embarrassé, parce que j'entrevoyais l'œil vif et perçant de Napoléon, et son sourire moqueur. Ma position était d'autant plus pénible que je faisais cette lecture en présence de l'impératrice, des pages, des maîtres d'hôtel et d'un grand nombre de valets de chambre de toute espèce... *Lisez*, me disait Napoléon, dès que je m'arrêtais comme pour respirer ou me moucher, *lisez donc, vous en verrez bien d'autres......* Je voulais m'excuser, l'assurant que je croirais manquer de respect... Il ne tint aucun compte et m'ordonna en riant de continuer. L'œil tendu sur les lignes que j'avais à lire, et cherchant d'avance à en diminuer l'effet ou l'expression, j'arrivai à un mot que je remplaçai assez couramment par celui d'*empereur*..... Maladroit que j'étais, je lui donnais un titre que jamais les journaux anglais n'avaient voulu lui donner. Il me dit de lui apporter le manuscrit : il lut *tout haut* le mot écrit que j'avais évité de prononcer, me rendit le papier et me dit de continuer. Heureusement je n'eus plus rien d'embarrassant à prononcer. Le soir même au cercle je m'approchai du duc de Bassano, et lui contai mon aventure..... *Que voulez-vous? l'empereur m'ordonne de mettre sous ses yeux la traduction rigoureuse et littérale des journaux anglais, il faut bien lui obéir, puisqu'il veut tout voir par lui-même.*

A cette époque tout fit présager une rupture éclatante avec la Russie. Le comte de *Czernicheff* vint prendre congé de l'empereur au palais de l'Élysée, et partit pour Pétersbourg en sortant de l'audience. Vingt-quatre heures après son départ la police découvrit les ressorts secrets qu'il avait employés pour se procurer dans les bureaux du prince de Neufchâtel et du ministère de la guerre des états militaires authentiques sur l'*effectif* de nos armées. Ce fut en vain que les télégraphes furent mis en mouvement, transmettant l'ordre de l'arrêter; il n'était plus temps. Il avait déjà passé les frontières, laissant après lui les employés dont il avait acheté la discrétion et compromis l'existence.

Des traités offensifs et défensifs furent signés avec le cabinet des Tuileries par l'Autriche et par la Prusse. Le premier article du traité conclu avec l'Autriche disait dans le préambule, protocole banal de tous les traités : *il y aura à perpétuité amitié, union sincère, et alliance entre S. M. l'empereur d'Autriche, roi de Hongrie, et S. M. l'empereur des Français*, etc., etc... Par ce traité, l'Autriche s'engageait à fournir un secours de trente mille hommes, dont vingt-quatre mille d'infanterie, et six mille de cavalerie constamment entretenus sur le pied de guerre et d'un attirail de soixante pièces de canon. Le dernier article disait que le présent traité ne pourrait être rendu public ni communiqué à aucun cabinet que de concert entre les hautes parties contractantes. Nous verrons dans la suite de ces mémoires, comment ce corps auxiliaire seconda Napoléon pendant la fatale campagne de Russie, et comment en 1813, après l'armistice, l'Autriche exécuta les conditions de ce traité.

L'armée se rassemblait : des forces immenses se portaient vers la Pologne, et le voyage de Dresde fut annoncé. L'impératrice fut de ce voyage. L'empereur d'Autriche devait y arriver en même temps qu'elle.

LL. MM. partirent de Saint-Cloud à cinq heures et demie du matin (le 9 mai) et furent coucher à Châlons, à l'hôtel de la préfecture; le lendemain à Metz, le 12 à Mayence au palais impérial. Le soir même le prince primat fut reçu par LL. MM. qui, le lendemain 13, furent dîner chez lui à *Aschaffembourg* et coucher à *Wurtzbourg*, chez le grand-duc : elles avaient traversé *Francfort*, où les habitans et toutes les autorités leur firent une brillante réception. Le soir même de son arrivée à *Wurtzbourg*, Napoléon reçut la visite du roi de *Wurtemberg* et du grand-duc de Bade. Le 16, LL. MM. arrivèrent à dix heures du soir à Dresde, après avoir trouvé à *Freyberg* le roi de Saxe, ce patriarche des bons rois, qui était venu au-devant d'elles. Dans la journée du 17 arrivèrent l'*empereur* et l'*impératrice d'Autriche* : la dernière fois que ces deux empereurs s'étaient vus, c'était auprès d'un feu de bivouac dans les plaines de la *Moravie*, après la bataille d'*Austerlitz*. Ce jour même la reine de *Westphalie* et le grand-duc de *Wurtzbourg* se rendirent à Dresde : le 26 ce fut le roi de Prusse, et le 27 le prince royal de Prusse. La présence de tant d'augustes personnages jeta la cour de Dresde dans un mouvement de fêtes, de festins et de représentations, qui devaient singulièrement contraster avec la vie douce et paisible de ces vénérables souverains. Toutefois, il est bon de dire, que la discrétion de Napoléon était telle qu'il cherchait toujours à incommoder le moins qu'il pouvait, et qu'il avait donné des ordres pour se faire suivre de tout ce qui était convenable pour une grande représentation. Un jour, les cours réunies dînaient chez lui, et le lendemain, chez le roi de Saxe. L'impératrice devait tenir le même état de maison pendant le séjour qu'elle devait aller faire à *Prague*. Une partie du beau service en vermeil dont la ville de Paris avait fait présent à l'occasion du mariage, avait été apportée.

———

Tout ce que l'on a écrit sur la manière froide dont fut reçu le roi de Prusse, est faux et mensonger. Il fut accueilli comme il avait le droit de le prétendre, et comme devait l'être un allié puissant qui, par un traité récent, venait d'unir ses troupes à celles de la France.

J'abrége toutes les cérémonies d'étiquette; elles

sont les mêmes dans toutes les cours. Grands dîners, grands cercles, grandes illuminations : toujours planté sur les pieds, même pendant d'éternels concerts, quelques promenades en voiture, de longues stations dans de grands salons, toujours sérieux, toujours sur le *qui vive*, et toujours occupé de défendre ses attributions, ou ses prétentions..... voilà à peu près à quoi se réduisent ces plaisirs si enviés, et après lesquels on soupire. La cour de Napoléon et celle du feu roi de Bavière sont les seules où j'ai vu régner le plus d'intimité, de naturel et d'abandon. L'empereur et l'impératrice d'Autriche partirent le 29 pour Prague; Napoléon le même jour pour l'armée, le roi de Prusse et le prince royal étaient partis la veille pour retourner à Berlin..... L'impératrice resta encore quelques jours à *Dresde* pour laisser le temps nécessaire à sa réception à *Prague*. Pendant ces derniers instans de son séjour à *Dresde*, elle fut visiter la charmante vallée de *Tharan*, déjeuner au *célèbre* château de Pilnitz, puis à Kœnigstein, forteresse qui passe pour imprenable; elle est située près des bords de l'*Elbe*, au-dessus d'un rocher escarpé de tous côtés. Le départ de Dresde eut lieu le 4 juillet ; à la frontière d'Autriche, le comte de Kollawrat, grand-bourgrave de Bohême, eut l'honneur de complimenter l'impératrice, ainsi que le prince *Clary*, qui était nommé pour l'accompagner jusqu'à *Prague*. Arrivée à midi dans le palais de ce prince, à *Tœplitz*, elle se reposa pendant deux heures; promenade ensuite dans les magnifiques jardins de ce palais; grande affluence de spectateurs dans ces jardins, dont l'accès était libre; cinquante jeunes filles de *Tœplitz* fort jolies, bien parées, présentant des fleurs; promenade en calèche dans les environs, et aux établissemens de bains; des arcs de triomphe partout; toutes les autorités civiles rangées autour de ces arcs de triomphe; renforcées d'orchestres nombreux; partout des escortes de cavalerie, des complimens et un bruit continuel, etc. Le grand-duc de Wurtzbourg accompagna partout l'impératrice avec laquelle il dîna, ainsi que la duchesse de *Montébello*, la duchesse de *Bassano*, le prince *Clary* et le comte de *Montesquiou*. Le comte *Kollawrat* était parti avant le diner pour se rendre auprès de l'empereur d'Autriche, lui remettre une lettre que venait d'écrire l'impératrice, et lui annoncer son heureuse arrivée à *Tœplitz*. Le soir après son dîner, l'impératrice s'assit sur le balcon de ses appartemens, et vit défiler deux compagnies de mineurs, portant leurs lampes, leurs instrumens, et chantant des airs nationaux en l'honneur de S. M. C'est une coutume locale et un hommage qui n'est rendu qu'aux souverains.

5 juillet.

L'impératrice partit le lendemain, et trouva à une demie-lieue de *Prague* l'empereur et l'impératrice d'Autriche qui venaient au-devant d'elle avec toute leur cour, en habits de gala. S. M. quitta sa voiture, et monta dans celle de son père. L'impératrice d'Autriche céda la droite dans le fond, et l'empereur d'Autriche se plaça sur le devant avec le grand-duc de Wurtzbourg. L'entrée de ce brillant cortége dans la ville de *Prague* se fit au bruit du canon et des cloches ; les troupes, les corps de métiers bordaient la haie, et les maisons étaient illuminées avec magnificence. Dans les appartemens du palais, S. M. trouva toutes les autorités civiles de la ville, les chanoinesses des deux chapitres nobles de la province, les personnages de la cour qui n'avaient point fait partie du cortége, et un nombreux service d'honneur que l'empereur d'Autriche avait choisi parmi les plus distingués de ses chambellans.

Le 7. — Visites d'étiquette. — Présentations. — Arrivée de l'archiduc Charles. — Grand banquet impérial dans les appartemens de l'empereur d'Autriche ; l'impératrice de France était placée au centre de la table, ayant à sa droite l'empereur son père, et l'impératrice d'Autriche à sa gauche : ce fut la place qu'elle occupa toujours pendant ce voyage, soit chez elle, soit chez son père. Elle fut servie, à ce banquet impérial, par le prince Clary désigné grand-maître de sa maison, et par quatre chambellans d'Autriche. Les autres souverains furent servis par leurs grands-officiers. Après ce banquet cérémonieux, LL. MM. rentrèrent dans leurs appartemens, et tout fut fini pour ce jour-là.

Le 8. — L'archiduc Jean et l'archiduc Charles vinrent voir pour la seconde fois l'impératrice. Avant cette visite, ces princes avaient voulu recevoir les hommages des officiers de la maison de France. La conversation fut intéressante; il fut question des richesses minéralogiques de la Bohême : je risquai quelques réflexions sur cette matière que je connaissais fort peu, mais il est des phrases banales qui sont à la portée des gens du monde. Les individus qui par leur position peuvent approcher de près les personnages d'un si haut rang ne sont pas les seuls à éprouver de la gêne. Les princes eux-mêmes sont fort souvent embarrassés des questions que leur politesse leur commande de faire à des personnes dont ils ne connaissent aucun antécédent. Le peu de mots que j'avais hasardé sur les richesses géologiques de la Bohême, suffit pour établir ma réputation d'habile minéralogiste; et comme tous les archiducs se succédaient de deux en deux jours à Prague, et qu'ils se communiquaient successivement tous les renseignemens sur chacun de nous, il m'arriva d'être continuellement questionné sur la minéralogie par tous ces augustes personnages qui, heureusement plus instruits que moi, parlaient sur cette matière d'une façon plus diserte; enchantés d'ailleurs d'avoir trouvé un sujet de couversation avec nous, ils ne s'embarrasssaient pas beaucoup de mes brèves et circonspectes réponses. Ce genre de gloire auquel je n'avais aucune prétention fut poussé à un tel point que le 26 juillet, ayant accompagné LL. MM.

de France et d'Autriche dans la visite qu'elles firent du magnifique cabinet de minéralogie de *Prague*, en entrant l'empereur d'Autriche recommanda devant moi à son grand-chambellan, le comte de Wurbna, de me faire voir avec détail les plus beaux morceaux. Malheureusement, le comte de Wurbna, sans intention je crois, me présenta un échantillon, fort curieux selon lui, sans m'en dire le nom, ayant l'air d'attendre que je me fusse expliqué ; forcé dans mes derniers retranchemens, je lâchai à l'aventure le premier nom minéralogique qui me vint à l'idée... Eh! non, me dit-il, en prenant la pièce de mes mains, c'est du chrome cristallisé.... Si je n'avais pas accompagné LL. MM. dans cette visite, je passerais encore à la cour de Vienne pour un très-savant minéralogiste. Heureusement pour mon amour-propre nous devions partir dans deux jours, et toutes les visites d'archiducs étaient finies, lorsque cela m'arriva.

Le soir, les cours réunies furent en carrosse visiter les illuminations de la ville. Cette promenade, au plus petit pas possible, dura cinq heures et demie ; il ne fut pas fait grâce du plus chétif lampion.

Le 9. — Repos, promenade, dîner ; départ de l'archiduc Charles, et de l'archiduc Jean.

Le 10. — Promenade, dîner chez l'impératrice de France ; au grand théâtre, un drame allemand de Kotzbue (l'*Américain*).

Le 11. — Promenade et dîner chez l'empereur d'Autriche.

Le 12. — Visite à la bibliothéque impériale, à l'école de dessin et au musée des machines. Les professeurs de physique tentent quelques expériences qui ne réussissent pas. Les professeurs de chimie ne sont pas plus heureux.

Le 13. — Les archiducs Antoine et Reynier arrivent; nous leurs sommes présentés. Nouvelles questions sur la minéralogie lorsque mon tour arrive. Dans l'après-midi, avant diner, il y eut bal de jour dans les appartemens de l'impératrice de France, en l'honneur des trois jeunes archiduchesses, sœurs de S. M. Le premier projet avait été de donner cette fête dans l'intérieur, et pour ainsi dire à *huis clos*, à cause de l'extrême jeunesse de ces belles princesses; mais l'impératrice insista pour que toutes les personnes de sa maison y fussent admises..... Ce bal finit à sept heures du soir, et par un dîner chez l'empereur d'Autriche.

Le 14, à l'ordinaire.... Le 15, de même.

Le 16. — Promenade à sept lieues, au château du comte *Kotech*. Promenade en bateaux. Retour à Prague, et arrivée de l'archiduc Albert.

Le 17. — Présentation à l'archiduc Albert. — Encore de la minéralogie. Le reste à l'ordinaire.

Le 18. — L'impératrice Marie-Louise monte à cheval dans le manége de l'hôtel Wallenstein. — Arrivée du prince de *Ligne*. Cet aimable prince avait toutes les qualités essentielles qui font le charme de la société; il était spirituel, noble sans hauteur, affectueux et poli avec la meilleure grâce; son imagination était aussi vive qu'abondante; sa conversation animée quoique douce et du meilleur goût : c'étaient toujours des bons mots, des traits qui amusaient sans blesser aucun amour-propre, des anecdotes piquantes et des souvenirs intéressans. Sa figure était belle, sa physionomie noble; ses manières simples et naturelles; sa taille très-élevée. On commençait toujours par l'aimer, et l'on finissait par l'aimer davantage.

La soirée de ce jour se termina par une grande fête chez le grand bourgrave.

Le 19, même protocole. — Arrivée de l'archiduc Joseph, palatin de Hongrie. — Encore de la minéralogie. — Plus une audience accordée à madame de *Colloredo*, ancienne gouvernante de S. M. Madame de *Colloredo* est aujourd'hui princesse de *Lambesk*.

Le 20, à l'ordinaire.

Le 21. — Réception des princes de *Mecklembourg* et de *Hesse-Hombourg*. Grand dîner et ensuite grand bal paré dans une salle immense du palais. Quatre cents billets distribués aux habitans de la ville, même à toutes les chanoinesses des chapitres nobles. Après le départ de LL. MM. commença l'attaque des buffets, des pâtés, des jambons : ce mémorable siége dura jusqu'à six heures du matin, et chacun se retira chez soi par une pluie battante.

Le 22. — S. M. monta à cheval avec l'empereur son père, qui, s'apercevant du plaisir avec lequel elle montait le joli cheval qu'on lui avait destiné, s'empressa de lui en faire présent. L'impératrice lui donna sur-le-champ le nom d'*Haradshim*, qui était celui de la montagne sur laquelle est bâti le palais de Prague. L'archiduc *Albert* partit dans la soirée.

Le 23. — Course à l'hermitage de Saint-Yvan, éloigné de six lieues, et à *Carlstein*, vieux château bâti en 1329, sous le règne de l'empereur Charles IV. Retour à Prague pour dîner à onze heures du soir.

Le 24. — Représentation au grand théâtre de la ville, de *Sargines*, opéra de M. Paër. Les cours s'y rendent en grand cortége. Je retrouve sur mes notes (et l'on doit s'être aperçu que je me borne à les copier), je retrouve, dis-je, l'observation que je fis à cette époque, qu'à la table de l'empereur d'Autriche, presque tous les convives avaient habituellement des fauteuils, tandis qu'à celle de S. M. il n'y en avait que trois, pour les deux impératrices et pour l'empereur d'Autriche. Après ces graves observations je continue.

Le 25. — Présentation à l'archiduc *Rudolphe*. — Dernière conversation sur la minéralogie. On a dû voir que les archiducs frères de l'empereur vinrent successivement et par rang d'âge. L'archiduc *Rudolphe*, le plus jeune de tous, était d'une mauvaise santé, mais du caractère le plus doux et le plus aimable; peignant avec tout le talent d'un artiste et excellent musicien. Il est aujourd'hui cardinal et évêque d'*Olmutz*, siége le plus important de l'empire.

Le 26. — Bal chez l'impératrice de France. Arri-

5.

vée des archiducs Maximilien et Ferdinand, frères de l'impératrice d'Autriche.

Le 27. — Grand banquet à la cour d'Autriche.

Les 28, 29 et 30. — Grandes illuminations et préparatifs de départ.

Je sens très-bien que toutes ces notes que je viens d'insérer ici, sont sans intérêt par elles-mêmes ; mais j'ai cru devoir le faire pour prouver avec quels égards, quelle recherche l'épouse de Napoléon fut reçue dans son auguste famille, et quelle immense considération il avait imposée à tout ce qui l'environnait. Je vais continuer l'extrait de mes notes. Ce furent les dernières lueurs de la puissance de Napoléon dans l'étranger.

1er. août.

Départ de Prague avec l'empereur d'Autriche ; dîner et coucher à *Schœnoffen*.

Le 2. — Promenade dans les beaux jardins de ce palais, et coucher à *Carlsbad*. L'empereur d'Autriche dîna chez sa fille.

Le 3. — Séjour, promenades et visite des sources minérales : ces eaux sont excellentes pour l'estomac.

Le 4. — Course à *Franckentall*. Visite aux mines d'étain. L'impératrice y descendit dans un fauteuil placé à l'entrée et guidé par des contre-poids, à une profondeur de plus de six cents pieds ; une vive et brillante illumination éclairait de tous les côtés. Le fauteuil remonta et l'empereur d'Autriche descendit ainsi que toutes les dames à leur tour. Les hommes descendirent par des échelles placées d'étage en étage, à l'usage des mineurs. Je voulus essayer de suivre, mais je m'aperçus que ma constitution replète avait besoin de respirer un air moins épais; je remontai bien vite, *et malgré mon goût bien connu pour la minéralogie*, je vins m'asseoir tranquillement dans la pièce d'entrée : je quittai le sarrau de mineur que l'on était obligé d'endosser, afin d'éviter les infiltrations qui découlent des entrailles de la terre. Cette espèce de vêtement est de cuir noir, et n'a rien d'agréable. C'est une véritable mascarade. Les hommes qui s'exhumèrent de ces abîmes me semblèrent des fantômes. Les dames seules me parurent plus belles et plus blanches sous ce vilain costume. Après que chacun eut bien ri de la figure de son voisin, nous fûmes déjeuner à *Schœnfeld*, et rentrâmes à *Carlsbad* à six heures du soir.

Le 5. — Départ de *Carlsbad*, arrivée à *Frantzbrun*, nouvelles sources minérales à la porte *d'Égra*. Danses locales et musique nationale.

Le 6. — Ce jour-là, l'impératrice se sépara de l'empereur son père, et ne le revit qu'au mois d'avril 1814, à Rambouillet, au milieu des Cosaques qui gardaient ce palais. On fut coucher à *Bamberg*, au palais du duc Guillaume de Bavière.

Le 7. — S. M. arriva à *Wurtzbourg*, où le grand-duc son oncle la reçut avec une magnificence royale. Après quelques courses au château de Verneck, beaucoup de promenades sur l'eau, d'illuminations, de concerts, que le grand-duc dirigeait lui-même, etc., l'impératrice partit pour Saint-Cloud, où elle arriva le 18 juillet.

CHAPITRE VI.

Mes préparatifs de voyage pour la Russie. — Je suis chargé des dépêches de l'impératrice et du portrait du roi de Rome, peint par Gérard. — Notice sur ce peintre célèbre. — Anecdote sur un grand portrait de Marie-Louise. — Note sur les embellissemens au Louvre projetés par l'empereur. — Mon voyage et mon arrivée au quartier-général, le 6 septembre, veille de la bataille de la Moscowa. — Napoléon fait ouvrir la caisse où est le portrait de son fils. — Émotion de l'empereur ; il appelle les officiers-généraux pour leur faire partager son admiration ; paroles qu'il prononce. — Note sur ce tableau. — Sur Horace Vernet. — Bataille de la Moscowa. — Mort glorieuse des généraux Montbrun, Auguste Caulincourt, etc., etc. — Le duc de Dantzick. — L'empereur fait donner des soins à la blessure du prince Potemkin.

Mon premier soin, en arrivant à Paris, fut de m'occuper de mes préparatifs pour aller joindre le quartier-général. Mes chevaux et mes modestes équipages y étaient rendus depuis long-temps. J'allai prendre congé de l'impératrice, j'étais prêt à partir, mais cette princesse voulut bien me charger de porter le portrait de son fils que Gérard achevait de peindre. Grâce à la complaisance et à l'aimable obligeance de ce grand peintre, ce tableau, bien emballé, fut placé sur l'impériale de ma calèche, et en remplissait toute l'étendue. Je saisis avec plaisir l'occasion de parler de M. Gérard. Je retrouve dans mes papiers une note qui ne laisse rien à désirer sur ses ouvrages, et qui pourra intéresser ceux qui n'ont pas été ainsi que moi à même de connaître son esprit et la supériorité de ses talens.

Le premier ouvrage que fit paraître Gérard, fut *Bélisaire*, et l'on n'oubliera jamais l'enthousiasme qu'il excita même parmi ses habiles rivaux. Ces suffrages durent enflammer son émulation; mais peu fortuné, ayant des charges et des devoirs à remplir, il ne put alors s'occuper uniquement du genre historique qui exaltait son imagination; il fut condamné à s'occuper d'un genre plus avantageux que glorieux, et il composa une longue suite de dessins pour les belles éditions de Didot. Il s'occupa en même temps à peindre des portraits. Le succès et le nombre des demandes qui lui furent faites, souvent même exigées par des ordres supérieurs, lui valurent assez injustement le reproche de trop sacrifier à ce genre lucratif: il pouvait en effet répondre que les traits des personnages les plus célèbres du temps qu'il reproduisait sur la toile, rentraient naturellement dans le domaine de l'histoire. Moins gêné, il put se livrer à son talent, et l'on vit avec admiration paraître sa *Psyché* et plusieurs tableaux historiques; et ce qu'il y a de remarquable à cet égard, c'est que la valeur de ses tableaux était presque toujours triplée lorsqu'ils changeaient de cabinet. Cette augmentation de valeur, si elle ne tourne pas au profit de l'artiste, sert au moins à confirmer la réputation de ses ouvrages. Le *salon* appelé de *famille*, à Saint-Cloud, renfermait les portraits en pied des membres de la famille de Napoléon, peints par Gérard, en grande partie, tous d'une ressemblance parfaite, et tous admirables de composition et de coloris. La plus belle de ses inspirations, à l'époque dont je parle, fut le tableau d'Austerlitz. Il paraissait absurde de le fixer au plafond de la salle du conseil d'état; cette difficulté ne l'arrêta point, et il en tira le double avantage de motiver le point de vue du tableau et d'y ajouter des figures allégoriques, dans lesquelles son admirable talent s'est montré aux yeux des connaisseurs sous un nouvel aspect. Ces figures colossales étaient celles de la Victoire, de la Renommée, de la Justice et de la Poésie, soutenant et déroulant dans les airs une immense tapisserie, où les principaux événemens de la vie de Napoléon étaient représentés; la bataille d'Austerlitz s'apercevait au milieu. Avant le départ de Napoléon pour *Dresde*, M. Gérard vint me prévenir, au moment du déjeuner de l'empereur, qu'il avait fait apporter le portrait en pied de l'impératrice qui lui avait été commandé, me priant en même temps de prendre ses ordres lorsqu'il se mettrait à table, afin de pouvoir faire placer ce tableau dans la pièce qu'il indiquerait et dans un jour favorable. Je pris les ordres de l'empereur qui me désigna la galerie de Diane. Je fis avertir M. Gérard. Après son déjeuner, ce prince fit prévenir l'impératrice : ils se rendirent ensemble dans cette galerie par l'intérieur des appartemens. M. Gérard et moi nous les attendions. Napoléon admira la ressemblance frappante, loua le grand talent de l'artiste; mais, comme il entrait dans son caractère de faire toujours quelques observations, il trouva que la robe de satin blanc avait l'air *d'une robe mouillée.* Gérard gardait le silence : je me hasardai de dire, *votre majesté a parfaitement raison et elle vient de faire l'éloge le plus flatteur de cette belle composition.* Napoléon, préoccupé probablement par d'autres pensées, se persuada que ma réflexion était vraie, et rendit une pleine et entière justice aux détails et à l'ensemble de ce magnifique portrait. Lorsque LL. MM. furent rentrées, Gérard crut devoir me remercier. *Vous êtes content de moi?* lui dis-je, *eh! bien, je vous jure que je n'ai pas compris la valeur de ce que j'ai dit. J'ai parlé à tout hasard et sans réflexion; avec l'empereur il ne faut jamais rester court. L'essentiel est d'éluder une discussion qui commence mal. Il vaut toujours mieux lui laisser une impression favorable.*

Ce portrait de l'impératrice tenant son fils dans ses bras fut peint par l'ordre de cette princesse, qui se rendit dans l'atelier de M. Gérard pour en voir le commencement. Marie-Louise y mettait d'autant plus d'intérêt qu'elle voulait en faire présent à l'empereur. Ce tableau fut placé dans le salon bleu près du cabinet de S. M.

Après la présentation de ce portrait, Napoléon

causa avec beaucoup d'abandon et d'intérêt avec M. Gérard : j'entendis tout ce que le goût le plus éclairé et le mieux entendu lui inspirait de projets pour l'embellissement intérieur du Louvre : son intention était d'appeler tous les talens de l'époque à y concourir par de nouveaux chefs-d'œuvre, il dit à Gérard qu'il enverrait chez lui le baron Costaz, intendant des bâtimens, pour s'entendre avec lui sur la meilleure décoration des localités.

La direction des arts était en général chargée de la répartition des travaux et des encouragemens, mais cette fois l'empereur me parut décidé à ne consulter que son goût personnel. Juste appréciateur de tous les mérites et plein de déférence pour l'opinion publique, il se plaisait à honorer ceux qu'elle distinguait par des témoignages particuliers de sa bienveillance. Sous ce rapport et surtout d'après les expressions dont se servit Napoléon, M. Gérard reconnaîtra sans peine avec moi, que peu de talens ont eu lieu d'être plus flattés de l'accueil qu'il se plaisait à leur faire... Il faut aussi convenir que M. Gérard usa toujours de cette faveur avec la plus grande réserve ; qu'il fut toujours empressé de faire valoir, (notamment dans cette circonstance), les droits de ses nobles émules, et qu'il ne cessa jamais d'honorer son caractère par l'emploi de ses talens supérieurs et par le sentiment de la reconnaissance la plus vraie.

Je fais grâce de tous les détails de mon long voyage. Je partis emportant le portrait du jeune et bel enfant. Depuis Saint-Cloud jusques au quartier général je trouvai la route couverte de soldats, marchant isolément, ou par compagnie ; des blessés qui rentraient dans leurs foyers ; des prisonniers que l'on conduisait, des trains d'artillerie, des équipages de toute nature, enfin un mouvement continuel ; la France, l'Allemagne, l'Italie, la Prusse, la Pologne l'Espagne, etc., semblaient s'être donné rendez-vous sur cet étroit passage... De nombreux employés et des traînards de toute espèce encombraient les derrières de l'armée, et ce ne fut pas sans beaucoup de peine que j'arrivai, le 6 septembre à neuf heures du matin, à la tente de S. M..., après trente-sept jours de voyage. Je lui remis les dépêches que l'impératrice avait bien voulu me confier, et je lui demandai ses ordres relativement au portrait de son fils. Je pensais qu'étant à la veille de livrer la grande bataille qu'il avait tant désirée, il différerait de quelques jours d'ordonner l'ouverture de la caisse dans laquelle ce portrait était renfermé... Je me trompais : pressé de jouir d'une vue aussi chère à son cœur, il m'ordonna de la faire porter de suite à sa tente. Je ne puis exprimer le plaisir que cette vue lui fit éprouver. Le regret de ne pouvoir serrer son fils contre son cœur fut la seule pensée qui vint troubler une jouissance aussi douce. Ses yeux exprimaient l'attendrissement le plus vrai. Il appella lui-même tous les officiers de sa maison et tous les généraux qui attendaient à quelque distance ses ordres, pour leur faire partager les sentimens dont son cœur était rempli. *Messieurs*, leur dit-il, *si mon fils avait quinze ans, croyez qu'il serait ici au milieu de tant de braves autrement qu'en peinture.* Un moment après il ajouta..., *ce portrait est admirable...* Il le fit placer en dehors de sa tente sur une chaise afin que les braves officiers et les soldats de sa garde pussent le voir et y puiser un nouveau courage. Ce portrait resta ainsi toute la journée.

M. Gérard avait fait une copie de ce bel ouvrage et l'exposa cette même année au Muséum. Ce portrait à été parfaitement gravé : le jeune enfant est représenté à demi couché dans son berceau, se servant d'un petit sceptre et d'un petit globe, comme de hochets !..

Pendant tout le temps du séjour de l'empereur au Kremlin, le portrait de son fils fut placé dans sa chambre à coucher. J'ignore ce qu'il est devenu [1].

---

[1] Le hasard m'a fait découvrir, il y a peu de jours, l'esquisse d'un grand tableau que le prince de Neufchâtel avait demandé, sur le moment de la présentation du portrait dont il est ici question, à M. Horace Vernet, non moins célèbre par des qualités personnelles qui le rendent cher à ses plus illustres rivaux, que par l'étonnante flexibilité de ses rares talens qui se prêtent avec éclat à tous les genres, et que l'on pourrait à juste titre appeler le *Voltaire de l'école moderne.* Ma reconnaissance pour la part qui m'était réservée dans ce tableau d'histoire, a été aussi vraie que mes regrets.

Je trouvai Napoléon parfaitement bien ; au moral et au physique il me parut être le même, et nullement incommodé des fatigues excessives d'une guerre d'invasion si rapide et si compliquée.

———

Comme tout ce qui a rapport aux opérations militaires n'est point de ma compétence, je me bornerai à raconter ce que j'ai vu par moi-même, sans trop m'occuper de faire coïncider avec les grands événemens et les grandes catastrophes, tout ce qui arriva dans cette mémorable retraite. J'étais là sans ambition, sans désir de gloire, je n'avais d'autres sentimens que mon attachement et ma reconnaissance. Je commençai mon service auprès de l'empereur le jour même de mon arrivée.

Le lendemain 7 septembre, jour de la sanglante bataille de la *Moscowa*, j'étais, dès cinq heures du matin, près des officiers qui attendaient les ordres de Napoléon. Nous étions placés au bas d'une redoute qu'on avait enlevée la veille à l'ennemi ; c'était le centre d'où partaient tous les mouvemens et toutes les combinaisons....... C'est d'auprès de nous que je vis s'éloigner, au grand galop et tout brillant d'une belliqueuse ardeur, l'un de nos preux les plus distingués, le général *Montbrun*. Il venait

———

C'est une occasion unique de perdue pour mon amour propre.

de recevoir de Napoléon l'ordre d'attaquer une grande et formidable redoute placée au centre de l'armée ennemie, qui vomissait déjà la mort de toutes parts. Je ne puis exprimer la douleur que j'éprouvai lorsque, deux heures après, on vint apprendre à Napoléon que cet illustre guerrier venait de tomber sous le feu de l'ennemi, au milieu d'une charge des plus brillantes. Je connaissais et j'aimais le comte *Montbrun*, mon compatriote. Il emporta avec lui l'estime, l'attachement et les regrets de toute l'armée, et peut-être aussi le bâton de maréchal, qu'il aurait reçu s'il eût survécu à tant de courage et de gloire. Je parlais de mes regrets à Auguste de Caulaincourt, qui se trouvait dans notre groupe, lorsque l'empereur, jetant les yeux de notre côté, l'aperçut, l'appela, et lui donna le commandement des valeureux guerriers que la mort du général *Montbrun* laissait sans chef. Il revint près de nous le cœur rempli d'une noble joie, que je ne partageais pas, et qui me pénétra des plus tristes pressentimens. Il fit avancer ses chevaux, serra la main au meilleur des frères, nous dit adieu et partit comme un éclair, suivi de son aide-de-camp..... Et lui aussi!!! à la tête du cinquième de cuirassiers, commandés par leur brave colonel M. Christophe, il tomba dans cette homicide redoute, qui fut emportée d'assaut, et qui décida le gain de la bataille.... Il tomba, laissant veuve une jeune et belle épouse, à laquelle il avait été uni quelques heures avant son départ pour l'armée. Il fut enterré dans cette redoute, théâtre si douloureux de tant d'exploits célèbres!...

———

Dans la matinée de ce jour, si funeste et si glorieux pour l'armée française, quelques boulets passaient sur la tête de Napoléon et du groupe où nous étions derrière lui. Il donna l'ordre au général Sorbier de faire avancer quelques batteries de l'artillerie de la garde, qui nous en délivreraient. Deux heures après ils reparurent, et nous crûmes un moment que l'ennemi avait repris l'avantage.... Peu à peu son feu se ralentit, et les boulets vinrent, en expirant, rouler et s'arrêter aux pieds de Napoléon, qui les repoussait doucement comme l'on écarte une pierre qui gêne dans une promenade. Il causait avec le maréchal Davoust, qui venait d'avoir son cheval tué sous lui par une balle ennemie, et qui, souffrant de la commotion qu'il avait éprouvée dans sa chute, suivait avec peine Napoléon dans le petit espace sur lequel il allait et venait. Vers deux heures après midi le bruit du canon russe s'éloigna. La grande redoute une fois emportée, le désordre se mit dans les rangs de l'armée ennemie, qui recula, et ne se battit que pour perdre le moins possible. La victoire fut complète.... les trophées immenses;...... mais l'impitoyable mort jeta sur le champ de bataille plus de cinquante mille guerriers de toutes nations; les Russes y laissèrent, dit-on, plus de trente mille hommes, sans compter les blessés et les prisonniers.

———

Il se mêle souvent des choses ridicules dans les affaires les plus sérieuses. Quelques jeunes soldats mettaient à profit les circonstances pour quitter leurs rangs périlleux, sous le prétexte de porter à l'ambulance ceux d'entre eux que le plomb meurtrier avait atteints..... Plusieurs s'étaient réunis pour porter un des leurs, assez légèrement blessé ; malheureusement pour eux, ils vinrent à passer près du maréchal Lefèvre, qui commandait la garde, et était près de nous.... *Qui m'a vu ces sacredié b..... de cognats, qui se sont mis à quatre pour porter Malbroûk* (Marleboroug)? *A vos rangs!* leur dit-il avec quelques épithètes encore plus énergiques. Ils obéirent ; et ce qu'il y eut de plus risible, c'est que le héros blessé trouva assez de forces pour se relever et gagner tout seul l'ambulance.... Plusieurs officiers généraux russes, grièvement blessés, reçurent, par les ordres de Napoléon, les premiers secours, entre autres un prince Potemkin, qui avait reçu un coup de sabre sur la tête..... Ce fut M. Ivan, chirurgien de l'empereur, qui lui mit en notre présence le premier appareil.

A midi, je demandai à Napoléon s'il voulait déjeuner ;.... la bataille n'était pas encore gagnée, il me fit un geste négatif : je commis l'imprudence de lui dire qu'il n'y avait aucune raison dans le monde qui dût empêcher de déjeuner quand on le pouvait ; alors il me congédia d'une façon assez brusque..... Plus tard il mangea un morceau de pain et but un verre de chambertin, sans y mêler de l'eau. Il avait pris un verre de punch à dix heures du matin, parce qu'il souffrait d'un gros rhume.

CHAPITRE VII.

Te Deum à Moscou pour la bataille de la Moscowa. — Usage de la cour de Vienne à la suite d'une bataille. — Houra des Cosaques. — L'empereur visite le champ de bataille; ordre relatif aux blessés. — Mojaïsk. — Le 14 septembre devant Moscou. — Entrée de l'empereur à Moscou; il s'établit au faubourg de Dorogomiloff. — Pourparlers des Cosaques avec le roi de Naples. — Philippe de Ségur et moi recevons l'ordre de nous rendre au Kremlin et d'en faire la visite. — Rapport. — Retour au Kremlin pour y préparer l'établissement des services de la maison de l'empereur. — Nuit passée sur des chaises dans le salon réservé pour l'empereur. — Premières flammes de l'incendie. — Cet incendie doit être attribué aux Russes.

D'après les états de situation de l'artillerie, il fut tiré de notre côté plus de cinquante-cinq mille coups de canon. Les Russes en tirèrent au moins autant; ainsi je laisse à juger du bruit infernal qui accompagna cette mémorable bataille.

Vers 4 heures, Napoléon monta à cheval et se porta au corps d'avant-garde commandé par le roi de Naples, et à ceux du vice-roi et du maréchal Ney, qui avaient si vaillamment combattu. Il était sept heures du soir lorsqu'il revint à sa tente qui avait été dressée derrière la redoute conquise le 6, et de l'autre côté de laquelle il s'était tenu pendant la bataille en face de l'ennemi. Il dina avec le prince de Neufchâtel et le maréchal Davoust. Sa tente était partagée en plusieurs pièces : la première servait de salon et de salle à manger, la seconde renfermait son lit de camp, et la dernière servait de cabinet à ses secrétaires.

J'observai que, contre son ordinaire, il avait le teint échauffé, les cheveux en désordre et l'air fatigué. Son cœur souffrait d'avoir perdu tant de braves généraux et tant de braves soldats[1]. Sans doute pour la première fois il trouva que la gloire était trop chèrement payée : ce sentiment, qui ne peut que lui faire honneur, fut sûrement une des causes qui le décidèrent à refuser de faire avancer la cavalerie de la garde [2], comme le demandaient le roi de Naples, le vice-roi, et le maréchal Ney afin de poursuivre l'ennemi et de rendre la victoire plus complète...; peut-être aussi, plus occupé du grand ensemble de sa position que des objets de détail qui décidaient ces trois braves, portait-il plus loin qu'eux ses pensées.

---

[1] Montbrun, Aug Caulaincourt, Compère, Lanabère, Romeuf, Plauzolles, Mériou, etc., etc.

[2] A la distance où nous nous trouvions de la France, un corps d'élite lui paraissait indispensable à conserver. Ph. de Ségur, tome 1, page 406.

Si la garde avait été entamée à la bataille de la Moscowa, l'armée française, dont cette garde forma constamment le noyau, et soutint le courage pendant la retraite, n'aurait pu que difficilement repasser le Niémen. Gourgaud, page 244.

Pour mon compte, je ne puis que lui rendre grâce d'avoir ménagé l'armée d'élite qui formait sa garde, car c'est à elle que nous dûmes notre salut dans la retraite ; c'est là que nous la retrouverons, noble, grande, généreuse, fidèle et conservant seule ses armes au milieu du découragement qui avait saisi et fondu tous les autres corps de l'armée. Quoi qu'il en soit, la victoire fut entière, et si entière que l'armée russe n'osa pas concevoir un moment la possibilité de défendre sa capitale. Cela n'empêcha pas d'y chanter des *Te Deum*, pour le prétendu succès, de cette bataille perdue... Ces *Te Deum* ne signifient plus rien... Chaque parti exagère et diminue... En Autriche, par exemple, il est réglé et ordonné à tout officier porteur de nouvelles de l'armée de réunir tous les postillons des postes les plus voisines de Vienne, munis de leur petit cornet, en façon de cors de chasse, et d'entrer aux sons des fanfares les plus aiguës et les plus bruyantes dans cette capitale. Tous ces *turlututus* d'étiquette ne préjugent rien de la nature des dépêches, car souvent à la suite de cette bruyante parade, il est arrivé que l'ordre était donné d'emballer les effets les plus précieux et de les envoyer en Hongrie vers laquelle parfois aussi la cour se dirigeait en sortant du temple même où l'on venait de chanter un *Te Deum* pour remercier Dieu d'une *grande victoire*.

Les temples de Pétersbourg retentirent de semblables chants de triomphe ; et, sur le rapport des commissaires anglais préposés au bon emploi des subsides que recevait la Russie et à l'enregistrement des opérations militaires, la bourse de Londres fut pendant 24 heures dans la jubilation; mais elle se dissipa bientôt à la lecture du dix-neuvième bulletin de la grande armée qui annonçait notre entrée dans la capitale de la vieille Russie. Comme je suis parfaitement désintéressé dans le récit que je fais on peut me croire. L'armée, au lieu de reculer, comme le disaient les commissaires anglais, avança toujours et culbuta le dernier corps russe qui tentait de nous arrêter à *Mojaïsk*, trois lieues plus loin que le champ de bataille de la Moscowa.

Je reviens au quartier-général, où nous étions encore le 8. Pendant que nous nous reposions, une alerte fut donnée vers midi par un corps nombreux de *Cosaques*, qui, séparé de l'armée russe, s'était par mégarde rapproché de nous. Une légère démonstration suffit pour les faire disparaître et rebrousser chemin; une heure après, Napoléon monta à cheval suivi de son état-major et parcourut le champ de bataille de la veille. Je suivais et je faisais les réflexions les plus amères sur cet épouvantable résultat des malentendus des rois de la terre. Des files entières de régimens russes gisaient misérablement étendues sur un sol sanglant, et attestaient qu'ils avaient mieux aimé mourir que de reculer d'un pas. Napoléon recueillait sur ces tristes lieux tous les renseignemens, faisait observer même le numéro des boutons des uniformes, afin de combiner l'ensemble de ses bulletins et de connaître la nature et la position des corps mis en mouvement par l'ennemi; mais ce qui l'occupa par-dessus tout, ce fut le soin des blessés. Il ordonna de les porter dans une vaste abbaye voisine qui fut transformée en hôpital. Nous entrâmes à sa suite dans cette grande redoute, dont la conquête avait été arrosée du sang de tant de généreuses victimes. Deux d'entre nous livrés à la douleur la plus juste n'y suivirent pas Napoléon, M. *de Caulincourt* et M. de *Canouville* : ils se détournèrent, en versant des larmes, de ce lieu funèbre qui renfermait les restes glorieux de leurs frères.

Nous fûmes coucher à *Mojaïsk*, et vîmes à droite et à gauche des positions fortifiées que les Russes avaient élevées dans l'intention de s'y défendre, mais que la rapidité de notre marche ne leur permit pas d'occuper. *Mojaïsk* était rempli de blessés des deux nations. Plusieurs de nos généraux qui l'avaient été à la grande bataille, entre autres les généraux *Belliard*, *Rapp*, *Nansouty*, etc., s'y firent transporter. Enfin le 14 septembre, à midi, nous arrivâmes à la porte de Moscou sans avoir rencontré un seul ennemi. L'avant-garde, sous les ordres du roi de Naples, avait pénétré dans la ville, et chassé les Cosaques qui, sans remords, achevaient de piller les derniers habitans qui n'avaient pas voulu s'en éloigner. Il y eut entre les Cosaques reglés et le roi de Naples une espèce de pourparler et de cessation d'hostilités, sur l'une des places principales : ils demandèrent et obtinrent quelques momens de répit pour ramasser tout leur monde et se retirer sans commettre de désordre; ils recommandèrent surtout à la générosité du vainqueur de nombreux blessés qu'ils étaient obligés d'abandonner. Rien n'était plus juste, quoique ce fût méconnaitre la loyauté de l'armée française que d'en douter; malheureusement l'incendie allumé par les Russes eux-mêmes, ne permit pas long-temps de leur prodiguer les secours que leur état réclamait. Pendant que ces conventions d'humanité se réglaient, les Cosaques, qui avaient vu constamment le roi de Naples, toujours habillé d'une façon remarquable, exposé le premier à la tête de l'avant-garde, s'approchèrent de lui avec un respect mêlé d'admiration et de plaisir; ce prince était le seul de toute l'armée qui portât sur son chapeau un grand panache de plumes blanches et qui fût vêtu d'une espèce de tunique polonaise gris de lin bordée de martre zibeline. Le roi leur donna tout l'argent qu'il avait sur lui, même sa montre, et, quand il eut épuisé tout ce qu'il portait, il emprunta du colonel Gourgaud, de ses aides de camp et de ses officiers, les montres qu'ils avaient (sa libéralité ne fut pas une charge pour les braves qui l'entouraient, plus tard ils reçurent des présens d'une valeur supérieure aux objets qu'ils avaient prêtés). Ces Cosaques firent éclater leur transport et firent entendre qu'ils n'étaient pas étonnés que l'un des plus braves de l'armée française fût aussi l'un des plus généreux.

Napoléon descendit de cheval à la porte de Moscou, et s'arrêta sur le côté gauche, où les Russes avaient gazonné quelques ouvrages de défense. Il attendit là que l'avant-garde eût déblayé la ville des traînards ennemis, peut-être aussi s'attendait-il à voir venir au-devant de lui quelques autorités locales lui présenter les clefs de cette capitale. Mais le gouverneur *Rostopchin* y avait mis bon ordre. A l'exception de deux ou trois mille bandits, cette ville était déserte; tout ce qu'on put faire ce fut de ramasser une pauvreté de cinquante à soixante individus de toute nation établis depuis long-temps à *Moscou*, et qui, loin d'avoir rien à présenter, venaient demander secours et protection : car les Russes en s'éloignant avaient commencé par les maltraiter et fini par les piller. Napoléon se décida enfin à entrer dans le faubourg *Dorogomilow* où il établit son quartier général dans une belle maison construite en bois. L'armée bivouaqua dans ce faubourg, qui est presque séparé de la belle partie de la ville par la rivière de la *Moscowa* qui la traverse. A peine étions nous arrivés, que nous reçûmes l'ordre, le comte Philippe de Ségur et moi, suivis d'un détachement de la gendarmerie d'élite, d'aller visiter avec détail le *Kremlin*. Nous savions, par les rapports des prisonniers russes et par celui des étrangers établis à *Moscou*, que depuis quelque temps il avait été fait des brûlots et des préparations incendiaires par un chimiste qu'on disait être allemand, mais que dans la suite nous reconnûmes pour un véritable Anglais. Cet individu, secondé par de nombreux ouvriers, avait été long-temps caché dans le château de *Woronzoff*, à peu de distance de *Moscou*, sous la protection du gouverneur *Rostopchin*. On avait même dit officiellement, pour rassurer les habitans, que l'on y construisait un énorme ballon qui porterait cinquante individus chargés de matières combustibles qu'ils devaient lancer sur la tente de Napoléon : ces bonnes gens de Moscovites l'avaient cru. Ce qui est plus probable et même certain, c'est que dans ce repaire il y fut fabriqué une immense quantité d'étoupes imbibées de goudron, de soufre et de bitume pour donner à l'incendie projeté une activité telle qu'il fût impossible de l'éteindre; en effet il s'en trouva dans toutes les maisons abandonnées. Les tuyaux des poêles du palais même du gouverneur, qui ne fut point brûlé et qui servit d'habitation au général *Laborde*, furent trouvés remplis de petites machines infernales [1] dont la détonation devait faire écrouler toutes les murailles, et causer la mort de nos braves; je tiens ce fait de M. le docteur *Joanneau*, attaché au corps commandé par le général Laborde et qui habita le palais *Rostopchin* pendant la durée de notre séjour. Heureusement, on prit la précaution de visiter les cheminées et les poêles qui sont forts grands, attendu que la plupart servent de lits aux nombreux esclaves des seigneurs russes.

---

[1] Les prévoyances de destruction furent portées à un tel point de perfection, que ce ne fut qu'après les avoir brisées qu'on découvrit la poudre que renfermaient les bûches qui paraissaient destinées à allumer les poêles.

Il était donc naturel de penser que de semblables manipulations volcaniques avaient pu être placées au *Kremlin*, seule position convenable au quartier-général impérial; mais, après la visite la plus exacte et la plus minutieuse, nous fûmes assurés qu'il n'existait aucun préparatif de ce genre et qu'il n'y avait aucun danger. Le *Kremlin* étant une assez triste résidence pour un grand souverain, peut-être le comte de *Rostopchin* s'était-il flatté que Napoléon irait habiter son beau palais; cela n'arriva point, car, sur le rapport que nous fîmes, le comte Philippe et moi, l'empereur décida qu'il viendrait l'habiter le lendemain matin. Nous y retournâmes à dix heures du soir avec des employés de tous les services pour les installer et y préparer tout pour la réception de Napoléon. Comme dans toutes ces courses il nous avait été impossible de nous faire suivre par nos domestiques et par nos équipages, nous fûmes obligés, *Ségur* et moi, de passer la nuit tout habillés sur des chaises et sur des fauteuils. Nous choisîmes de préférence le salon réservé à l'empereur, dont les croisées étaient sans persiennes et sans rideaux. J'insiste sur ces petits détails parce qu'ils se lient à la suite de mon récit. Avec des lits aussi peu commodes, malgré les fatigues de la journée, mon repos fut agité et souvent interrompu. Entre minuit et une heure j'aperçus des clartés assez vives, quoique fort éloignées; je m'approchai des fenêtres et je vis distinctement les flammes s'élever en même temps sur tous les points que la position du *Kremlin* me permettait de parcourir de l'œil. La distance à laquelle ces incendies se développaient, et la régularité de leur emplacement écartèrent la réflexion qui m'aurait porté à les attribuer à ces pillards qui sont le scandale et le malheur des armées les mieux disciplinées. Je les attribuai au désespoir de quelques sauvages *Moscovites* que la présence des vainqueurs portait à cet excès; je pensais d'ailleurs que nos maraudeurs n'auraient pas eu besoin, pour exercer leur brigandage, d'aller aux extrémités d'une capitale d'une étendue vaste, qu'ils ne connaissaient point encore et qui pouvait présenter quelques dangers en la parcourant à une telle heure; d'ailleurs, toute l'armée était campée dans le faubourg, et ce ne fut que le lendemain matin que les ordres réguliers furent donnés pour l'occupation des différens quartiers de la ville, ainsi que pour l'établissement par cantonnemens. L'incendie de *Moscou* ne doit donc pas être attribué à l'armée française, qui dans aucun temps ne marqua ses conquêtes par des désastres inutiles. Je rejette pour son honneur une si épouvantable célébrité, et j'en abandonne la gloire à ceux qui doivent la subir. Des barbares à demi civilisés, en conçurent le plan, le préparèrent, le commandèrent, l'exécutèrent, et, rendant une espèce d'hommage à la loyauté française, emmenèrent avec eux toutes les pompes qui auraient pu nous servir à arrêter le progrès des flammes; voilà ce que le burin véridique de l'histoire devra marquer en traits de sang et de feu.

CHAPITRE VIII.

Moscou et le Kremlin. — Progrès de l'incendie. — Bouteille d'eau-forte. — Napoléon quitte le Kremlin et se rend à Peterowski. — Deux jours après, retour au Kremlin. — Comédiens français du théâtre de Moscou. — Surintendance de ce théâtre — Madame Bursay directrice. — Représentations; concerts particuliers au Kremlin. — Notice sur madame Bursay. — L'empereur Alexandre voulait la paix. — Lauriston au quartier général russe. — Trêve. — Rupture de la trêve. — Attaque contre la cavalerie du roi de Naples. — Charles de Beauveau est blessé. — Agitation passagère de Napoléon; motifs. — Les comédiens avertis du départ de l'armée la suivent. — L'empereur a eu l'envie de passer l'hiver à Moscou; réflexions à ce sujet.

Nous étions bien éloignés d'avoir une idée de la magnificence et de l'immense étendue de *Moscou*. Cachée dans les régions du nord, elle était peu connue de l'Europe; mais elle renfermait une population de trois cent mille âmes : si les vastes terrains occupés par les jardins de ses nombreux palais, étaient bâtis comme l'est *Paris*, cette ville dans son enceinte telle qu'elle était à notre arrivée aurait pu renfermer facilement un million d'habitans. L'architecture des palais que la flamme continuait d'embraser, était d'un ordre composé des genres italien, français et oriental. Le palais *Pascoff*, entre autres, situé en face du Kremlin, et dont l'incendie avait respecté les murailles extérieures, présentait un mélange de tous les ordres d'architecture connus ; il était couronné par des balustres à l'italienne entremêlés de socles portant des statues en marbre blanc, qui, placées seules, au point le plus élevé, au milieu des ruines et des décombres, ressemblaient à des témoins accusateurs. Cette profusion de décorations de toute espèce ne laissait pas de produire un effet agréable à l'œil.

Le Kremlin n'est point un palais; c'est, à vrai dire, une innocente citadelle bâtie sur un point très-élevé, bordé par la *Moscowa*. Il renferme de beaux établissemens, de grandes casernes, un superbe arsenal, de magnifiques églises et une chétive habitation pour un souverain aussi puissant que l'autocrate de toutes les Russies; une légère muraille crénelée lui sert de défense militaire. Un pont en pierre, jeté sur la rivière, conduit à une porte fortifiée, placée dans l'angle d'un grand terrain qui sert de place publique et non de cour pour un palais. Dans le prolongement et au fond de cette place à gauche, est un grand escalier en plein air sans ornement ni décoration, très-long, tout droit, qu'on appelle l'*escalier rouge*, et qui conduit à une grande terrasse fort ordinaire, et de plain pied avec les appartemens destinés à la résidence du *czar*. Ces appartemens se composent de trois grands salons, d'une chambre à coucher de parade et d'une grande salle sur l'un des côtés appelée *salle des czars*. Les usines, les cuisines et les écuries sont placées au-dessous de la terrasse et du palais. L'apparence extérieure de ce palais est fort mesquine et sans régularité. Il n'y a pas un grand seigneur à *Moscou* qui ne soit mieux logé que l'empereur. Lorsqu'après avoir monté le long *escalier rouge* l'on est arrivé sur la terrasse dont j'ai parlé, on voit sur la gauche le palais de Pierre Ier. construit dans l'enfance de l'art, abandonné depuis long-temps, et que nous livrâmes à des employés subalternes malgré les frises en relief encore brillantes de dorure. L'arsenal, bâtiment moderne, commencé sous Pierre le Grand et achevé depuis par ses successeurs, situé sur la place, presqu'en regard du palais, est décoré d'une manière analogue à sa destination. D'énormes mortiers en bronze forment les bornes, et deux gigantesques canons, plantés tout droit à chaque côté de la porte principale, forment des espèces de colonnes d'un genre remarquable. La grande église d'Yvan, avec ses croix grecques, ses chaînes et ses dômes dorés, fait un très-bel effet lorsque le soleil l'éclaire.

———

Deux à trois cents chauffeurs furent pris en *flagrant* délit et livrés à une commission militaire. C'était pour la plupart un ramas d'esclaves, de prisonniers furtivement libérés, et des dernières classes. A leur gré, l'incendie n'était pas assez rapide; au moyen de bâtons soufrés, ils allumaient par les fenêtres des maisons les matières inflammables qui y avaient été préparées. Ces malheureux auraient tout aussi bien fait de s'en rapporter au vent nord-est qui souffla avec violence, deux jours après notre arrivée, au lieu de s'exposer au danger dont ils furent les victimes. Le développement de tant de foyers fut tel que, dans la même matinée, le comte de *Turenne* et moi, dont les équipages et les gens, voyageant toujours de conserve, étaient établis dans un même domicile, nous fûmes dans la nécessité de changer trois fois de logement; à peine établis, le feu nous chassait. Assez ordinairement, l'irruption de l'incendie se faisait dans la partie supérieure des maisons; les flammes et les flammèches, battues par le vent, échauffaient les toits, la plupart couverts en tôle. Le feu gagnait les solives et les charpentes sur lesquelles ces couvertures étaient appuyées : alors il n'y avait plus aucun moyen de conservation ; il fallait fuir cette lave brûlante qui découlait et consumait tout. A la fin, nous nous établîmes dans une maison en face du *Kremlin*, qui seule était restée debout au milieu des débris de toutes celles qui l'environnaient; nos chevaux bien logés et nous-mêmes assez commodément; nos gens, selon leur misérable usage, furent visiter les caves. Ils exhumaient des bouteilles et les apportaient dans une espèce de cuisine : le comte de Turenne et moi les regardions faire. Son valet de chambre était le grand dégustateur; au nombre des bouteilles il s'en présenta plusieurs de parfaitement semblables aux autres, soit pour la forme, soit pour la couleur et la qualité du bouchon : ces diverses dégustations se faisaient sans précaution en versant le liquide dans la main : au milieu de cette opération, nous vîmes le valet de chambre du comte de Turenne cracher et rejeter le liquide qu'il venait inconsidérément de mettre dans sa bouche, en poussant de grands cris et faisant des grimaces épouvantables : c'était de l'*eau-forte*; il en eut les mains et la bouche brûlées. Cet avertissement imposa à nos gens une plus grande réserve : la leçon du Moscovite eut du moins cet avantage. Le comte de Turenne et moi, nous prenions habituellement nos repas au palais, nous étions par conséquent étrangers à tout ce tripotage de nos valets. Je n'en parle ici que pour donner une idée de tous les genres de destruction qui nous étaient préparés.

Au bout de trois jours les progrès de cet incendie, combiné à loisir, devinrent si violens, que l'enceinte du *Kremlin* en fut atteinte. Le feu gagna même l'arsenal qui était particulièrement surveillé et rempli de munitions. Les sapeurs de la garde parvinrent à se rendre maîtres de l'incendie. Mais comme un si funeste accident pouvait se renouveler, il fut prudent de s'éloigner pour laisser aux flammes le temps de dévorer ce qui ne l'était pas encore. L'empereur se décida à quitter cette habitation. Le quartier général eut l'ordre d'aller camper autour de *Petrowskoïe*, espèce de pavillon tartare appartenant à l'empereur de Russie, situé à deux petites lieues de *Moscou*, sur les bords de la *Moscowa*, et dans lequel il n'y avait pas même une chaise pour s'asseoir. En sortant du *Kremlin* pour nous y rendre, nous fûmes obligés de traverser des rues brûlantes et vomissant des torrens de flammes et de fumée poussés par le vent; il nous fallut des guides pour traverser *Moscou* avec un peu de sûreté et nous fîmes comme on est obligé de le faire sur mer où l'on prend des pilotes *côtiers* pour éviter les écueils d'un parage dangereux et inconnu. Jamais plus belle horreur ne s'est présentée à ma vue que celle de cet immense rideau de flammes agitées par les vents et qui nous permettait de lire le soir dans *Petrowskoïe* sans le secours d'autres lumières. Comme la réflexion la plus froide et la plus révoltante avait présidé à la distribution de tant de moyens de destruction, le soufre, le bitume, l'esprit-de-vin, l'eau-de-vie, etc., variaient les nuances et les couleurs des flammes selon la nature des combustibles qu'elles rencontraient. Si par une coïncidence, malheureuse sans doute, le débordement de la Baltique, qui inonda Pétersbourg quelques années plus tard, avait eu lieu, ce qui était dans l'ordre possible, pendant notre séjour à *Moscou*, la destruction de ces deux grandes capitales de la Russie, l'une par l'eau et l'autre par le feu, aurait été l'événement le plus grave des fastes du monde, et n'aurait pas manqué d'exercer une influence prodigieuse sur un peuple naturellement superstitieux.

Nous passâmes deux jours à *Petrowskoïe*, ils furent suffisans pour éloigner le danger du *Kremlin*, Napoléon s'y rendit. Nous retrouvâmes notre logement dans le même état et nous nous y réinstallâmes avec toute confiance.

Comme il ne se faisait aucune distribution de fourrages, j'envoyai deux de mes gens à la suite d'une compagnie de cavalerie avec plusieurs chevaux pour rapporter ce qui était nécessaire pour les faire subsister pendant plusieurs jours, à peine étaient-ils à deux lieues occupés à ramasser un peu de foin, qu'une nuée de Cosaques vint les charger en poussant des houras terribles; mes gens, qui étaient d'une nature aussi pacifique que moi, se sauvèrent au galop, revinrent sans fourrages et, abandonnant les chevaux qu'ils avaient menés en lesse, ne me ramenèrent que ceux qu'ils montaient tant ils s'étaient pressés de fuir. Dans cette triste affaire je perdis trois chevaux que j'avais fait acheter en Normandie, et j'eus ainsi un avant-goût des pertes successives que je devais faire dans notre désastreuse retraite.

Depuis la paix de *Tilsit* qui avait facilité les relations de la France avec la Russie, il existait à *Moscou* une troupe de comédiens français sous la direction de madame *Bursay*, femme de quarante-cinq à cinquante ans, de beaucoup d'esprit et d'un caractère ferme et courageux. Les Russes, en s'éloignant de leur capitale, ne s'étaient nullement occupés, comme on le pense bien, du sort de nos malheureux compatriotes. Sacrifiant ses propres blessés, ils durent également sacrifier tout ce qui leur était étranger;

mais comme cette indifférence, très-facile à expliquer, ne se borna pas au seul mépris, nos pauvres comédiens furent d'abord pillés par les Russes qui s'enfuyaient, et ensuite par nos soldats qui arrivaient et qui s'inquiétaient peu de s'informer de quelle nation ils étaient; l'incendie mit le comble à leur infortune; j'eus occasion d'en parler à l'empereur pendant son déjeuner. Il leur fit distribuer un premier secours, me nomma leur surintendant, et m'ordonna de m'assurer si, dans leur composition existante, il serait possible de faire donner quelques représentations capables de procurer un peu d'amusement à l'armée cantonnée dans *Moscou*. Madame Bursay m'amena les acteurs dont j'ai conservé le nom, c'étaient MM. Adnet, que j'avais vu jouer à Paris sur le théâtre de la Porte Saint-Martin, Pérou, Lequaint, Bellecour, Perond, Gosset, Lefebvre, et Mmes. André, Perigny, Lequaint, Fusil, l'Admiral et Adnet. Nous arrêtâmes une espèce de répertoire; dans la triste position où se trouvaient ces acteurs, aucune prétention ne s'éleva : la distribution des rôles fut très-facile à faire; jamais il n'y eut de troupe plus unie, plus souple, et plus aisée à diriger. Mme. Bursay avait d'ailleurs une grande influence sur eux et une parfaite connaissance de leurs moyens et de leur talent. Je m'occupai sans perdre de temps à leur procurer de quoi se costumer et un local convenable pour leur représentation : les administrations militaires avaient fait réunir dans la *mosquée d'Yvan* tout ce que l'on avait pu arracher aux flammes, et grâce à l'obligeance de M. le comte *Dumas*, intendant général de l'armée, je trouvai dans cette mosquée des vêtemens de toute façon. Les comédiens français en tirèrent des robes et des habits de velours qu'ils arrangèrent à leur taille et sur lesquels ils appliquèrent de larges galons d'or qui étaient en abondance dans ces magasins. Réellement ils étaient vêtus avec une grande magnificence, mais leur détresse était telle, que quelques-unes de nos actrices sous ces belles robes de velours avaient à peine le linge nécessaire, du moins c'est ce que me disait Mme. *Bursay*. Je découvris une jolie petite salle de spectacle dans l'hôtel *Posniakoff* que les flammes avaient respecté. Cette salle particulière, un peu moins grande que celle du *théâtre de Madame* à Paris, était parfaitement décorée et garnie avec beaucoup de luxe, de tous les accessoires nécessaires. J'en pris possession et donnai tous mes soins à rendre l'exécution aussi parfaite qu'il était possible. L'ouverture s'en fit par la représentation des *Jeux de l'amour et du hasard*, suivie de l'*Amant auteur et valet*. Ce début fut brillant : il n'y avait point de cabale ni dans la salle qui était remplie de militaires, ni sur le théâtre où il n'existait aucune rivalité d'amour-propre. Le parterre était rempli par les soldats, et les deux rangs de loges étaient occupés par les officiers de toute arme. L'orchestre était excellent : c'étaient les musiciens de la garde. Il n'en coûtait à la porte qu'une faible rétribution qui était partagée entre les acteurs, les frais seulement de l'éclairage prélevés. Pendant notre séjour il fut donné onze représentations. Les mêmes pièces furent données plusieurs fois, entre autres le *Distrait*, qui fut très-bien joué par M. *Adnet*, chef du premier emploi. Ce M. Adnet eut à mon égard une singulière *distraction* pendant la retraite, et après notre sortie de *Smolensk*, ainsi que je le dirai lorsque j'en serai là. Les *Trois Sultanes* eurent un grand succès, ainsi que le *Procureur arbitre*, etc., etc... Il y eut même plusieurs fois une espèce de ballet exécuté par les demoiselles *l'Admiral*. C'était un véritable *pas russe*, non point tel qu'il est exécuté à l'opéra de Paris, mais tel qu'on le danse en Russie. La grâce de cette pantomime consiste principalement dans le jeu des épaules, de la tête, et dans toute l'habitude du corps.

Napoléon n'assista jamais à ces représentations improvisées : j'avais trouvé pour lui un délassement plus convenable à ses goûts. Parmi les étrangers établis depuis quelques années à *Moscou*, qui avaient échappé aux désastres de l'invasion et de l'incendie, je découvris un chanteur habile nommé le signor *Tarquinio*, le même qui depuis quelques années dans les rôles du fameux *Crescentini*, s'est fait une réputation brillante en Italie, il habitait *Moscou* depuis deux ans et y donnait des leçons de chant aux belles moscovites. Madame Bursay m'indiqua un excellent accompagnateur dans la personne de M. *Martini*, fils de *Vincent Martini*, célèbre compositeur de la *Cosa rara*, de *l'Arbore di*

Diana, etc. Ces deux talens réunis m'offrirent le moyen de mêler quelque délassement aux grandes occupations de Napoléon. — Ce n'était pas peu de chose que d'avoir pu, au milieu des débris de toute espèce qui nous environnaient, organiser en si peu de temps un concert à la cour, et un spectacle à la ville. Mais, pour faire à chacun la part qu'il mérite, rien ne me fut plus aisé; j'avais dans madame Bursay un aide de camp extrêmement habile et un talent remarquable pour la direction des théâtres. Ce n'était même pas le seul qu'elle possédât; dès l'âge de douze à treize ans elle avait adressé des vers charmans à *Voltaire* qui en avait été si content qu'il y avait répondu d'une façon à donner une grande illustration aux jeunes essais de mademoiselle *Aurore;* elle avait épousé M. *Bursay*, traducteur du drame de *Misanthropie et Repentir*, qui fit pleurer tout Paris et qui est resté au répertoire du Théâtre-Français. Madame Aurore Bursay, pendant ses longs séjours à *Pétersbourg* et à *Moscou* dont elle avait dirigé successivement les théâtres français, composa un poëme sur la *médiocrité*, qu'elle a fait imprimer depuis quelques années à Paris et qui méritait le succès dont il fut honoré. On verra dans la suite de mon récit tout ce qu'elle eut à souffrir dans notre misérable retraite et quelle énergie elle opposa aux épouvantables revers auxquels elle fut exposée.

J'ai lu dans une gazette allemande qu'à l'époque où je suis parvenu, *l'empereur Alexandre avait envoyé son frère Constantin en mission à Moscou : et qu'un général russe lui insinua qu'il s'était égaré, et que pour regagner le bon chemin, il devait au lieu de continuer sa route au sud-est se diriger au nord-ouest, absolument à la même distance qu'il avait déjà parcourue :* cet article était ainsi terminé : *il eût pu arriver à l'empereur Alexandre un de ces accidens qui ne sont pas tout-à-fait inconnus dans l'histoire de Russie, si son frère Constantin eût persisté dans l'objet de son voyage* [1].

Si ce fait est vrai, et si je ne me trompe, il serait naturel de penser que l'empereur Alexandre eût un moment le désir d'entrer en négociation pour la paix, mais que l'opinion de ses généraux l'obligea à continuer la guerre. Ce voyage du grand-duc Constantin coïncidait avec celui du général comte de Lauriston envoyé au quartier général russe dans les premiers jours d'octobre : il en résulta seulement une trêve de quelques jours et d'insignifians pourparlers avec lesquels on l'amusa. Une des conditions de cette trêve passagère portait que de chaque côté on s'avertirait trois heures d'avance, avant d'en venir aux mains : la réponse aux propositions du comte de *Lauriston* fut l'irruption subite sans avertissement préalable d'un corps d'armée russe et de nombreux Cosaques qui, le 17 octobre, attaquèrent la ca-

---

[1] Gazette de Francfort du 13 mars 1813.

valerie de l'avant-garde commandée par le roi de Naples; cette journée fut fatale. Nous y perdîmes un grand nombre d'excellens officiers et un équipage de douze pièces d'artillerie dont on avait peu soigné la surveillance, parce que l'on se reposait à cet égard sur la foi du traité. Au nombre des blessés se trouva Charles de *Beauvau*, jeune homme de la plus grande espérance, distingué par un caractère aussi doux qu'aimable. Son cheval s'abattit dans la mêlée et un vil Cosaque lui cassa la cuisse d'un seul coup de lance; il fut heureusement sauvé et porté au quartier général de l'empereur, où d'après ses ordres il reçut les soins les plus affectueux et les plus convenables à sa position.

M. de Bérenger, aide de camp du roi de Naples, arriva au *Kremlin* porteur de ces tristes nouvelles. Napoléon, sans en être effrayé, n'en fut pas moins dans une agitation physique très-marquée pendant toute la matinée, et jusques au moment où il eut donné ses derniers ordres pour le départ de l'armée, qui commença d'avoir lieu le soir même. Il ouvrait à chaque instant la porte de notre salon de service, demandait tantôt une personne tantôt une autre, parlait avec rapidité et ne pouvait rester un moment en place; à peine était-il assis pour déjeuner qu'il se leva de table, et en un mot il était si pressé par toutes ses idées, et par tous ses projets, qu'il me fut aisé de juger qu'il connut ce jour-là toutes les fatales conséquences d'un si long séjour à Moscou. Il avait appris la signature de la paix entre la Russie et la Turquie, qui laissait à la disposition de cette première puissance un corps d'armée nombreux. Il avait eu connaissance de la paix que l'Angleterre avait signée avec la Russie, ainsi que de l'entrevue pacifique qui avait eu lieu à *Abo* dans la *Finlande*, entre l'empereur *Alexandre* et *Bernadotte*, il comptait peu sur le concours de l'Autriche dont l'armée auxiliaire n'avançait qu'avec circonspection et il ne pouvait se dissimuler à lui-même que les secours de la Prusse lui échapperaient lorsqu'il se présenterait une occasion favorable, parce qu'en pareil cas les traités les plus sacrés n'engagent à rien ; de tous côtés il prévoyait des embarras et des dangers.

———

Nos préparatifs furent bientôt faits. L'armée quitta *Moscou* à deux heures après midi (19 octobre). Au moment de son départ, Napoléon avait repris sa tranquillité ordinaire ; il se montra calme et confiant. C'est ainsi que je l'ai vu pendant toute la retraite.

Je m'étais empressé de prévenir madame Bursay, de la nouvelle position dans laquelle nous nous trouvions. Je la priai d'avertir les acteurs, pour qu'ils eussent à se décider promptement à nous suivre, ou bien à rester, selon que l'un ou l'autre de ces partis leur conviendrait ; leur choix ne fut pas long-temps douteux : ils voulurent tous nous suivre. Je procurai à mesdames *Bursay* et *André* une excellente calèche; je leur prêtai trois bons chevaux, et leur donnai un de mes gens pour les conduire; le reste de ma troupe s'était déjà pourvu.

———

L'empereur avait un moment conçu le projet de passer l'hiver à Moscou : nous y avions amassé des approvisionnemens considérables de toute nature, et qui augmentaient tous les jours par les découvertes que faisaient les soldats dans les caves des maisons brûlées : par une précaution facile à expliquer, les Russes en s'éloignant en avaient fait murer les portes, après y avoir déposé leurs effets les plus précieux, pour les préserver des flammes qu'ils savaient bien devoir être allumées après leur départ. Dans ces caves on trouvait un amas d'objets de toute espèce, des farines, des pianos, du foin, des pendules, du vin, des robes, des meubles en acajou, de l'eau-de-vie, des armes, des cachemires, des livres magnifiquement reliés, des fourrures de tout prix, etc., etc......... Les temples en furent remplis. Napoléon avait si bien l'idée de passer l'hiver à *Moscou*, qu'un jour il me dit en déjeunant de former une liste des acteurs de la comédie française, qu'il serait possible de faire venir sans déranger le service de Paris. Très-certainement, s'il eût pris le parti de rester à *Moscou*, il ne serait rien arrivé de pis que ce qui est arrivé. L'armée était bien abritée, bien cantonnée, bien refaite, tandis que les Russes, exposés à toute l'inclémence de la température la plus âcre, n'auraient pu agir trop hostilement ; dans cette hypothèse, les autres corps de l'armée française, qui formaient le déploiement de la grande ligne d'opération sur la droite et sur la gauche, entre *Moscou* et *Wilna*, se seraient rapprochés et échelonnés dans de bons cantonnemens, de manière à conserver les communications avec la Pologne et la France. Mais on avait pris toute espèce de renseignemens et compulsé tous les almanachs de Russie depuis quarante années, et l'on s'était persuadé, d'après le passé, que les grands froids ne se manifesteraient point avant les premiers jours de décembre. Napoléon compta sur son étoile ; mais elle était fatiguée. Il se flattait d'être arrivé en Lithuanie, où de grands magasins étaient préparés, avant l'approche de la plus rigoureuse saison ; le temps nous manqua.

Une autre raison impérieuse qui dut déterminer l'empereur à quitter Moscou, ce fut probablement la crainte d'abandonner à sa propre conduite le gouvernement qu'il avait laissé en France ; ce gouvernement n'était arrangé que pour lui seul, et il n'avait pas eu l'idée, avant de s'en éloigner, d'y établir un conseil de régence. Tant de considérations majeures et indépendantes de sa volonté, durent naturellement le conduire à une hésitation si pénible, qu'il y aurait de l'injustice de l'attribuer à l'affaiblissement de son génie ou de sa santé. Il fallait au contraire que cette santé fût aussi ferme que son caractère, pour pouvoir concilier ensemble tant de combinaisons fâcheuses. Le seul reproche qu'on puisse lui adresser raisonnablement, c'est d'avoir prolongé inutilement son séjour à *Moscou*, et de s'être flatté que la Russie, blessée au cœur et dans le centre de toutes ses ressources, pourrait consentir à des négociations franches, ainsi que l'avaient toujours fait jusqu'alors les puissances du reste de l'Europe dont il avait conquis les capitales.

J'ai entendu dire, par des personnes reconnues pour très-habiles, qu'il aurait été à désirer que l'empereur, laissant brûler Moscou, puisque tel était le bon plaisir des Russes, s'en fût éloigné après quelques jours de repos pour reprendre, avant les grands froids, sa ligne d'opération à *Orcha*, sur le *Dnieper*: dans cette hypothèse, l'armée aurait eu la *Lithuanie blanche* pour ses quartiers d'hiver... Elle se serait trouvée naturellement appuyée par l'héroïque nation polonaise, alimentée par des immenses approvisionnemens amassés sur l'Elbe, l'Oder, la Vistule, le Niemen, à Kowno, Vilna, Minsk, Tolotchim, Orcha, etc., et par toutes les ressources de l'Allemagne et de la France; et si les Russes, encore frappés de terreur depuis l'ouverture de la campagne, avaient tenté de nouveaux combats pendant une saison si rigoureuse, la lutte n'aurait pas été douteuse... En suivant ce raisonnement, aux premiers jours du printemps, nos armées réparées, fraîches et bien équipées, auraient pu être dirigées sur Pétersbourg et contraindre le czar à signer la paix pour conserver la plus belle de ses deux capitales. Cette paix glorieuse pour la France aurait été non moins utile au continent européen, en maintenant une barrière formidable, dont aujourd'hui la Russie s'est affranchie[1], et qui lui laisse les moyens d'inonder l'Europe avec ses innombrables phalanges. Le rétablissement de cette vieille et indépendante monarchie polonaise par Napoléon, n'était point possible, à cause de l'opposition constante de l'Autriche, qui mettait son alliance à ce prix... Dans l'état des choses, il était de la prudence de ne point l'en dégager. Peut-être encore, au lieu d'entreprendre la guerre contre la Russie, aurait-il mieux valu laisser faire, pendant quelques années, la contrebande des denrées coloniales avec l'Angleterre... tenir les yeux fermés sur ces infractions des traités de Tilsit et d'Erfurt, s'occuper sérieusement, et avant toutes choses, de la conquête de l'Espagne; terminer cette longue guerre, éloigner les Anglais, et leur ôter

---

[1] Les cabinets des souverains et les souverains eux-mêmes sont sujets aux mêmes passions que les autres hommes. Si donc, en dépit de la sainte alliance, qui a prétendu imposer aux rois l'obligation d'être éternellement modérés, éternellement vertueux, la guerre venait à éclater un jour entre la Russie et l'Autriche, quelle serait alors la position militaire qui pourrait garantir la capitale de l'Autriche de l'invasion de la Russie, déjà maîtresse de la Warta et de la Vistule ?

Des considérations du même ordre s'appliquent également à la Prusse.

toutes communications avec les côtes immenses de la Péninsule. Les coups ainsi portés à nos éternels ennemis, auraient été mieux frappés. Ce fut pour les détourner que le cabinet de Saint-James suscita la Russie..., et nous partagea aux deux extrémités de l'Europe, depuis Cadix jusques à Moscou. Sous le rapport politique, cette guerre contre la Russie commença trop tôt, et trop tard sous le rapport des saisons; l'armée française aurait dû franchir le Niemen dès le mois de mars.

CHAPITRE IX.

Première journée de la retraite de Moscou.—Montagnes russes.— Victoire de Malojaroslawetz. — Maison russe. — Duc de Trévise.— Wintzingerode. — Champ de bataille de la Moscowa.—Ordre de prendre les blessés sur nos équipages. — Premiers froids.—Changement de lune.—Premières neiges.

Le 19 octobre, lorsque nous sortîmes de Moscou, le soleil éclairait la marche de cette belle armée ; mais cette première nuit de la retraite fut très-froide. Napoléon coucha au château de *Troitskoïe*, près *Desna*, à trois lieues de *Moscou*. Je ne pus y arriver le soir, parce que les soins que j'avais donnés au corps de comédiens que je commandais, m'avaient forcé de retarder mon départ. Je passai la nuit en plein air, près d'un bivouac que je trouvai établi sur la route. Le lendemai j'arrivai de bonne heure au quartier général, où l'empereur passa cette journée (20 octobre), pour donner le temps nécessaire à la régularisation des différens corps, ce qui n'avait pas été possible en sortant d'une aussi grande ville, quel que fût l'ordre que l'on eût mis dans cette évacuation rapide et simultanée.

Le 21 — Le quartier général à *Ignatowo*, et le lendemain 22 à *Forminskoï*, où nous arrivâmes d'assez bonne heure. Ce village nous offrit des abris et quelques ressources ; ce fut là que je vis pour la première fois une de ces montagnes russes qui servent pendant l'hiver à l'amusement des habitans. Celles que l'on a établies en France il y a quelques années pour l'amusement du public, sont bien loin de donner une véritable idée de celles qui existent en Russie. Supposons une échelle de bibliothéque de la hauteur de soixante à quatre-vingts pieds, terminée dans sa partie supérieure par une plate-forme entourée de barrières. L'escalier qui y conduit est garni de deux rampes ; le centre des degrés est fermé par des planches sur lesquelles on verse de l'eau. Il se forme une couche de glace unie depuis le haut jusqu'en bas. L'amateur s'assied sur la partie la plus élevée, et se laisse glisser. Le mouvement est si rapide et si précipité que la glissade se prolonge d'elle-même sur la terre, quelquefois à plus de cinquante toises, selon le pente du terrain.

Napoléon, tout en causant avec le prince de Neufchâtel, monta sur cette machine, et resta queltemps sur la plate-forme ; à cette époque il n'y avait pas de glace : le temps même était assez doux.

Le lendemain 23, nous fûmes à *Borowsk* à deux distances du corps d'armée du vice-roi, qui avait fait dire à Napoléon que l'armée russe était placée

Tome II. 8

dans une position qu'elle paraissait vouloir défendre.

Le 24. — Le quartier-général fut à *Gorodnia*. Les Russes acceptèrent la bataille à *Malo Jaroslawetz* elle fut brillante et honorable pour le quatrième corps, qui chassa l'ennemi de toutes ses posicions. Les Russes, suivant l'usage, s'attribuèrent la victoire, et prétendirent qu'ils nous avaient forcés de changer de route, parce qu'ils supposèrent que Napoléon voulait s'emparer de *Kalouga*, et revenir en Lithuanie par des pays que la guerre n'avait pas épuisés. Ils se trompèrent, car je ne crois pas que Napoléon ait jamais eu cette intention. Il avait donné ses ordres à tous les corps d'armée qui étaient en arrière sur la *Duna*, à *Mohiloff* et à *Polosk*, de se rendre à jour fixe sur les bords de la *Bérésina*, près de *Borisoff*. En partant de *Moscou*, il avait également ordonné au maréchal duc de *Trévise*, après qu'il aurait détruit les fortifications éphémères du *Kremlin*, et évacué les hôpitaux sur *Mojaisk* et *Smolensk*, de venir le joindre à *Véréja*.

Ces mouvemens rétrogrades et forcés de l'ennemi nous donnèrent plusieurs jours d'avance pour opérer notre retraite; et, dans le fait, jusqu'à la *Bérésina*, il n'y eut jamais que des affaires de notre arrière-garde avec l'avant-garde russe; son armée principale ne put jamais nous atteindre. Mais le froid!!!...

Le 25. — Le lendemain de cet acculement glorieux de l'armée de Kutusoff, comme Napoléon se rendait aux avant-postes du quatrième corps pour parcourir le champ de bataille, avec une escorte de cinquante chasseurs de sa garde, cinq ou six mille Cosaques, cachés dans un bois sur une éminence peu éloignée, débusquèrent en poussant des cris sauvages et bruyans : *Houra! houra! kouli! kouli! pacho! pacho!!!*...

L'empereur n'eut que le temps de revenir à toute bride au quartier général de *Gorodnia*, qu'il venait de quitter. On fit avancer des forces ; et ces hardis partisans, qui commencèrent dès ce moment à voltiger sans cesse autour de nous, même à une grande distance de leur corps d'armée, furent bientôt refoulés dans les bois d'où ils sortaient. Après quelques fusillades ils se dissipèrent. L'erreur d'un chasseur de la garde, qui prit M. Lecoulteux de Canteleux, aide de camp du prince de Neufchâtel, pour un Cosaque, fut cause que ce brave jeune homme fut blessé dans cette mêlée. Napoléon, mieux escorté, se rendit au quatrième corps, dont il loua la glorieuse conduite. Il donna des regrets à la mort du général *Delzons*, qui avait été emporté par un boulet à la tête de sa division. Après avoir parcouru le champ de bataille de *Malo Jaroslawetz*, il revint le même jour à *Borowsk*, où le quartier-général avait reçu l'ordre de se rendre, pour se diriger ensuite sur *Smolensk* par Véréja.

8.

26.—J'étais logé, à *Borowsk*, dans une chaumière en bois, très-propre ; les habitans l'avaient abandonnée la veille de notre première arrivée. Je remarquai dans le point le plus élevé de la muraille de bois une mauvaise peinture, que j'appris par la suite être l'image de *saint Nicolas*. Le réduit le plus obscur en renferme de pareilles. C'est à l'image de ce grand patron de la Russie que toute personne adresse, en entrant, son premier hommage. Le seul moyen de chauffage, et même de repos, consiste dans un grand four, dont la partie supérieure et les deux côtés présentent de grandes assises par étages gradués sur lesquelles les paysans russes dorment toujours habillés. Le four étant continuellement chauffé, il en résulte une chaleur douce qui se conserve la nuit, quelle que soit la violence du froid. Les murs de ces chaumières sont faits avec de longues pièces de sapin, rondes, conservant leur écorce, du moins à l'extérieur, et qui, au moyen d'une échancrure faite aux deux extrémités, s'adaptent et sont enclavées l'une dans l'autre avec une grande solidité. Les interstices, inévitables dans de semblables constructions, sont bouchés avec des herbes sèches mêlées à de la terre forte. Les parois intérieures sont unies et rabotées dans les chaumières des paysans aisés, et inégales dans celles des pauvres; mais toujours dans toutes un saint Nicolas et un four.

Le 27 nous nous rendîmes à *Véréja*, où le maréchal duc de Trévise vint nous rejoindre. Il amenait avec lui deux prisonniers de marque, qui, s'étant trop légèrement aventurés dans *Moscou*, qu'ils croyaient abandonné, furent pris par une de nos patrouilles. L'un des deux était le général *Witzingerode*, Allemand de nation, mais ennemi déclaré de Napoléon, contre lequel il avait autrefois combattu dans les rangs autrichiens. Il fut traité avec une grande sévérité. L'autre, M. Léon de *Narischkin*, fils du grand-chambellan de l'empereur Alexandre, dont il était très-proche parent, retrouva parmi nous plusieurs personnes de sa connaissance. Il fut reçu comme un frère, partagea notre table, notre paille, et chacun de nous s'empressa à lui rendre des soins capables d'adoucir le malheur qui l'avait rapproché de nous. Dans le cours de notre longue retraite ils furent délivrés, l'un et l'autre, par le comte *Czernicheff*, qui rôdait autour de nous à la tête d'un régiment de Cosaques. Il faut dire aussi que, lorsque cette délivrance eut lieu, nous étions déjà nous-mêmes dans un état si pitoyable, que la surveillance de deux prisonniers était un fardeau trop fort pour des gens qui en avaient tant d'autres à supporter.

Le 28 nous fûmes au château d'*Ouspenskoïé*, entre *Mojaïsk* et *Borodino*. Nous traversâmes le fameux champ de bataille de la *Moscowa*, et chacun de nous, d'après les ordres de Napoléon, fit placer sur ses équipages un ou deux blessés parmi ceux qui restaient encore à l'hôpital que l'on avait établi dans l'abbaye de *Kolotskoi*. Celui que l'on me donna était un malheureux soldat dont les deux jambes avaient été amputées. L'état misérable auquel il était condamné avait donné à son humeur une telle irascibilité, que mes gens eurent beaucoup à en souffrir. Établi sur la partie élevée de la provision de fourrages que nous avions emportée de *Moscou*, il se faisait servir avec une rigueur, excusable sans doute, mais qui, à mesure que les embarras de la retraite augmentèrent, devint une charge pénible. Il usait impérativement, et souvent en appuyant ses volontés de quelques coups de canne quand il le pouvait, de l'invitation que je lui avais faite de se regarder comme le maître de tout ce qui était à ma disposition. Ce blessé, les deux domestiques, les chevaux, le fourgon et mes effets périrent au passage de la *Bérézina* ; je ne les avais même plus revus depuis le 31 octobre. Le seul de mes gens qui me restait me rejoignit, avec un seul cheval, à *Borisoff*. Au fatal passage de la Bérézina on le lui prit pendant la nuit à Studianka, et on le mangea probablement. Le pauvre diable, auquel j'avais laissé ce cheval pour qu'il pût se tirer d'affaire, m'arriva à *Wilna* les pieds gelés. Je l'emmenai avec moi ; mais, malgré tous les soins que je lui fis donner, il mourut à Paris, deux mois après mon retour, dans l'hospice de M. Dubois, où je l'avais établi.

Le 29, à Gjat.

Le 30, à Welitschewo.

Le 31, à Viazma ; premiers froids.

Le 1er. novembre, séjour à Viazma; continuation du froid.

Le 2, à Semlevo ; même observation.

Le 3, à Slawkowo ; même observation.

Le 4, séjour ; nouvelle lune dans la nuit ; différence de 13 degrés dans la température ; première neige.

Le 5, à Dorogobouje ; neige.

Le 6, à Michalewka ; continuation de la neige.

Le 7, à Pniewo ; même observation.

CHAPITRE X.

Nouvelle de la conspiration Mallet. — Attaque de goutte. — Nouvelles des comédiens. — M. Péron. — M. Adnet. — Je quitte Smolensk. — Montagnes de verglas. — Cosaques. — Mort de M. de Villeblanche, etc. — Courage de madame Bursay. — Blessure du général Ornano. — Napoléon reçoit des nouvelles du maréchal Ney. — M. Gourgaud porteur de ces nouvelles. — Paroles de l'empereur. — Magasins. — Préparatifs pour le passage de la Bérézina. — Jonction des corps d'armée de la Duna et de Mohiloff. — Passage du corps d'armée du duc de Reggio. — Séjour à Studianka. — Passage de la Bérézina.

Le 8, à Ghoredikino, j'avais suppléé au retard de mon fourgon et remplacé à *Pniewo* les chevaux que j'avais perdus. Rien n'était plus facile, l'armée étant suivie par une infinité de gens de toutes nations qui n'avaient pas voulu rester à Moscou après nous. L'impossibilité où ils étaient de pourvoir à la subsistance de leurs chevaux les rendait de très-facile composition. J'en achetai trois et arrêtai pour mon service l'homme qui me les avait vendus. Pendant la nuit que nous passâmes à *Pniewo*, ces chevaux me furent dérobés, probablement ils servirent à la nourriture du soldat. Le temps qu'il m'avait fallu pour remplacer cette perte et pour être en état de rejoindre le quartier général, fit que je n'y arrivai qu'au moment où les officiers de la maison impériale achevaient de dîner. Je m'étais assis et me disposais à réparer le temps perdu, lorsque le grand-maréchal, qui m'avait fait placer près de lui, me parla des nouvelles que l'estafette venait d'apporter. Mais la politique ne m'occupait guère. Il était question de la conspiration de Mallet, de l'arrestation du ministre de la police et du préfet de police, etc., etc. Je croyais que le grand-maréchal inventait ces nouvelles pour donner le change à la faim qui me consumait, car j'étais encore à jeun à sept heures du soir. Je lui répondis, en riant, que le tonnerre tombât-il à côté de moi, je ne perdrais pas un seul moment pour me dédommager de la diète que j'avais subie toute la journée. Pour vaincre mon obstination, il me remit les journaux, et certes, en les lisant, le besoin que j'avais de prendre un peu de nourriture cessa bien vite. Quelle position que la nôtre! poursuivis par deux ou trois cent mille hommes, sans cesse harcelés par des bandes de Cosaques qui venaient choisir leurs victimes parmi ceux qui s'écartaient un moment d'une route couverte de glace et de neige; à six cents lieues de cette belle France vers laquelle nos vœux et nos regards se tournaient sans cesse, et qui pouvait à chaque instant voir se renouveler les tentatives des mécontens; obligés de traverser en proscrits humiliés cette même Russie, cette même Pologne et cette bonne Allemagne qui, tant de fois, nous avaient vus triomphans! Que de tristes réflexions se présentaient en foule! Je sentis, malgré tout ce que j'avais dit, que les maux qui nous accablaient ne pouvaient me rendre indifférent à la gloire de notre patrie et au bonheur d'être Français. Heureusement les nouvelles de cette conspiration éphémère nous apprirent en même temps son résultat.

Le 9 au matin nous arrivâmes à *Smolensk*. Cette fois j'avais pris les devans et étais arrivé dans cette ville avec les comtes *de Turenne* et *de Ségur*. Nous fixâmes l'établissement du quartier général de l'empereur dans une belle maison située sur la grande place. *Smolensk* avait souffert pendant la campagne; cependant elle offrait encore des ressources. Nous y trouvâmes des approvisionnemens de toute espèce. Mais le peu d'ordre qui régna dans les distributions, et le gaspillage même qui s'y mêla furent cause que ces ressources, que la prévoyance de Napoléon avait ménagées, ne furent d'aucun secours pour la retraite. Tout fut presque consommé le premier jour que nous y séjournâmes.

Jusques à *Smolensk*, les acteurs de la comédie française, et même il signor *Tarquinio*, suivirent notre marche avec courage et avec assez d'ordre. Quant à moi, dès le 10 au matin, je commençai à ressentir d'assez fortes douleurs de goutte; voulant ménager mes forces, j'avais fait porter un peu de paille dans un cabinet obscur, voisin de la salle à manger de l'empereur; j'y étais étendu depuis quelques heures, lorsque l'on vint m'avertir qu'une personne me demandait à grands cris, au milieu de l'escalier du palais : je m'y fis conduire aussitôt, et je vis M. *Peron*, jeune premier de la troupe, dans un grand état de faiblesse et de désespoir, ayant les pieds gelés, et se traînant sur les marches de l'escalier ; je cherchai vainement à ranimer son courage. Je lui offris ma bourse qu'il refusa. Il me demandait des forces et de la santé ; cela dépassait mon pouvoir. Je le fis porter au logement qui m'avait été réservé dans la ville, et je lui fis donner tous les secours et tous les soins qu'il fut possible de réunir. J'ignore le sort de ce malheureux jeune homme qui m'avait singulièrement intéressé par l'honnêteté de son caractère. Je rentrai l'âme brisée d'un tel spectacle ; j'étais à peine étendu sur mon grabat, que *M. Adnet*, le premier emploi de la troupe, se fit conduire près de moi : il me parla du misérable état auquel il était réduit, ainsi que sa femme, ayant perdu ses chevaux et sa calèche avant d'arriver à *Smolensk*, et de l'impossibilité où il était de continuer à suivre l'armée, si je ne l'aidais dans cette fâcheuse circonstance. Je me sentis soulager : je lui ouvris ma bourse dans laquelle il prit vingt napoléons d'or; je le priai de venir me dire si cette somme était suffisante, et l'emploi qu'il en aurait fait. Il vint effectivement le lendemain, et m'apprit qu'il s'était procuré un bon cheval et une petite cariole fort légère qui lui suffirait pour son service, celui de sa femme, et pour les provisions qu'il s'était procurées.

———

Cependant mes douleurs de goutte augmentèrent, et il me fut de toute impossibilité de me tenir sur mes pieds. L'intensité de la douleur fut extrêmement vive le 11 et le 12. L'inquiétude pour mon propre compte commençait à me gagner. Mais le 13, après midi, je dus à l'extrême obligeance de M. le duc de Vicence (Caulaincourt) d'être placé sur une voiture découverte (*brittschka*) attelée de deux bons chevaux, et qui devait servir à un courrier du cabinet, porteur des dépêches. Il était expédié, dans l'idée que les postes que nous avions établies sur la ligne existaient encore. De son côté, le grand-maréchal avait eu la bonté de faire mettre sur ce brittschka quelques provisions et quelques bouteilles de bonne eau-de-vie. J'avais toujours avec moi un briquet phosphorique et quelques bouts de bougie, espèce de précaution qui me fut toujours utile. On me porta sur cette charrette ; je fus commodément établi sur quelques bottes de paille. Nous partîmes à six heures du soir par un froid rigoureux mais sec. Nous fîmes rondement plusieurs lieues, et rencontrâmes sur la route un grand nombre de soldats isolés, des trains d'artillerie, des équipages de toute espèce, des gens qui conduisaient des chevaux de selle, etc., etc....., qui tous, sachant que le quartier général devait abandonner *Smolensk* le jour suivant, avaient pris les devans. Il était n[...]eures du soir, lorsque nous arrivâmes au mi[...] d'une grande montagne couverte de verglas ; nos chevaux fatigués se rebutèrent, et s'arrêtèrent en dépit de tous les efforts de mon conducteur : tout ce qu'il put faire fut de les empêcher de reculer en calant les roues avec de gros morceaux de glace. J'aperçus à une petite distance un bivouac de soldats du train, qui, ainsi que moi, avaient été obligés de s'arrêter, et qui se chauffaient auprès d'un bon feu pendant que leurs chevaux se reposaient et prenaient un peu de nourriture. Je détachai mon courrier pour leur demander du secours, avec l'assurance d'une bonne gratification ; mais aucun d'eux ne voulut s'éloigner du feu, quelque argent que je leur fisse offrir. Pendant cette négociation, vingt-trois degrés d'un froid rigoureux commençant à me saisir, j'eus l'idée d'allumer une bougie que je tins enveloppée de mes mains auprès de mon visage pour le préserver ; attendant que le ciel m'envoyât quelque secours. Mes pieds étaient bien enfoncés dans la paille, et je craignais d'autant moins pour eux que je ne les sentais point. Placé sur ce lit de misère, je voyais avec un sentiment inexprimable d'envie tous ceux qui, soit à pied, soit à cheval, achevaient de monter cette fatale montagne. Parmi les heureux que je voyais passer, je reconnus *M. Adnet*, dont le cheval, plus ardent que les deux miens, montait fièrement. Je l'appelai : il vint auprès de moi, et m'offrit de lui-même de redescendre avec son cheval, pour m'aider à sortir d'em████, lorsqu'il aurait déposé sa femme dans la p████ plus élevée. Je ne l'ai plus revu. J'ai besoin de me rappeler tout ce qu'une retraite, marquée par tant de désastres, peut fournir d'excuse, pour ne point l'accuser d'égoïsme et d'ingratitude. Mon conducteur s'adressait vainement à tous les passans; et déjà ma montre avait sonné minuit, lorsque la providence amena près de moi une douzaine de grenadiers de la valeureuse garde, qui étaient envoyés en avant pour le service du quartier général de l'empereur, et qui, me voyant sans cesse auprès de Napoléon, n'eurent pas de peine à me reconnaître et à s'intéresser à moi. Les roues étaient gelées et ne roulèrent pas dans le premier moment; ma voiture glissa comme si elle eût été un traîneau. Grâce à cette heureuse protection, je franchis cette odieuse montagne : j'offris de l'or ; mais ces braves le refusèrent ; je pensai aux bouteilles d'eau-de-vie, ils les acceptèrent et eurent encore la bonté de me remercier. Je continuai ma route sans obstacle, jusques à *Korytnia*, où était déjà établi un premier détachement du service de l'empereur, parti quelque temps avant moi de *Smolensk* ; mais il n'y avait plus de chevaux à la poste ; elle était démontée depuis huit jours ; il fallut se résigner à voyager avec les mêmes chevaux, et à suivre le quartier-général. Forcé de m'arrêter, je n'osais descendre, dans la crainte de réveiller mes douleurs de goutte. A la fin je me laissai aller avec précaution, et je sentis avec une surprise agréable que ma goutte n'existait plus, et qu'aucune souffrance ne gênait mes mouvemens. Je marchai fièrement, ayant seulement la présence d'esprit de ne point m'approcher d'un grand feu que j'apercevais dans une salle de la maison où les employés de la bouche s'étaient établis. Je fis un peu d'exercice, et je ramenai par là une heureuse circulation. Je livre cette observation à messieurs les médecins. Un grand froid, une grande anxiété morale, suite naturelle de l'état dans lequel je passai cette longue nuit, me rendirent les forces et la santé, le premier des biens. Je ne cherche point à expliquer un fait : je me borne à le raconter.

14 novembre.

Napoléon arriva dans la soirée à Korytnia, et toutes les personnes qui, la veille, m'avaient vu dans un misérable état, furent étonnées de me trouver si bien portant.

———

Une partie des fourgons et des voitures de la maison de l'empereur fut perdue à cette montagne de glace sur laquelle j'avais eu tant à souffrir. La nuit qui suivit eut des désagrémens d'un autre genre. Une seule chambre nous était réservée pour nous chauffer, pour dîner, et pour dormir. Cette pièce pouvait avoir dix-neuf à vingt pieds de longueur sur dix pieds de largeur, en y comprenant les généraux polonais qui étaient attachés à l'état major de l'empereur. Nous étions plus de trente personnes : lorsqu'il fallut s'étendre par terre pour reposer, l'espace nous manqua; nous nous trouvâmes tellement entassés qu'il nous était impossible de nous mouvoir d'aucun côté. Au milieu de la nuit Napoléon fit demander son aide de camp de service... c'était le comte de Lauriston, qui malheureusement pour nous reposait à l'extrémité; il n'y a point d'exagération, il fut obligé de nous écraser l'un après l'autre, pour pouvoir sortir. Réveillé par la douleur que m'occasiona la pression de ma jambe, je ne pus m'empêcher de m'écrier tout haut : *Mais ceci est une véritable boucherie*; j'étais loin de généraliser ma pensée; elle n'avait de rapport qu'avec l'état fâcheux où nous étions dans cette chambre. On imagina que ma réflexion s'étendait à toute l'armée, et l'on me fit plus d'honneur que je n'en voulais. C'est au reste la seule plainte que m'arracha une douleur imprévue pendant cette longue époque de misère. Ma réflexion aurait été d'autant plus injuste que ce jour-là nous avions encore sur pied des forces imposantes.

Le 15. — Je suivis le quartier général, après avoir pris possession de ma charrette. Nous apprîmes, le soir de notre arrivée à *Krasnoï*, que les Russes avaient rapproché leur ligne d'opérations. Le lendemain matin en effet, ils se présentèrent assez près du quartier général, mais ils furent contenus par les restes de l'arrière-garde, et par la jeune garde qui fit

DU PALAIS IMPÉRIAL.

des merveilles. Les soins de la défense ne permirent pas à l'empereur de partir de *Krasnoï*, le 16, avant midi. Cette ville fut laissée sous le commandement du comte d'Ambrugeac, aujourd'hui pair de France et lieutenant-général, avec l'ordre de se rallier à l'arrière-garde. Nous traversâmes sans malencontre de nombreux défilés pour arriver à Liady. Moins heureux que nous la plus grande partie des personnes qui nous suivaient à quelque distance, et qui traînaient avec elles des bagages, et des individus de toute espèce, fut attaquée par un corps nombreux de Cosaques qui s'étaient postés en avant sur des hauteurs. Pour la première fois, ils appuyaient leur agression par d'épouvantables décharges d'artillerie qui écrasaient tout ce qui était sur cette route, qu'il fallait franchir. Ce fut une trop véritable *boucherie* de personnes de tout sexe, malades, blessées, fatiguées, exténuées et sans défense. Dans ces misérables ravins, M. de *Villeblanche*, auditeur au conseil d'état, fut emporté par un boulet de canon. C'était un jeune homme d'une douceur aimable, excellent musicien, et dont la perte causa beaucoup de regrets. Le général *Ornano* y fut aussi blessé et mille autres. Les roues de la calèche que j'avais procurée à madame *Bursay* furent brisées par les boulets qui tuèrent également les chevaux qui la menaient; cette femme, qui avait le courage d'un homme, sortit de cette misérable voiture emportant dans ses bras sa jeune compagne pâle et mourante, passa sous le feu des ennemis et parvint à une heure après minuit au quar-

Tome II. 9

tier général de *Liady* où nous étions arrivés depuis quelques heures.

———

Je gissais, en ce moment, étendu sur la terre près d'un feu de bivouac de la garde, gelé d'un côté et brûlé de l'autre, lorsque ces dames me firent avertir de leur détresse ; je n'avais aucune consolation, aucun secours à leur donner ; car je venais d'apprendre que les deux chevaux qui m'avaient traîné jusqu'à *Liady* m'avaient été enlevés, probablement encore pour servir de nourriture à des malheureux accablés de besoin et de faim. J'étais moi-même dans un grand embarras. C'est dans ce dernier degré de malheur que je reconnus toute la force du caractère de madame Bursay. *Si nous ne pouvons faire autrement, nous vous suivrons à pied, et si ma compagne, plus délicate que moi, ne peut nous suivre, je la porterai tant qu'un reste de force m'en donnera le moyen.* Son attitude ferme et décidée me frappa d'étonnement ; les dangers qu'elle venait de courir avaient roidi son caractère ; elle venait de perdre tout ce qu'elle possédait et n'avait sauvé de l'épouvantable catacombe de *Krasnoï* que sa compagne et le manuscrit de son poëme *de la Médiocrité* qu'elle tenait roulé dans sa main comme un maréchal d'empire aurait tenu son bâton de commandement. Je fus chercher quelques provisions à l'une de nos cantines ; je pourvus à leur premier besoin et les fis placer auprès du feu ; mais une providence veillait sur elle comme sur moi. M. *de Caulaincourt*, qui déjà m'avait donné des moyens de partir de *Smolensk*, fit placer ces deux dames dans un des fourgons qui avait échappé aux désastres sans cesse renaissans, et disposa en ma faveur de la dernière place qui restait dans le landau de l'empereur, dans lequel il venait de faire placer le général *Ornano*, et dont le jeune Charles *de Beauvau* qui avait eu la cuisse cassée, ainsi que je l'ai déjà dit, occupait la moitié. Si j'ai échappé à tant de scènes de désolation et de danger, j'aime à le dire, je le dois à cette bienveillance du grand-écuyer.

Le 18 à *Doubrowna*. — Nous y apprîmes la désorganisation complète du premier corps commandé par le maréchal Davoust chargé de faire l'arrière-garde.

Le maréchal Ney, véritable héros de cette grande catastrophe, avait été laissé à *Smolensk* pour en faire sauter les fortifications après le départ de l'armée. Il devait ensuite se rallier à l'arrière-garde, mais l'effroi des Cosaques fut tel que le prince d'Eckmülh ne put empêcher ses propres troupes de détruire après elles les nombreux ponts de bois qui existaient sur la route : en sorte que le maréchal Ney, suivi par des forces dix fois plus fortes que les siennes, arrêté dans sa marche par le corps russe qui avait dissous celui du maréchal Davoust, se trouva cerné par les ennemis, sur une route impraticable.

L'intrépide maréchal se lança dans un pays inconnu, hérissé de précipices, de bois et de torrens, préférant confier sa glorieuse destinée et celle des trois mille braves qui le suivirent à des déserts glacés et couverts de neige plutôt que de souscrire à toute espèce de capitulation. Ces tristes nouvelles nous parvinrent à *Doubrowna* au moment où nous le quittions. La douleur de Napoléon, en apprenant la position désespérée de l'un des plus braves parmi ses braves maréchaux, ne saurait s'exprimer : je l'entendis plusieurs fois dans la journée parler en des termes qui faisaient connaître toute l'agitation de son âme. Il donna l'ordre au vice-roi de former une nouvelle arrière-garde, de rester à *Orcha*, de s'y maintenir le plus qu'il pourrait, afin de donner appui et secours au maréchal *Ney*, qui devait nécessairement tenter de se rapprocher des bords du *Dniéper* pour nous rejoindre. Napoléon porta le quartier général deux lieues plus loin, dans une maison de campagne sur la grande route. Le prince Eugène disposa des vedettes à la distance de trois à quatre lieues sur le *Dniéper* avec quelques pièces d'artillerie qui devaient avertir du moment où le maréchal Ney serait retrouvé. Rien ne peut exprimer l'anxiété et le silence avec lesquels ces signaux de bonheur furent attendus par le vice-roi et par les troupes de son commandement. Enfin à onze heures et demie du soir la détonation si désirée se fit entendre : le vice-roi accompagné de tout son état major et d'un corps nombreux fut au-devant du plus grand de nos guerriers. Il le serra dans ses bras avec transport, le ramena à *Orcha*. M. Gourgaud [1], premier officier d'ordonnance de l'empereur, fut l'heureux porteur d'une si grande nouvelle. Il arriva au quartier général et fut reçu par l'empereur qui était à table et qui regarda ce moment comme l'un des plus doux de sa vie : *J'ai plus de quatre cents millions dans les caves des Tuileries*, dit-il, *je les aurais donnés avec reconnaissance pour la rançon de mon fidèle compagnon d'armes.* Tels sont les mots que j'entendis sortir de la bouche de l'empereur.

Le 20 à *Baranié*.

Le 21 à *Kokanowo*.

Le 22 à *Tolotschin*.—Nous y trouvâmes quelques magasins qui nous furent d'un grand secours.

Le 23 à *Bobr*.

Le 24 à *Loknitza*.

Le 25 à *Borisow*, sur la Bérézina. — Deux lieues avant d'y arriver, Napoléon fit faire halte à l'armée : il ordonna de détruire et de brûler une foule de chariots inutiles qui marchaient à notre suite et qui embarrassaient la route. Il présida lui-même à cette opé-

---

[1] M. Gourgaud, officier du plus grand mérite, et qui, quoique très-jeune encore, avait mérité l'honorable confiance de l'empereur, est le même qui, sur le rocher de Sainte-Hélène, comme les Bertrand, les Lascase, les Antomarchi, etc., etc., renonçant aux affections les plus chères, n'écoutèrent que les sentimens d'une noble reconnaissance, et d'une admiration aussi pure que désintéressée.

ration et il ne laissait passer que les équipages indispensables au service ; mais la plupart des traîneurs, avertis de la mesure ordonnée, s'arrêtèrent en arrière et éludèrent une disposition prise dans l'intérêt de toute l'armée. Nous étions arrivés au moment le plus périlleux de la retraite. Huit jours auparavant l'empereur m'avait envoyé, pendant la nuit, le colonel *Bacler-d'Albe*, chef de son bureau topographique, pour me demander quelques renseignemens sur le pont de *Borisow*, parce qu'il savait que j'y avais passé pour venir le joindre au quartier général. J'avais examiné cette position sans me douter de l'importance qu'elle devait avoir un jour pour nous, je racontai au colonel tout ce que j'en savais. En effet, c'était là que les corps d'armée de droite et de gauche devaient nous rejoindre à jour fixe. Les corps d'armée du maréchal duc de *Reggio*, du maréchal *Saint-Cyr*, du duc de *Bellune*, du général *Dombrowski*, s'y trouvèrent en même temps que nous, ou plutôt avant nous. Nous apprîmes, avant d'arriver à *Borisow*, que le pont était détruit et que l'amiral *Tchitchagoff* était posté sur la hauteur de la rive opposée avec trente mille hommes de troupes fraîches, tirés de l'armée russe en *Moldavie*, et soutenus par une formidable artillerie de cent pièces de canon.

La Bérézina, en face de *Borisow*, a plus de trente toises de largeur. Ses eaux sont si vives que, quelle que soit l'intensité du froid, elle gèle rarement, si ce n'est à ses bords. Certes, jamais position ne fut plus critique! pressés, comme nous l'étions de tous côtés, toute notre espérance reposait sur les corps d'armée qui étaient venus nous rejoindre : nous admirions les beaux uniformes, la propreté et l'ardeur des chevaux montés par des cavaliers, dont la fraîcheur et l'embonpoint contrastaient d'une manière si frappante avec notre *traînerie* confuse, sale et décharnée.

———

Napoléon, en arrivant à *Borisow* sur les trois heures après midi, donna ses ordres et se jeta sur un lit de camp. Il fut fait en conséquence de grandes démonstrations bien patentes, bien bruyantes sur la gauche, à deux lieues de *Borisow*, du côté de Wesclewo, près des bords de la Bérézina. Beaucoup d'arbres furent abattus ; le soir de grands feux furent allumés, et tout annonçait l'intention d'y jetter à la hâte un pont pour le passage de l'armée. Les Russes qui nous observaient, furent les dupes de ces préparatifs ; ils quittèrent sans bruit leur position pour venir s'échelonner en face de nos travailleurs. Pendant ce temps les véritables préparatifs du pont de passage, se faisaient en silence et sans éclat, à trois lieues sur la droite de Borisow, près d'un petit hameau appelé *Studianka*. L'empereur se leva à onze heures du soir et le quartier général fila sans bruit de ce côté. Deux ponts furent construits avec une prestesse admirable. Le lendemain matin, 26, les travaux continuèrent et la cavalerie du maréchal

Oudinot avait pris position de l'autre côté, avec plusieurs régimens d'infanterie et des batteries assez imposantes. Elle s'empara des positions que le général russe, mieux éclairé sur nos projets, voulut en vain reprendre. Sous les ordres de leur illustre général, ce corps d'armée remporta les plus brillans succès, et conserva pendant deux jours ces favorables positions... Le maréchal *Oudinot*, atteint d'une balle dans le côté, fut obligé de se retirer. Le général Legrand, l'un de nos plus habiles généraux, y fut aussi blessé. Alfred de Noailles y fut tué.

CHAPITRE XI.

Continuation du passage. — L'empereur se rend à l'arrière-garde. — Convoi attaqué par les Cosaques ; ils enlèvent la voiture du comte Daru ; blessent d'un coup de lance le major Donnai, les Cosaques s'éloignent. — Nous rejoignons l'avant-garde commandée par le vice-roi. — Un boulet de canon tombe dans la chambre du duc de Reggio. — Académie des ours. — Montagne de Vilna. — Le duc de Bassano. — Séjour à Berlin. — Arrivée du comte Louis de Narbonne à Berlin. — Sainte-Menehould. — Barrière de Paris.

27. — Pendant ces glorieux combats, l'armée passait sur les deux ponts que l'on avait établis, l'un pour la cavalerie, l'artillerie et les équipages, et l'autre pour l'infanterie. Le quartier général de l'empereur, et lui-même de sa personne, ne passa qu'après les troupes régulières.

Les équipages de la maison impériale formaient une espèce de convoi à la tête duquel était notre voiture. Venait ensuite le fourgon du trésor de la couronne, quelques autres fourgons de la maison, la voiture de la chambre de l'empereur, etc., puis celle du général Belliard, qui n'était pas encore rétabli de la blessure qu'il avait reçue sur le champ de bataille de la *Moscowa*, ensuite le général Dumas, intendant général de l'armée, atteint d'un maladie chronique, dont le médecin en chef de l'armée, le célèbre et bon M. *Desgenettes*, commençait à le guérir. M. *Méjean*, secrétaire des commandemens du vice-roi, venait après, etc., etc., etc. La dernière voiture du cortége était celle du comte *Daru*; elle renfermait les papiers de la chancellerie et les provisions des auditeurs, qui s'en écartaient le moins qu'ils pouvaient. Le comte *Daru* n'occupa jamais sa voiture; toujours fidèle et courageux, il fut pendant cette longue et désastreuse campagne constamment à cheval auprès de l'empereur. Son esprit supérieur, son âme vigoureusement trempée, conservèrent à M. le comte Daru l'attitude la plus noble, la plus imposante, et la plus calme. Nous marchions escortés par une compagnie de la jeune garde et par un petit détachement de la gendarmerie d'élite. Pendant que nous cheminions paisiblement pour nous rendre à *Zembin* avec le corps d'avant-garde, dont le vice-roi avait pris le commandement depuis le passage de la *Bérézina*, nos braves contenaient le général *Tchitchagoff* et le mirent hors d'état d'inquiéter le passage de la *Bérézina*, qui s'effectua avec ordre et tranquillité le premier jour. Il n'en fut pas de même le 28 au soir. Les grandes masses russes arrivèrent et menacèrent ces ponts encore encombrés d'une foule de chariots et de passagers, qui se nuisaient à eux-mêmes par la précipitation de leurs tentatives pour échapper aux Russes : ceux-ci s'annonçaient déjà par de nombreux Cosaques, dont l'approche bruyante faisait refouler sur l'espace étroit du pont tout ce qui était encore sur le bord glacé de la *Bérézina*. Le désordre fut à son comble, lorsque l'artillerie ennemie dirigea la mort sur cette dernière planche de salut. Nous perdîmes beaucoup de monde : une partie fut précipitée dans les flots par ceux des nôtres qui tentaient de s'ouvrir passage, et l'autre fut mitraillée sans pitié par le canon ennemi.

L'empereur était encore à *Zembin* le 28 au matin. Une neige épouvantable ne l'empêcha point de monter à cheval pour se rendre à l'arrière-garde qui était aux mains avec les Russes de *Tchitchagoff*. Avant d'y aller il donna l'ordre de faire partir l'avant-garde. Le vice-roi l'exécuta sans délai; et comme nous ne nous attendions pas à ce départ précipité, notre convoi ne fut prêt à partir qu'une heure après l'avant-garde. Sous la seule protection de notre escorte ordinaire, nous cheminions assez bien depuis deux heures lorsque nous fûmes attaqués par un détachement de Cosaques qui vinrent brandir leur longue pique autour des dernières voitures. Le général Dumas malgré la fièvre qui le dévorait descendit de sa voiture, pour monter sur l'un de ses chevaux de selle qu'un de ses gens conduisait en main; les généraux Ornano et Belliard en firent autant malgré leurs blessures. Moi qui n'avais point de chevaux, attendu que depuis long-temps on les avait mangés, je mis pied à terre, et vins me mêler, mes pistolets bien chargés, parmi les braves de la jeune garde, qui voulurent bien recevoir l'intrus qui se présentait à eux avec une allure assez hétéroclite. Mais si mon bonnet fourré, mes bottes fourrées et ma pelisse formaient un costume étrange, celui du général Belliard était au moins aussi remarquable que le mien. Cherchant à se garantir de vingt-sept degrés de froid, il se couvrait dans sa calèche avec toutes les fourrures que ses gens avaient pu se procurer depuis *Moscou* : ce spirituel guerrier ne s'amusa point à mettre son uniforme de colonel général des dragons, il monta à cheval, et donna les ordres de défense dans le costume qu'il avait habituellement dans sa calèche : il portait des bottes fourrées, un bonnet fourré, et une espèce de spencer de satin rose doublé également de fourrures. Notre corps d'armée présentait une force assez imposante pour empêcher ces insolens Cosaques de venir attaquer la tête du convoi où nous avions réuni tous nos moyens de défense. Mais la queue se trouva dépourvue de protection. Dans cette bagarre le major *Donnai*, premier aide de camp du comte *Dumas*, forcé de rester dans la voiture de son général à cause du mauvais état de sa santé, reçut à travers la glace un coup de lance dans l'épaule. La voiture du comte *Daru* qui était la dernière de notre cortége fut enlevée après avoir été vaillamment défendue par les auditeurs qui se replièrent sur nous. Un d'entre eux qui, je crois, était le dernier arrivé à *Moscou*, se voyant attaqué par un seul Cosaque ne se pressait pas de se retirer. Ce brave jeune homme n'évitait la longue pique du Tartare que par la souplesse de ses jarrets, et en tournant continuellement autour de la voiture. Le Cosaque à la fin se lassa de ses élans inutiles, et appela un renfort des gens de son espèce. M. de Coetlogon ne jugea pas à propos d'attendre cette bande d'oiseaux de proie; circulant de voiture en voiture, il se rapprocha de nous [1]. Sans le coup de lance que le major *Donnai* reçut, et dans une toute autre circonstance que celle de notre fatale retraite, cette échauffourée n'aurait été que fort insignifiante. L'état perdit les papiers de la chancellerie du ministre, et les auditeurs, les provisions de bouche qui leur étaient assurées : c'était faire la plus grande perte possible dans la position où nous étions. Notre bonne contenance empêcha ces indiscrets de nous approcher : pour moi, c'est la seule fois dans ma vie que je me sois senti saisir de l'envie d'atteindre un ennemi...; mais ils

---

[1] M. le comte César de Castellane, auditeur au conseil d'état, se présenta aux portes de Moscou deux heures après le départ du duc de Trévise. Moscou était déjà rempli de Cosaques. M. de Castellane n'eut que le temps de jeter un regard sur la porte de la ville et de revenir à toute bride se mettre sous la protection de nos troupes qui étaient en marche sur *Vereja*. Il agit d'autant plus prudemment que les Cosaques n'auraient tenu aucun compte de l'amabilité de son esprit, de la douceur de son caractère et de son illustre origine.

eurent la prudence de se tenir hors portée, ils se bornèrent pendant quelques instans à caracoler sur la hauteur, ils disparurent et nous continuâmes notre route jusqu'à *Kamen* où nous retrouvâmes l'avant-garde dont nous ne nous séparâmes plus.

Pendant la nuit du 29 un corps d'ennemis détaché pour troubler notre repos fit lancer sur cette petite ville un coup de canon, comme pour nous avertir de sa présence. Ce boulet vint briser une solive de la chambre où reposait l'un des plus nobles vétérans de la gloire nationale, le maréchal Oudinot, qui s'était fait transporter à l'avant-garde afin de soigner l'honorable blessure qu'il avait reçue sur les bords de la *Bérézina* : un éclat de cette solive fracassée vint ajouter un autre blessure à celle dont il souffrait. Cet intrépide guerrier était tellement de la connaissance des boulets, qu'il trouva tout simple que celui-ci, qui n'était qu'un boulet perdu, vînt tomber et le saluer d'aussi près.

Quelque réserve que je me sois promis de m'imposer sur tout ce qui ne m'est pas personnel, je ne veux point laisser passer l'époque où je suis sans payer un juste tribut de ma reconnaissance à la mémoire du prince Eugène, qui tous les soirs eut la bonté de m'admettre à sa table; je partageais ensuite la botte de paille de ses vaillans aides de camp, qui m'accueillirent comme un frère.

Le 30 à Plechnitzié.

Le 1ᵉʳ. décembre à Stâiki, entre Nettwiski et Ilüa.
Le 2 à Zelitzka.
Le 3 à Bienitzka.

Le 4 à Molodetschno. Je n'étais plus auprès de l'empereur depuis Zembin, je n'ai aucune particularité à raconter sur ce qui se passa au quartier général pendant ces huit jours qui précédèrent le départ de l'empereur. L'avant-garde, où j'étais, quittait dans la matinée les lieux où le quartier général devait arriver le soir.

En partant de *Molodetschno*, nous apprîmes que le vice-roi avait reçu l'ordre de rester de sa personne avec son état-major dans cette petite ville. Le reste de l'avant-garde marchait sous les ordres des chefs de corps. Il me fut facile d'observer que, de distance en distance, on échelonnait sur la route des compagnies de cavalerie qui successivement se détachaient de l'avant-garde. Nous arrivâmes à *Smorghoni* le 5 décembre [1].

Nous en partîmes le lendemain pour nous rendre à *Ochmiana*. Pendant la nuit j'entendis le bruit d'une voiture, dont les chevaux furent incontinent relayés et les escortes renouvelées. J'appris en quittant mon gîte que l'empereur était passé et se rendait à *Vilna*.

---

[1] *Smorghoni* renfermait une espèce d'académie vétérinaire pour l'éducation et l'instruction de ces ours savans et ambulans que l'on voit dans presque toutes les foires de l'Europe.

Le 7 nous fûmes obligés de bivouaquer sur la route par un froid de trente degrés.... Nous étions bien calfeutrés dans le bienheureux landau dont l'empereur n'avait pas eu besoin, parce que habituellement il avait près de sa personne un coupé fort élégant, très-léger, et dont il se servit peu dans la retraite. Lorsque le froid l'atteignait, il descendait de cheval et marchait pendant des heures entières. Nous pensions que Napoléon avait l'intention de s'arrêter à *Vilna*, et que nous pourrions ainsi y arriver nous-mêmes dans le landau protecteur.... A peine goûtions-nous quelque repos, lorsque vers une heure du matin arrivèrent deux traineaux dans lesquels étaient le baron de *Menneval*, le baron *Fain*, le colonel d'Albe et M. *Yvan*, chirurgien de l'empereur, avec ordre de nous faire évacuer la voiture, et de nous servir des deux traineaux qui les avaient amenés. M. de *Menneval* était d'une santé si frêle, que c'était une espèce de miracle qu'il n'eût pas succombé à tant de fatigues et de souffrances; mais sous cette enveloppe délicate, il renfermait une âme courageuse et fortement trempée qui le sauva. Je suis plus que jamais convaincu que dans une situation semblable à la nôtre, le plus grand avantage était d'être doué d'un caractère ferme et décidé. Ce fut sans regret que le général *Ornano* et moi descendîmes de voiture, nous n'étions pas éloignés de *Vilna*. Notre inquiétude ne portait que sur notre jeune compagnon, Charles de *Beauvau*: avec un peu d'aide et sous la direction de M. *Yvan* nous le plaçâmes dans le traîneau qui lui était destiné. Par le temps qu'il faisait (vingt-neuf degrés au-dessous de zéro), nous ne fûmes pas d'humeur de rester ainsi à la belle étoile, et nous nous rendîmes dans une grande barraque où le général Belliard s'était retiré, et qui partagea avec nous sa paille et ses provisions. Il faut s'être trouvé dans une position long-temps déplorable pour connaître le prix d'un lit de paille fraîche et d'une côtelette. Le 8, pressés de nous rendre à *Vilna*, nous partîmes sans attendre le convoi, regardant ce qui nous restait à parcourir avec d'autant moins d'inquiétude, que nous avions appris que, d'après l'ordre de l'empereur, la division du général *Loison* s'était mise en mouvement pour venir à notre secours. Bien que cette division eût été fondue la première nuit qu'elle passa sur des positions glacées, le bruit de sa sortie de *Vilna* était suffisant pour éloigner les Cosaques. Effectivement, nous arrivâmes jusqu'à *Roumchiki*, où il n'existait que sept ou huit chaumières. Nous trouvâmes un mauvais gîte; le général Ornano, M. Mejean et moi, nous nous y réfugiâmes, assez inquiets de ce que nous pourrions avoir pour souper. Heureusement pour nous, le valet de chambre du général avait conservé un peu de graisse... Il déterra sous la neige quelques légumes gelés, et nous servit une soupe excellente sur un débris de je ne sais quelle vieille poterie qu'il avait trouvée près de notre chaumière. Nous fûmes d'accord tous les trois qu'il était impossible de faire un repas plus délicieux...; effet assez ordinaire des plus longues privations et d'une position aussi critique!

Nous quittâmes *Roumchiki* dans la matinée du 9. Pour mettre le comble à nos tristes aventures, le cheval qui conduisait notre traineau, mal nourri, trop pressé peut-être par notre impatience, ne put pas aller plus loin que la halte que nous fimes à *Roumchiki*; il tomba, et fut dépiécé avant d'être mort. Cet endroit était déjà rempli d'une foule immense d'employés, de soldats westphaliens, etc., etc., qui, pressés d'arriver à *Vilna*, avaient comme nous pris les devans. Le général *Ornano*, malgré ses souffrances, se décida à monter sur le seul cheval qui lui restait; M. Méjean avait sa place dans la calèche du vice-roi; j'étais seul dans l'embarras. Le comte de *Lauriston*, qui venait d'arriver sur une charrette à quatre roues, avec son fils et M. de Tintignier, officier d'ordonnance de l'empereur, eut pitié de moi, et m'offrit obligeamment la dernière place qui lui restait. Je l'acceptai avec reconnaissance. Il nous restait encore cinq grandes lieues à faire avant d'arriver à Vilna, et très-certainement il m'aurait été impossible de les faire avec mes pieds goutteux. Le comte de Lauriston fut une de mes providences protectrices, comme il l'avait été jadis au pied du Guadarrama lors de la campagne d'Espagne. Pendant deux heures notre machine roula parfaitement bien...; mais, au moment où nous nous y attendions le moins, l'essieu de derrière cassa, et nous versâmes tout doucement sur la neige. Cet accident n'arriva point de mon coté, car, étant le plus pesant, j'aurais pu m'accuser d'en être la cause, et je me le serais toujours reproché.

J'étais placé sur le devant; je sentis cependant qu'il y aurait de l'indiscrétion à mettre à contribution la complaisance du comte de Lauriston, je préférai continuer ma route pédestrement, pendant que son fils, qui avait remarqué à quelque distance un traîneau abandonné, avait été le chercher. Je cheminais péniblement depuis une demi-heure; sentant le retour de mes douleurs, je m'étais assis sur la neige pour prendre haleine, lorsque, par un chemin de traverse, je vis venir une charrette attelée de deux chevaux et chargée de fusils de munition. C'étaient ceux qui avaient appartenu à un régiment d'infanterie de la division *Loison*, que le grand froid avait moissonné. Ces armes étaient conduites à *Vilna*; le conducteur, qui n'avait pas fait notre malheureuse retraite, n'était pas aussi indifférent à l'appât d'un peu d'or, il me laissa monter, et m'asseoir sur ces canons de fusils glacés. Je cheminais lentement, mais enfin je cheminais : c'était tout pour moi. Le comte de Lauriston m'atteignit, et, comme son traîneau était fort large, il eut une seconde fois pitié de moi, et insista avec grâce pour que je vinsse prendre place auprès de lui. Je l'acceptai avec empressement, parce que ce n'était qu'un traîneau, et qu'il n'y avait pas à craindre la rupture d'un essieu. Nous arrivâmes enfin à *Vilna* sur les onze heures du soir, à la porte du général *Hoggendorp*, aide de camp de l'empereur, et gouverneur de cette place. Ce fut là que nous apprîmes le départ de Napoléon pour la France... Nous éprouvâmes un sentiment d'admiration quand, sur l'invitation du bon gouverneur, nous nous vîmes assis à une table couverte de beau linge, d'une belle argenterie, et d'excellens ragoûts... Tout était jouissance pour nous; car depuis long-temps nous ne connaissions plus ces douceurs. En sortant de table, je me fis conduire chez Scipion de Nicolaï, mon cousin germain, auditeur et intendant de Vilna. Lorsque je me rendais au quartier général, j'avais laissé chez lui mon valet de chambre, avec de l'argent, du linge, des habits et ma calèche, que j'avais remplacée par une voiture du pays, plus légère et plus roulante... Mon honnête serviteur, connaissant la détresse de notre retour, avait eu l'heureuse idée de m'acheter quatre chevaux et de s'assurer d'un bon postillon; de sorte qu'en arrivant à Vilna, je n'eus plus d'inquiétude pour mon compte. Sans cette utile précaution j'aurais été fait prisonnier; car, le lendemain au soir, les Russes attaquèrent et s'emparèrent de *Vilna*. Pour la première fois depuis notre départ de *Moscou*, je me déshabillai et passai la nuit dans un bon lit. J'aurais eu grand tort de me méfier de la Providence, car elle m'avait ménagé dans l'amitié de mon cousin, tous les soins, toutes les prévenances, et tous les secours que j'aurais pu désirer. C'est encore là un des plus chers souvenirs de ma vie. Le lendemain je changeai et fis brûler le linge que je portais depuis cinquante jours, je me défis d'une barbe qui avait bien un pouce de longueur ; tous ces soins furent une nouvelle jouissance pour moi... Je dois l'avouer, le plaisir de me sentir renaître dans une si douce position me tint agité toute la nuit. Je dormis moins bien dans ces draps blancs que je ne l'avais fait dans le voisinage des Cosaques... et sur la terre.

Après un excellent déjeuner je parcourus la ville. Je vis arriver le roi de Naples, qui descendit de cheval à la porte du palais qu'il devait occuper. Il y trouva en bataille un nombreux détachement de ses gardes napolitaines, qui, sous les ordres du duc de la Rocca-Romana, avait quitté le beau ciel d'Italie pour venir à *Vilna* subir un froid de trente degrés, auquel elle ne résista pas mieux que la division du général *Loison*. Après avoir vu le roi guerrier passer la revue de cette troupe, alors brillante d'uniformes et de santé, je me rendis chez M. le duc de *Bassano*, que je trouvai ordonnant les apprêts de son départ pour le soir même. Il eut la bonté de m'engager à le suivre et à profiter de son escorte. Ce fut encore là une de mes providences. L'empereur ayant quitté l'armée, je n'avais rien à y faire, et je pouvais disposer de moi..... Je revins chez M. de *Nicolaï*, que je pressai vainement de partir avec moi. Son devoir l'obligeait de ne sortir qu'un des derniers ; il y fut fidèle.

Il devait faire la remise de cette place au vainqueur ; mais le canon des Russes abrégea pour lui ces formalités délicates. Ses moyens de sûreté personnelle étaient d'ailleurs assurés : il avait de bons chevaux et une bonne santé. Mes préparatifs furent bientôt faits ; j'avais tout perdu, et n'avais que les seuls effets que, par un instinct de prévoyance, j'avais laissés à *Vilna*. A huit heures du soir je me rendis, avec ma calèche et mes quatre chevaux, chez le duc de *Bassano* pour partir avec lui à l'heure convenue. Ses voitures étaient déjà prêtes, et l'on y mettait les provisions nécessaires...... D'après les ordres de mon nouveau protecteur, ma voiture participa aux mêmes largesses, et je vis avec un véritable plaisir plusieurs bouteilles d'eau-de-vie de France, ajoutées à quelques bouteilles de vin de Bordeaux. Je me sers de l'expression d'eau-de-vie de France, parce que depuis long-temps nos soldats ne connaissaient que le snapp, mauvaise eau-de-vie de grain, âpre et duré comme le climat de la Russie. Celle dont je parle était d'un prix inestimable. Pendant que mon fidèle serviteur arrangeait ces provisions dans ma voiture, je vis se traîner jusqu'à moi un fantôme décharné et couvert de misérables vêtemens. J'eus quelque peine à reconnaître un de mes gens que je croyais avoir perdu depuis la Bérézina. Ce malheureux avait les pieds gelés et mourait de faim. Les soins que nous lui donnâmes lui rendirent quelques forces. Nous le plaçâmes sur ma calèche, bien enveloppé de couvertures que je m'étais procurées dans la matinée. Nous suivîmes le cortége du duc de *Bassano.* Mais je n'en avais pas fini avec les montagnes de glaces ; il s'en trouva une à deux lieues de *Vilna*, si haute, si couverte de verglas, que j'osai la comparer au Mont-Blanc, tant elle m'inspirait d'effroi. Le souvenir de celle de *Smolensk* vint me serrer le cœur, et le plus noir pressentiment s'empara de moi. Cependant, comme mes chevaux étaient frais et bien reposés, j'en parcourus assez bien les deux tiers ; je me croyais sauvé ;.... mais un des chevaux de devant s'abattit, et les trois autres commencèrent à se rebuter. Pendant ce temps le cortége du duc de Bassano continuait de monter.... Je le perdis bientôt de vue.... Après beaucoup d'efforts nous parvînmes à relever ce cheval ;... mais les trois autres, saisis par le froid, paraissaient immobiles, sans mouvement et sans force. J'essayai de ranimer leur courage avec du vin de Bordeaux ;...... ils l'avalèrent et ne marchèrent pas. Dans mon impatience j'allais leur faire boire de l'eau-de-vie ;...... heureusement quelques gens isolés qui prenaient toujours les devans, au moyen de quelques pièces d'or et de quelques bouteilles d'eau-de-vie, traînèrent ma voiture, et même les chevaux, jusqu'au haut de cette odieuse montagne, qui, le lendemain, compléta la ruine des équipages, du trésor de l'armée, des trains d'artillerie, etc., etc.

Je rejoignis le duc de Bassano, et quelques jours après nous arrivâmes à Wilkowiski, première poste prussienne. M. le duc de Bassano s'était décidé à passer par Varsovie. Je lui demandai la permission de le quitter. Six chevaux de poste furent attelés à ma calèche ; et, dans la joie que j'éprouvais d'être enfin rentré dans la civilisation de l'Europe, je fis présent de mes quatre chevaux au postillon qui m'avait conduit : ils m'avaient coûté trois mille francs ; c'était payer assez bien trente à quarante lieues que je venais de parcourir. J'aurais dépensé le double que je me serais encore estimé trop heureux. Je ne m'arrêtai qu'à Kœnigsberg, chez le colonel Lebel, commandant de place, et mon ami. Je me reposai deux jours, et partis pour me rendre à Berlin. En sortant de Kœnigsberg, je trouvai au premier relais de poste le colonel Guéhenneuc, frère de madame la duchesse de Montébello et aide de camp de l'empereur. Ce brave jeune homme avait eu le bras fracassé par une balle, à la tête de son régiment, et il revenait en France avec son chirurgien-major. Nous voyageâmes de conserve, et ne nous arrêtâmes qu'à Berlin. En y arrivant je fus rendre visite à M. le comte de Saint-Marsan, notre ambassadeur, dont j'avais l'honneur d'être connu. J'étais le premier Français qu'il voyait ; et, quoiqu'il connût une grande partie de nos tristes aventures, il était encore loin de s'en faire une juste idée. Ce qui m'étonna bien davantage, ce fut d'apprendre que le cabinet prussien fût, à cet égard, dans une ignorance complète ; ce qui ne pouvait s'expliquer que par la position du corps prussien, qui était dans la Livonie, sur une ligne différente de celle de la grande armée française.

Le comte Louis de Narbonne vint nous joindre le lendemain de notre arrivée à Berlin. Il avait fait cette campagne comme aide de camp de l'empereur, et comme un jeune chevalier français rempli d'ardeur, de grâces et de gaieté.

En arrivant à Sainte-Menehould, je revis enfin la terre; depuis Viazma elle était couverte de neige. Mes yeux en étaient fatigués. Avec quel transport nous saluâmes le sol de la patrie !

Nous arrivâmes enfin à la barrière de Paris le 30 décembre au soir.

CHAPITRE XII.

Aperçu sommaire sur la retraite jusqu'à Vilna.

Je vais présenter quelques aperçus sommaires auxquels je n'attache aucune conséquence, parce qu'ils sont sans prétention, et ne tiennent qu'à ma manière de voir et de juger. Je donnerai la traduction littérale d'une relation anglaise de la campagne de Russie à la fin de cet ouvrage.

L'empereur lut plusieurs fois, pendant son séjour à Moscou, l'histoire de Charles XII de Voltaire. Ce livre était constamment sur son bureau, et même sur sa table de nuit.

Quelques jours avant notre départ, la grande croix d'Ivan qui couronnait les cimes dorées de la grande église fut descendue. D'innombrables corneilles, amoncelées sur les dômes dépouillés, semblaient par de longs croassemens en déplorer la perte et proclamer la rigueur prématurée de l'hiver. Ce présage ne fut que trop véritable.

Cette croix fut enlevée parce que les Russes la

considéraient comme le *palladium* protecteur de leur empire. Napoléon avait l'intention de la consacrer comme un trophée dans la métropole de Paris. Si le récit que l'on m'a fait est véritable, cette croix grecque fut, avec beaucoup d'autres effets précieux, mais embarrassans, jetée dans la Bérézina [1].

Nous laissâmes Moscou réduit à un dixième de ses habitations par suite de l'incendie allumé par les Russes eux-mêmes. Cette réduction fut constatée par le rapport des ingénieurs-géographes de l'armée française.

---

[1] Ces trophées et le trésor de l'armée, furent placés sous la protection du corps polonais, commandé par le général Claparède. Au milieu des privations et des défections imposées par le froid excessif, ce corps comptait encore quinze cents baïonnettes avant d'arriver à Borisoff. Le major général, d'après les ordres de l'empereur, écrivit au général Claparède de faire la remise des effets qui lui étaient confiés, au duc d'Abrantès. Cette lettre, datée de Studianka, 27 novembre, lui prescrivait en même temps de se rendre au pont de la Bérézina pour le passer dans la matinée... Ce fut à l'époque de cette remise que la croix d'Ivan et d'autres trophées furent brisés et engloutis dans plusieurs petites rivières, et même dans la Bérézina... Envoyé pour renforcer le corps du maréchal Ney, qui était sur l'autre rive aux mains avec Tchitchagoff, le général Claparède repoussa les Russes, et les délogea d'un bois dont ils s'étaient emparés. Ce fut un service sans éclat, mais qui fut d'une grande importance, si l'on pense aux terribles résultats qu'aurait eus la présence de l'ennemi sur ce bord protecteur.

Des ordres furent donnés par l'empereur lui-même pour l'évacuation et le transport de nos blessés et de nos malades. Ils furent exécutés.

Le 19 octobre, jour auquel nous sortîmes des ruines de Moscou, le temps était superbe.

Les fortifications éphémères du Kremlin furent légèrement entamées. Cette mesure de pure forme était pour constater la longue résidence de l'armée dans son enceinte. L'armée russe, commandée par le prince Kutusoff, fut battue *à Malo-Jaroslawetz*, et rejetée sur Kalouga; succès glorieux pour le corps d'armée du vice-roi, et qui nous donna une grande avance pour effectuer notre retraite; de telle sorte qu'il nous fut facile de passer quatre jours entiers à Smolensk, sans être inquiétés par l'ennemi.

A notre arrivée dans cette dernière ville les froids successifs nous avaient fait perdre presque la moitié du matériel de l'armée, et près d'un tiers des soldats. Parmi ceux qui restaient, il y en avait beaucoup sans force et sans courage, parce qu'ils étaient accablés de souffrance et de besoins : mais la masse était encore généreuse et pleine de vie. Je ne parle point des généraux ni des officiers de tout grade..... c'étaient des Français..... c'est tout dire.

Depuis Smolensk, surtout après la *boucherie de Krasnoï*, l'armée marcha dans une horrible confusion : tous les rangs, tous les corps étaient mêlés, et la plupart sans armes. Elle abandonna sur les chemins des carcasses de chevaux dont elle avait disputé les lambeaux sanglans et ignobles aux oiseaux de proie ; des caissons intacts, des fourgons à demi-brûlés, des pièces d'artillerie de tout calibre qu'il était impossible de traîner, des équipages sans nombre, des voitures, des calèches de toute forme et chargées d'effets, de blessés, de mourans, succombant sans vivres sous un froid mortel de vingt-cinq degrés qui augmentait sans cesse!!. Peut-on appeler cela des triomphes ?... Les brillantes théories stratégiques de l'ennemi nous ont-elles valu ces épouvantables revers ?... non !... Sa gloire militaire consista dans la peine de ramasser ces immenses débris que le froid et la faim nous forçaient de déposer sur la neige. S'il nous fit des prisonniers, il les prenait parmi quelques hommes isolés, désarmés, exténués, gelés, que le fer du Cosaque atteignait sans pitié, parce qu'ils étaient sans défense, parce qu'ils s'écartaient pour chercher une faible nourriture, qui n'existait même pas dans ces affreux déserts!

Le nom seul de ces Cosaques, même lorsqu'il n'y en avait pas, imprimait une terreur subite et irréfléchie. J'ai vu plus de vingt mille hommes confondus pêle-mêle fuir et reculer au cri d'un poltron : *Voilà les Cosaques !*.... Je les ai vus saisis d'épouvante et d'effroi venir embarrasser la marche calme et tranquille de quatre mille guerriers de la garde impériale, qui, seuls, l'arme au bras, ne s'inquiétaient pas de savoir si le soleil existait encore, et qui, avec l'*escadron sacré*, composé des vaillans officiers de l'armée commandés par le comte de Grouchi, représentaient l'honneur, le courage et le dévouement des différens corps qui n'existaient plus. Gloire soit à jamais rendue à cette noble élite!

Depuis Smolensk jusqu'à Wilna, le soldat de la garde n'eut pour nourriture que quelques grains de blé ou d'orge qu'il faisait griller sur une pierre au feu de son bivouac, et pour boisson que la neige qu'il faisait fondre au même feu. Jamais une plainte, jamais un reproche... mais toujours fidèle et obéissante, telle fut la garde.

La lenteur, la prudence et la réserve de l'ennemi ne peuvent s'expliquer que par l'influence magique qu'exerçait dans le monde le nom seul de *Napoléon* et de sa garde. Les Russes, qui tant de fois avaient reconnu sa puissance, supposèrent de grandes ressources, et ce fut cet hommage rendu au génie qui nous sauva.

Toutefois il serait juste de mettre dans la balance de tant d'événemens, les pertes que l'armée russe dut nécessairement éprouver elle-même. Il ne faut pas s'y tromper, l'habitant de ces climats de glace est aussi sensible que nous à la dureté de la saison. Ce n'est qu'avec les plus grandes précautions qu'il s'en préserve et qu'il s'en défend. Le seul avantage que les Russes avaient sur nous, et cet avantage était immense, ce fut d'avoir plus facilement que nous des subsistances, pour les hommes et pour les chevaux. Cependant leur allure fut si traînante, si peu active, qu'il faut croire qu'ils éprouvèrent eux-mêmes de grandes privations.

Si nous avions été à la place des Russes, je suis

fermement convaincu qu'aucun individu n'aurait passé la Bérézina. Tous, sans exception, auraient été condamnés à recevoir les capitulations les plus humiliantes. Bien plus, ce passage étant effectué (par une ruse de guerre fort ordinaire), il nous aurait suffi de jeter en avant de l'armée en fuite quelques hommes avec des fagots et des torches pour incendier et détruire en un moment ces innombrables petits ponts en bois qui forment une chaussée de près de quatre lieues de longueur depuis la Bérézina jusqu'à *Zembin*; alors cette armée, sans vie, enfermée dans des marais impraticables au milieu d'immenses forêts couvertes de glaçons et de neiges, sans subsistances, et n'ayant ni les moyens ni le temps nécessaire, aurait été forcée de passer sous les *fourches caudines*. L'amiral Tchitchagoff n'avait porté son attention que sur la route de Borisoff à *Minsk*, parce qu'il supposa que l'intention de l'empereur était de s'ouvrir un chemin vers cette ville où nous avions de grands magasins, et où nous nous serions rapprochés du corps auxiliaire de l'Autriche. Heureusement il négligea d'occuper en même temps la route de Zembin.

Ce n'était donc pas aux Russes qu'il appartenait de chanter des *Te Deum*..... c'était à nous..... non pour des victoires.... mais pour l'extrême obligeance de leur poursuite.

Il m'en coûte de terminer ces faibles esquisses par une observation très-grave. Les prisonniers que les Russes ramassèrent sur les routes, désarmés et sans force, furent, m'a-t-on dit, en grande partie, envoyés en Sibérie comme des malfaiteurs et des criminels. La France traita mieux ceux que dans ses immortelles campagnes elle fit sur les champs de bataille. Les *pontons* de l'Angleterre, jusqu'à ce moment, et en dépit de la civilisation des siècles, avaient seuls réservé ces horribles supplices au *courage malheureux* [1].

Un grenadier à cheval de la garde impériale vint se chauffer au feu d'un bivouac où j'étais la veille de mon arrivée à Vilna. Ce brave homme était couvert de haillons de toutes couleurs, et n'avait conservé de son bel uniforme que son sabre et quelques lambeaux de la fourrure de son bonnet, avec lesquels il garantissait sa tête, ses oreilles et une partie de son visage. Le froid, qui vitrifiait pour ainsi dire la respiration lorsqu'elle sortait des lèvres, faisait pendre de nombreux glaçons de ses belles moustaches et de l'espèce d'auréole que formaient autour de son visage les restes de son bonnet à poil..... Il n'avait pu conserver qu'une seule botte..... l'autre pied était enveloppé par plusieurs débris de chabraques et de drap, liés autour de sa jambe par de vieilles lanières de cuir. Il était d'une taille élevée, élégante même, et tous les traits de sa figure respiraient la

---

[1] Paroles célèbres de Napoléon, qui ont inspiré le beau tableau de M. de Bret, élève et parent de David.

sérénité, le calme et la résignation. Il déploya un morceau de toile qui lui servait de mouchoir et dit en l'approchant du feu pour le faire sécher : *Allons, faisons ma lessive*. Quand ce prétendu mouchoir fut sec, il racla minutieusement le tabac qu'il pouvait contenir, le serra précieusement dans un morceau de papier fort sale qui lui servait de tabatière en disant d'un ton grivois : *Nous sommes tous f....., mais c'est égal; nous les avons toujours bien battus, tout de même... Ces Russiaux ne sont que des écoliers.*

Ceci doit suffire pour donner une idée des misères de détail auxquels nous fûmes condamnés.

Si j'avais voulu faire la part de gloire des généraux et des officiers de cette héroïque armée, il m'aurait fallu les nommer tous; mais ils n'ont pas besoin de ma faible voix : leurs noms appartiennent à l'histoire, pour laquelle ils ont vécu; elle seule peut leur offrir un hommage digne de tant de courage.

Pour compléter ces notes, j'ajouterai que les seules personnes de la Comédie française de Moscou dont j'ai pu me procurer quelques renseignemens, sont mesdames Bursay, André et Fusil. Le fourgon sur lequel M. le duc de Vicence avait fait placer les deux premières, fut abandonné forcément quelques jours avant d'arriver à Vilna. Le maréchal duc de Dantzick les fit mettre sur l'affût d'un canon de la garde. Elles entrèrent ainsi à Vilna, où elles trouvèrent quelques ressources pour revenir en France.

Sur ma demande, l'empereur leur accorda une forte gratification. Madame André mourut à Strasbourg deux mois après y être arrivée. Madame Bursay continua d'habiter Paris. Quant à madame Fusil, elle honora son malheur en sauvant à Vilna une pauvre enfant abandonnée, que l'on a connue à Paris sous le nom de l'*orpheline de Vilna*.

J'ignore le sort des autres infortunés. J'ai besoin d'espérer et de penser qu'ils ont pu échapper aussi à tant de désastres, même M. Adnet, malgré sa distraction à mon égard.

CHAPITRE XIII.

Nouveaux préparatifs de défense. — L'évêque de Nantes à l'audience du lever. — L'empereur va déjeuner à Gros-Bois et coucher à Fontainebleau. — Concordat du 23 janvier. — Calomnies répandues sur cette circonstance. — Lois de l'état pour un conseil de régence. — Refroidissement subit de l'Autriche. — Rappel du comte Otto et envoi à Vienne du comte Louis de Narbonne. — Prestation du serment de l'impératrice comme régente. — Palais de l'Élysée. — Le prince de Schwartzenberg et le comte Bubna à Paris. — Départ pour Mayence. — Conversation de Napoléon à Mayence relative au concordat et son opinion sur le gouvernement du pape. — Mort du duc d'Istrie.

Deux jours après mon retour de Moscou, je fus au lever de l'empereur, que je n'avais pas vu depuis *Zembin*. Quand il s'approcha du rang où j'étais, il me fit beaucoup de questions sur le moment et sur la manière dont j'avais quitté l'armée, et me dit, en souriant avec amertume, que *j'étais probablement le seul qui n'eût pas maigri dans cette longue retraite*.

Une partie du mois de janvier fut employée à préparer de grands moyens de défense, à ordonner de nouvelles levées, à former de nouvelles armées, à recevoir et à utiliser les offres innombrables de service de l'armée sédentaire... en un mot, à réunir une masse assez imposante pour arrêter l'invasion des Russes, dont les forces, depuis la défection du général York, s'étaient accrues de l'armée prussienne. Ce changement de politique nous avait affaiblis de trente mille hommes, et ajouté ce nombre aux rangs de l'ennemi. La garde impériale fut, comme par enchantement, réorganisée et complétée par les soins du duc de Frioul.

———

Le 19 janvier, l'évêque de Nantes (M. Devoisin), pour lequel Napoléon annonçait une estime et une considération marquées, et qu'il employait comme médiateur dans les différentes discussions qui existaient entre le pape et lui, resta avec l'empereur après ses audiences du *lever*. L'entretien dura deux heures. Ce prélat se rendit, en sortant du palais, à Fontainebleau. Napoléon, suivant son intention annoncée la veille, monta dans ses carrosses avec l'impératrice, en habit de chasse, ainsi que tout le service. Il fut chasser dans le parc de Grosbois, et déjeuner chez le prince de Neufchâtel. En remontant dans son carrosse, il donna l'ordre à l'écuyer de service de se rendre *à Fontainebleau*. Personne ne s'y attendait, pas même l'impératrice. On apprit dans la suite qu'avant de partir des Tuileries, l'empereur avait donné secrètement des ordres convenables et nécessaires pour lui et pour l'impératrice. Mais les autres personnes du voyage, n'ayant pas été prévenues, il est aisé de concevoir l'embarras des toilettes... etc., etc. Des courriers furent expédiés à Paris ; mais ce ne fut que le lendemain, après une nuit assez fatigante, que les objets indispensables purent arriver.

Les ennemis de Napoléon ont étrangement calomnié les circonstances de cette entrevue avec le pape. Ils l'ont accusé d'avoir maltraité le saint-père ; rien n'est plus faux. Ce prince lui rendit tous les hommages qu'il lui devait : ses procédés, ses propos, furent ceux d'un homme qui se respecte : d'ailleurs les points importans étaient réglés et convenus d'avance; il ne restait plus que des considérations minimes, d'un médiocre intérêt et facile à terminer. Les insultes et les outrages auraient donc été gratuits. Ce dernier concordat fut arrêté et signé le 23 janvier, tel qu'il a été publié le 27 février suivant... Il fut signé librement et sans contrainte par le pape, en présence des cardinaux qui étaient à Fontainebleau. Il y eut à ce sujet un échange de félicitations, de jubilations, de distributions de grâces, de reliques saintes, de chapelets bénis, de croix, de décorations, de tabatières enrichies de brillans, etc., etc. En un mot, ce traité de paix fut accompagné de toutes les marques réciproques de satisfaction. Voilà le fait exact et tel qu'il m'a été raconté par des témoins dignes de foi, qui ne quittèrent point l'empereur pendant les six jours qu'il passa à Fontainebleau : je n'étais point de service pendant cette semaine. Je transcrirai plus bas le détail d'une conversation que j'entendis à Mayence, et dont le sujet se rapporte à ce concordat.

La conspiration de Mallet avait donné l'éveil. Une sage prévoyance conseilla l'institution d'une régence. Les bases furent présentées au sénat, et adoptées comme lois fondamentales de l'empire.

Nos désastres militaires, en dépit des expressions bienveillantes et des conditions stipulées dans le traité du 15 mars 1812, qui avait pour but *de perpétuer l'amitié et la bonne intelligence.... etc...* imprimèrent subitement et sans motif, un tel refroidissement au cabinet autrichien, que Napoléon se décida à rappeler le comte *Otto*, son ambassadeur, et à le faire remplacer par le comte Louis de Narbonne, qui à l'urbanité la plus exquise des grâces françaises, joignait un esprit fin et délié. Je n'entends pas dire que le comte Otto n'eût pas autant de mérite que le comte de Narbonne : ses formes, sa politesse et sa grande habitude des affaires, étaient certainement distinguées; je veux dire seulement que M. de Narbonne était aimable et capable d'une autre manière, et qui n'appartenait qu'à lui. Il était d'ailleurs d'une saine politique de varier les moyens qui pouvaient le plus influer sur le maintien des relations *amicales*; et, pour traiter avec M. de Metternich, ministre souverain de l'Autriche, le genre et l'esprit du comte Louis de Narbonne pouvaient mieux convenir.

———

A la fin du mois de mars, Napoléon nomma régente l'impératrice Marie-Louise, et désigna les hauts personnages qui devaient composer son conseil. Cette proclamation se fit au palais de l'Élysée, les portes du cabinet ouvertes, en présence de la reine Hortense, de la reine de Westphalie, des dames d'honneur et du palais, et des officiers de la maison de LL. MM., qui étaient de service, au nombre desquels je me trouvais ; après la lecture de ces actes conservateurs, et la prestation du serment de l'impératrice, on nous pria de sortir, et le conseil, *les huis clos*, continua pendant une heure.

———

En échange du comte Louis de Narbonne, l'Autriche envoya à Paris le prince de *Schwartzenberg* et le comte de *Bubna* ; le premier conservait toujours le rang d'ambassadeur d'Autriche près la cour de France ; le second était à mes yeux le présage officiel des plus grandes difficultés : sous un apparence simple et commune, il était certainement le diplomate le plus adroit et le plus consommé du cabinet de Vienne. Toutes ces négociations clandestines ne menèrent à rien : loin de mettre à la disposition de l'empereur le corps auxiliaire de trente mille hommes qu'elle s'était engagée de fournir par suite du traité du 15 mars 1812, l'Autriche essaya d'imposer des conditions et de se montrer exigeante. Ce corps auxiliaire ne figura plus dans nos lignes jusqu'au moment où, par le plus étrange abandon, sans excuses, sans autres prétextes que de vieilles rancunes, l'Autriche parut parmi nos ennemis, pour renverser le trône de celui qui, trois fois, avait permis à la maison régnante de retrouver le sien, et auquel elle venait de s'unir par les liens les plus intimes et les plus sacrés.

Je sortis de Paris le 8 avril avec une partie du service pour aller attendre l'empereur à Mayence. Il partit lui-même de Saint-Cloud le 15 et arriva dans cette dernière ville le 16 à minuit. Il y séjourna huit jours afin de donner à l'armée le temps nécessaire pour l'encadrement des nouveaux renforts qu'il avait dirigés sur Erfurt; pendant son séjour il reçut la visite du grand-duc et de la *grande-duchesse* de *Bade*, du *prince primat*, des princes de *Nassau*, etc., etc. Le 22, l'empereur dîna seul avec le maréchal Kellermann. Ce que j'entendis dire à Napoléon me parut si remarquable, que je l'écrivis de suite. Il fut question du dernier concordat, signé le 23 janvier à Fontainebleau.

« Croiriez-vous, dit l'empereur, que le pape, après
» avoir signé librement et de son plein gré ce con-
» cordat, m'écrivit huit jours après qu'il était bien
» fâché de l'avoir signé, que sa conscience lui en fai-

» sait un reproche et qu'il me priait avec instance
» de le regarder comme non avenu, etc., etc. Je
» lui répondis que ce qu'il me demandait était con-
» traire aux intérêts de la France; qu'étant d'ailleurs
» infaillible, il n'avait pu se tromper, et que sa con-
» science était trop prompte à s'alarmer, etc. »

Le maréchal rit beaucoup.... Après un moment, Napoléon continua, sans trop s'occuper de l'effet que produiraient ses paroles, et ayant l'air de céder à l'abondance de ses idées :

« Dans le fait, qu'était Rome ancienne, et qu'est-
» elle aujourd'hui? Froissée par les conséquences im-
» périeuses de la révolution, pourrait-elle se relever
» et se maintenir?... Un gouvernement vicieux dans
» l'ordre politique a succédé à l'ancienne législation
» romaine, qui, sans être parfaite, était cependant
» propre à former des grands hommes dans tous les
» genres. Rome moderne a appliqué à l'ordre po-
» litique des principes qui pouvaient être respecta-
» bles dans l'ordre religieux et leur a donné une ex-
» tension fatale au bonheur du peuple.... Ainsi la
» *charité* est la plus parfaite des vertus chrétiennes...
» Il faut donc faire la charité à tous ceux qui la de-
» mandent. Voilà le raisonnement qui a rendu Rome
» le receptacle de la lie de toutes les nations. On y
» voit réuni, m'a-t-on dit (car je n'y ai jamais été),
» tous les fainéans de la terre qui viennent s'y réfu-
» gier, assurés qu'ils sont d'y trouver une nourriture
» abondante et des largesses considérables.... C'est
» ainsi que le territoire papal, que la nature avait

» destiné à produire des richesses immenses par sa
» position sous un ciel heureux, par la multiplicité
» des ruisseaux dont il est arrosé et encore plus par
» la bonté du sol, languit faute de culture. Berthier
» m'a souvent répété que l'on traverse des pays con-
» sidérables sans appercevoir l'empreinte de la main
» des hommes. Les femmes même, qui sont regar-
» dées, comme les plus belles de l'Italie, y sont indo-
» lentes, et leur esprit n'est susceptible d'aucune
» activité pour les soins ordinaires de la vie : c'est la
» mollesse des mœurs de l'Asie.... Rome moderne
» s'est bornée à conserver une certaine prééminence
» par les merveilles de l'art qu'elle renfermait....
» Mais nous l'avons un peu affaiblie cette préémi-
» nence; le Muséum s'est enrichi de tous ces chefs-
» d'œuvre dont elle tirait tant de vanité, et bientôt
» le beau monument de la Bourse qui s'élève à Pa-
» ris, l'emportera sur tous ceux de l'Europe ancienne
» et moderne... La France avant tout.... Pour en re-
» venir à l'ordre politique, que pouvait être le gou-
» vernement papal en présence des grandes souve-
» rainetés de l'Europe dans son état actuel. De vieux
» petits souverains parvenaient au trône pontifical
» dans un âge où l'on ne soupire qu'après le repos...
» A cette époque de la vie, tout est routine, tout
» est habitude; on ne songe qu'à jouir de sa gran-
» deur et à la faire rejaillir sur sa famille... Un pape
» n'arrive au pouvoir souverain qu'avec un esprit
» rétréci par un long usage de l'intrigue et avec la
» crainte de se faire des ennemis puissans, qui pour-

» raient dans la suite se venger sur sa famille; car
» son successeur est toujours inconnu... Enfin il ne
» veut que vivre et mourir tranquille. Pour un Sixte V,
» que de papes n'y a-t-il pas eu qui ne s'occupaient
» que d'objets minutieux, aussi peu intéressans dans
» le véritable esprit de la religion que propres à ins-
» pirer du mépris pour un pareil gouvernement....
» mais ceci nous mènerait trop loin.

Le maréchal dit en riant, qu'il serait à désirer qu'un des statuts de l'élection d'un pape fût que le plus jeune des cardinaux fût de droit *installé* sur le trône pontifical....

« J'aimerais assez votre idée, répondit Napoléon
» en riant, si toutefois une trop grande énergie dans
» le caractère du souverain n'amenait pas avec elle
» des considérations d'une autre importance.... Le
» seul avantage que j'y verrais, ce serait la suppres-
» sion de ce sérail politique, vulgairement appelé
» *conclave*.... Je ne veux point dire *harem* : *sérail*
» *veut dire palais, en langue de l'Orient.* En disant ces mots Napoléon se leva de table.

L'empereur partit de Mayence le 24 mai, et arriva le même jour à Erfurt à onze heures du soir. Le comte de *Turenne* et moi nous reçûmes l'ordre de rester dans cette première ville, et de ne venir rejoindre S. M. que lorsqu'elle serait à Dresde.

Le maréchal Bessières, duc d'Istrie, fut emporté par un boulet de canon la veille de la bataille de *Lutzen*. Suivi de peu de monde, et enveloppé dans son manteau pour ne point être remarqué, il s'était porté sur une hauteur pour observer et reconnaître les dispositions de l'ennemi. C'était un des plus anciens et des plus fidèles guerriers de Napoléon, qu'il avait suivi dans ses premières campagnes d'Italie, en Égypte, en Espagne, en Allemagne..... partout, en un mot. La mort de cet excellent homme fut au cœur de ce prince.

CHAPITRE XIV.

Bataille de Lutzen. — Opinion du maréchal Ney sur les conscrits. — Bravoure personnelle du roi de Prusse. — Conversation avec Duroc à Dresde. — Mort du duc de Frioul ; notice. — Mobilier de la couronne. — Superficie de la France ; sa population en 1813. — Armistice de Dresde. — Retour de l'empereur. — Conversation. — Fouché envoyé en Illyrie. — Bonté de Napoléon. — Comédie Française à Dresde. — Son début. — Changemens remarquables dans les goûts de Napoléon. — Son opinion sur le Philinte de Fabre d'Églantine. — M. Creuzé de Lesser. — Représentation de la Comédie Française. — Mademoiselle Mars au déjeuner de l'empereur.

La bataille de *Lutzen* fut principalement gagnée par les jeunes conscrits. L'intrépide Ney disait à l'empereur : « *Sire, donnez-moi de ces jeunes et vaillans conscrits...... je les mènerai où vous voudrez ; nos vieilles moustaches en savent autant que nous ; elles jugent les difficultés et le terrain...... ; mais ces braves enfans ne sont effrayés par aucun obstacle, ils ne regardent ni à droite, ni à gauche, mais toujours en avant...... C'est de la gloire qu'ils veulent.*

Cette victoire de *Lutzen*, qui permit à l'empereur de reprendre l'offensive, fit connaître la bravoure personnelle du roi de Prusse. Ce prince, à la tête de son régiment des gardes, combattit vaillamment, et fut entraîné malgré lui loin d'un terrain qu'il ne pouvait plus disputer.

La Saxe fut reconquise, et son vénérable monarque, qui s'était réfugié sur les frontières de la Bohême, rentra dans sa capitale.

Le comte de *Turenne* et moi nous reçûmes l'ordre de venir rejoindre le quartier général. Nous arrivâmes à *Dresde* le 16 mai. Le lendemain matin, j'étais auprès du duc de *Frioul* (Duroc); nous causions des succès du commencement de la campagne et nous donnions de justes regrets à la perte du maréchal *Bessières*. Je n'oublierai jamais les derniers mots de cette conversation : « *Ceci devient trop long*, me dit-il, *nous y passerons tous*. » Quelques jours après, il fut lui-même frappé mortellement par un boulet perdu, comme l'avait été le duc d'Istrie. Il vécut quelques heures, emportant avec lui la consolation d'avoir été témoin de la profonde douleur de l'empereur, qui ne le quitta que sur ses instantes prières.

Je mets au rang des pertes les plus importantes que pouvait faire Napoléon, celle du grand-maréchal, duc de Frioul. A peine avait-il quarante ans lorsqu'il périt. Sa taille était bien prise, et n'était pas sans élégance : son visage était animé de couleurs vives et fraîches : sa physionomie était grave, austère, glaciale même, lorsqu'il écoutait une personne contre laquelle il avait des préventions, mais agréable et douce dans le cas contraire. En général, il était observateur parce qu'il était froid et sérieux. Il avait naturellement le tact des convenances, et se refusait sans pitié à ce qu'il croyait devoir les blesser. La discrétion et la fermeté étaient les premiers élémens de son caractère. Il avait établi l'ordre de son service d'une manière fixe, positive et invariable : réservé sur les avantages de sa position, de ses qualités personnelles, et de son immense crédit, jamais il n'en tira vanité; il vivait pour être dévoué : toute autre considération disparaissait à ses yeux. Les moindres détails, comme les plus élevés de l'administration civile et militaire du palais, lui étaient familiers : son travail était toujours clair, toujours facile : rigide observateur des règlemens qu'il avait fait adopter par l'empereur, il savait exiger des autres la même observance et ne transiger jamais avec les négligences et les oublis. Il aimait les arts, honorait les talens ; et quoiqu'il eût pu se livrer sans crainte à son goût sage et éclairé, il n'était dirigé que par le rapport que les productions du génie pouvaient avoir avec la gloire de l'empereur. L'accès de ses appartemens, toujours difficile, ne l'était jamais pour les hommes célèbres qui pouvaient concourir à l'éclat du règne de Napoléon : personne n'a mieux connu que lui les goûts et le caractère de ce prince, et n'a exercé sur lui une influence plus marquée et plus suivie : ce qu'il y eut de particulier, c'est que l'empereur reconnaissait lui-même cette influence et qu'il ne cherchait pas à s'y soustraire : l'esprit juste, et la sagacité du duc de Frioul l'empêchèrent toujours de heurter de front les premiers mouvemens de Napoléon, quelquefois trop vifs et trop précipités : quelques heures après il en détournait les effets. Son but était toujours de conserver des sujets utiles et dévoués : il voulait faire aimer l'empereur et forcer l'opinion ; mais peut-être dédaigna-t-il un peu trop, pour son propre compte, de se faire un titre à la reconnaissance de ceux qu'il n'obligeait, pour ainsi dire, que par contre-coup, et qui l'ont souvent ignoré. Une vérité constante, c'est que jamais Napoléon n'eut un secret pour lui, tandis qu'il en avait pour tout le monde, même pour le prince de Neufchâtel. Duroc était *la conscience de Napoléon*, qui lui exposait ses motifs de mécontentement comme un plaideur désireux d'obtenir le suffrage de son juge. Cette manière d'être fit autant d'honneur à l'un qu'à l'autre. Après notre retour de *Moscou*, le général L***, gouverneur du palais de Saint-Cloud, qui, pendant cette mémorable campagne, avait gouverné la province de Kœnisgberg, et dont la division avait été d'une si faible ressource aux approches de *Vilna*, se présenta au lever de l'empereur qui croyait avoir à lui reprocher les torts les plus graves; l'indignation qu'il ressentait fut telle qu'il lui ordonna d'envoyer le jour même, au grand-maréchal, la démission de sa place de gouverneur de Meudon et de Saint-Cloud, et de ne se jamais présenter devant lui..... Il ne voulut entendre aucune explication, et passa avec le grand-maréchal dans les jardins du palais de l'Élysée qu'il habitait alors. Il les parcourut dans tous les sens pendant une heure, parlant avec la plus grande vivacité; le grand-maréchal suivait, écoutait et se taisait. Napoléon vint à la fin s'asseoir dans un petit bosquet, où son déjeuner était servi d'après ses ordres; il ne cessa, pendant tout le temps de son déjeuner, de renouveler l'ordre de faire démettre le général L*** de sa place. « *M'entendez-vous bien?* dit-il au duc, *aujourd'hui même.* » — « *Oui, sire,* » furent les seuls mots du grand-maréchal, dans les yeux duquel je lisais l'espoir de ramener l'empereur. Cette affaire fut arrangée dans la soirée. Il ne fut plus question de la démission du général : toutefois le grand-maréchal lui donna conseil de s'éloigner pendant quelque temps. La scène du matin avait eu trop de témoins.

———

A cette époque de 1813 le mobilier de la couronne fut porté au grand complet; il fut évalué 30 millions. Tous les palais impériaux furent réparés et meublés.

Il avait été dépensé l'année précédente, en constructions au Louvre, 21 millions, et 7 millions en achat de maisons pour en opérer le déblaiement;

2 millions 500 mille francs avaient servi aux fondations et aux achats de terrain pour la construction du palais du roi de Rome;

5 millions 200 mille francs pour le palais de Versailles;

10 millions 800 mille francs pour constructions,

restaurations, embellissemens, créations de nouveaux jardins à Saint-Cloud, Trianon, Rambouillet, Stupinitz, Laken, Strasbourg, Rome, etc.;

10 millions 600 mille francs à Fontainebleau et Compiègne;

2 millions 450 mille francs pour les premiers travaux de la nouvelle machine de Marly;

Les diamans de la couronne, mis en gages par les précédens gouvernemens, furent retirés et augmentés, et il fut ajouté à l'immense collection des *Muséum* pour 30 millions de tableaux, de statues, d'objets d'arts, d'antiquités, etc.; en tout, *cent seize millions huit cent cinquante mille francs* dépensés par la liste civile et par le domaine extraordinaire, sans aucune surcharge pour l'état! La France, à cette époque, comptait 42 millions 738 mille 377 habitans. Sa superficie était de 75,957, 301 hectares, en y comprenant les nouveaux départemens réunis.

———

Pendant que Napoléon acculait les Russes et les Prussiens dans la Silésie, une fièvre cérébrale et maligne me retenait dans mon lit à Dresde, où j'étais resté avec une partie du service de la marine impériale, et l'administration générale de l'armée.

Je dus aux soins éclairés et affectueux de M. Desgenettes, et de M. Jouanneau actuellement médecin des Invalides, qui depuis ce temps est resté mon ami, de n'avoir pas succombé aux dangers d'une maladie aussi grave. L'armistice fut signé, et le 10 juin l'empereur revint à *Dresde*. J'étais à peine convalescent; je me fis conduire au palais Marcolini, où Napoléon avait établi sa résidence dans le faubourg de Frédéricstadt. Je trouvai, dans le salon de service, le duc d'Otrante (Fouché), que les ordres de Napoléon avaient appelé à Dresde. Les portes du salon de l'empereur s'ouvrirent pour laisser sortir le général Gucesdorff, premier aide de camp du roi de Saxe. Napoléon, m'apercevant, eut la bonté de m'appeler. Il me parla long-temps de la perte malheureuse qu'il venait de faire dans la personne du duc de Frioul. D'ordinaire les traces de la douleur étaient passagères dans ce prince, qui n'avait pas trop de temps d'écouter son cœur; mais celle-ci me parut avoir laissé une blessure profonde.... Je lui dis que le duc d'Otrante attendait ses ordres.... Il m'interrogea sur l'opinion que l'on avait conçue en voyant arriver au quartier général un tel personnage..... Je répondis que l'on pensait qu'il ne l'avait appelé que pour l'employer aux négociations du congrès qui allait s'ouvrir à *Prague*..... *Bon! Fouché n'est pas un diplomate...* J'ajoutai qu'une autre opinion, que je partageais, était qu'il ne l'avait fait venir à *Dresde* que pour l'opposer à la police du baron de *Stein*, qui remplissait l'Allemagne d'espions et de pamphlets. *Bon! pour cela!* me dit en souriant l'empereur. Après un moment de silence, il ajouta ces mots: *Fouché est un homme qu'il ne fallait point laisser à Paris dans les circonstances présentes.* Quelques minutes après il me demanda si ce n'était pas moi qu'il avait chargé, à Moscou, de la surintendance du Théâtre-Français. Je lui répondis affirmativement. *Eh bien! Turenne et vous, vous serez chargés de la surintendance de la comédie française, que j'ai donné l'ordre de faire venir ici pendant l'armistice; prévenez-en Caulaincourt, que j'ai chargé provisoirement du service du grand-maréchal. Faites entrer le duc d'Otrante.* Je m'approchai du duc de Vicence, et lui rendis compte des ordres que je venais de recevoir. Je m'entretenais encore avec lui lorsque le duc d'Otrante sortit du salon de l'empereur, et, s'approchant de nous, nous apprit qu'il était nommé gouverneur général d'*Illyrie*, en remplacement du général Bertrand, appelé au commandement d'un des corps de l'armée active. Fouché me parut peu satisfait de son nouveau poste.

———

Napoléon avait un défaut qui prenait sa source dans la bonté de son caractère. Il ne savait pas se détacher entièrement et franchement des personnes qui avaient été le plus haut dans sa confiance et dans son gouvernement. Dans le premier moment d'un juste ressentiment, il croyait devoir rompre avec éclat et sans retour; mais, ce premier moment passé, il cherchait à dédommager de la perte de sa faveur, et même de son estime, par des concessions d'une autre espèce, quand il en trouvait l'occasion, et surtout quand on lui avait rendu de véritables services. *Fouché* s'était presque toujours rendu nécessaire par la grande connaissance qu'il avait des mœurs, des principes, des vœux et des intérêts des diverses factions qui avaient tenté d'ébranler le sol de la patrie. Il y avait été toujours mêlé, comme juge, comme spectateur, et peut-être aussi, a-t-on dit, comme complice. Napoléon oublia trop souvent que le chef d'une nouvelle dynastie doit, selon les cas, combler de faveurs l'homme qui lui est dévoué, ou bien accabler de mépris celui qui ne mérite aucune confiance; et qu'en saine politique il n'y point d'intermédiaire entre la puissance et la faiblesse. Ces dernières mesures et ces ménagemens ne sont qu'un léger plâtrage que la moindre secousse fait tomber. Les noms et les exemples ne me manqueraient pas s'il fallait justifier ma pensée.

Jamais il n'y eut deux surintendans plus d'accord entre eux que nous le fûmes le comte de Turenne et moi. Il se chargea des invitations, de tout ce qui était relatif à l'étiquette et à la convenance des personnes qui pouvaient être admises, etc., etc.; l'établissement, la construction du théâtre, le logement des acteurs, la composition du répertoire, l'exécution théâtrale, et tous les accessoires qui pouvaient s'y rattacher, me furent attribués.

Le 19 juin, les acteurs de la comédie française arrivèrent, et trouvèrent tout disposé pour les recevoir. J'avais fait louer des maisons convenables, avec tout le mobilier nécessaire ; des voitures, des domestiques, etc., furent à leurs ordres ; en un mot, nous nous efforçâmes de deviner leur goût, leurs habitudes et tous leurs désirs, pour leur épargner l'ennui d'un séjour en pays étranger. Il était bien juste de songer à la satisfaction de ceux qui, par de grands talens, par la politesse remarquable de leur ton et de leurs manières, venaient de si loin contribuer aux délassemens et aux plaisirs d'une armée française condamnée momentanément au repos [1].

---

[1] MM. St.-Prix,
Talma,
Mlle Georges. } Tragédie.

MM. Fleury,
St.-Fal,
Michot,
Baptiste cadet,
Armand,
Thénard,
Vigny,
Michelot,
Barbier.
Mmes. Thénard,
Émilie Contat,
Mezerai,
Mars,
Bourgoin. } Comédie.

Un théâtre fut construit dans l'orangerie du palais Marcolini, qui communiquait aux appartemens et qui pouvait contenir deux cents personnes. Grâce à l'obligeance du comte Wistum, maréchal de la cour de Saxe, et à celle du comte de Loo, chambellan et intendant du mobilier de la couronne, ces préliminaires indispensables furent promptement achevés. En attendant le début de la comédie française, la troupe italienne du roi donna trois représentations sur ce petit théâtre.

La première représentation française eut lieu, le 22 juin, par la *Gageure imprévue* et par *la Suite d'un bal masqué*, de madame Bawr.

Les tragédies, pour l'exécution desquelles l'enceinte du petit théâtre du palais aurait été peu convenable, furent réservées pour le grand théâtre de la ville, où l'on n'était admis ces jours-là qu'avec des billets du comte de Turenne et sans aucune rétribution. Les valets de pied de la maison de l'empereur

---

MM. Desprès, directeur.
        Maignen, secrétaire et souffleur.
   Un machiniste, un chef des gardes, un tailleur, un coiffeur, et M. Mongellas, premier garçon du théâtre.

Telle fut la composition de la comédie française. J'ai copié le nom des acteurs dans l'ordre de leur ancienneté et de leur admission, sur l'état officiel qui me fut remis par M. Desprès.

faisaient seuls le service des loges, et présentaient des rafraîchissemens aux personnes qui les occupaient

———

Un changement remarquable se fit à cette époque dans les goûts de Napoléon, qui, jusqu'à ce moment, avait toujours préféré la tragédie. Tous les hommes, en général, éprouvent assez ordinairement cet effet de la vie. Dans l'âge des passions et de la jeunesse, les chefs-d'œuvre de la scène tragique nous transportent dans un monde inconnu et de convention. Là, tout, jusqu'au langage et aux costumes, parle héroïquement à nos sens et à notre âme. C'est le moment des illusions qui nous ravissent et nous subjuguent. Plus tard l'exaltation se calme; on a besoin de se rapprocher de la nature et du monde réel, la société : la peinture vraie des caractères et des mœurs, nous intéresse et nous attache bien davantage. Certainement l'admirable talent de mademoiselle Mars, de Fleuri, etc., etc., étaient bien propres à expliquer ce changement dans les goûts de Napoléon... Mais, si j'en juge d'après mes propres observations, la raison que je viens de donner me paraît la plus vraisemblable.

Je choisissais le moment du déjeuner de l'empereur, pour lui présenter le répertoire des ouvrages qui pouvaient être représentés. Ordinairement il me le faisait lire à haute voix et fixait son choix. Un jour, à propos de l'*Intrigue épistolaire*, il me demanda si cette pièce n'était pas de *Fabre d'Églan-*

tine. Le prince de Neufchâtel, qui déjeunait avec lui, s'empressa de répondre affirmativement et se mit à parler de suite du *Philinte de Molière*, du même auteur. L'empereur énonça, au sujet de cette dernière comédie, une opinion fort remarquable. « Il
» l'avait vue représenter plusieurs fois, dans sa jeu-
» nesse, il en avait toujours trouvé *le style barbare*
» *et étrange pour la fin du dix-huitième siècle.*
» Passant à la discussion du fond de cette pièce, il
» dit entre autres choses qu'il avait toujours cherché
» à deviner, sans pouvoir y réussir, pour quel motif
» l'auteur avait intitulé sa comédie le *Philinte de*
» *Molière*, à qui il ne ressemble pas plus qu'à tout
» autre personnage de toute autre comédie. Le vé-
» ritable Philinte de Molière, continua-t-il, n'est
» pas sans doute comme le misanthrope Alceste, un
» Don Quichote de vertu et de philanthropie. Il ne se
» croit pas obligé de rompre en visière aux gens,
» pour des vers bons ou mauvais : il connaît assez
» les maladies incurables des hommes pour savoir
» que la franchise, placée mal à propos, peut sou-
» vent faire beaucoup de mal en irritant gratuite-
» ment les passions : en un mot, c'est un homme
» raisonnable, honnête, de bonne compagnie et
» incapable de la moindre action ou du moindre
» discours, qui blesserait la morale ou la délicatesse.
» Le *Philinte de Fabre*, au contraire, est un
» homme des plus méprisables, qui se montre ou-
» vertement capable de commettre les actions les
» plus odieuses, pour un vil intérêt, et qui était aussi

» peu digne d'être l'époux de celle qu'il aime, que
» l'ami du misanthrope Alceste. Quant à l'intrigue,
» elle est pitoyable sous tous les rapports. Quel est
» le banquier, le capitaliste ou le receveur-général,
» qui laissera disparaître de sa caisse un billet de
» *six cent mille francs au porteur* sans s'en aper-
» cevoir? — Et puis c'est un procureur qui convient
» sur-le-champ de sa friponnerie, au premier mot
» que lui dit Alceste..... Il faut convenir que tout
» cela est pauvre d'invention et d'exécution, et écrit
» dans un jargon des plus prosaïques. L'admirable
» jeu de *Molé* fut la seule chose qui me fit plaisir.
» Mais je ne regrette point qu'elle ne soit pas sur le
» répertoire, car je n'ai aucun désir de la voir repré-
» senter. Quant à l'*Intrigue épistolaire*, M. le sur-
» intendant, qui nous écoute, pourra la faire jouer
» sur le grand théâtre. Il est possible que cet *imbro-*
» *glio* fasse plaisir à la cour du roi de Saxe. »

———

L'empereur avait raison de dire que je l'*écoutais*.
Je trouvais tout ce qu'il disait, dans ces momens d'a-
bandon, si riche d'idées et d'expressions, que je met-
tais tous mes soins et usais de toutes les ressources
de ma mémoire pour n'en rien perdre. (Au sujet de
Fabre d'Églantine, j'ai toujours été frappé du con-
traste qui exista entre sa vie publique et sa vie privée. Je n'ai jamais pu concevoir comment un homme
qui s'occupait de poésie et de comédie, ce qui semble indiquer des goûts aimables et sensibles, a pu

s'asseoir froidement à un bureau, avec son ami *Danton*, dont il était le secrétaire, pour rédiger tranquillement la liste des malheureuses victimes que l'on devait massacrer sans pitié dans les prisons, le 2 septembre 1792.)

Napoléon me fit relire le répertoire et se décida pour l'*Épreuve nouvelle* et pour le *Secret du ménage de M. Creuzé de Lesser*.

Cette jolie comédie lui fit un grand plaisir. Il se rappela l'avoir vu jouer une fois à Fontainebleau. Il fit un éloge mérité *des pensées, des sentimens et de l'intrigue, qu'il disait être tout-à-fait dans le ton de la bonne compagnie, et capable de lui plaire*.

Le talent nécessaire pour faire une jolie comédie, n'est pas le seul que possède M. Creuzé de Lesser, aujourd'hui préfet du département de l'Hérault, dans lequel j'ai mon domicile. Il a surtout celui de se faire aimer et considérer par des qualités personnelles, par la loyauté de son administration et par son attachement au gouvernement. Un travail facile et bienveillant, une douceur habituelle de mœurs et de caractère lui ont assuré l'estime d'un département éminemment distingué par l'esprit et les sentimens. C'était à Montpellier que se réunissaient autrefois les hauts personnages qui composaient l'assemblée des états de la province du Languedoc, si célèbres par la sagesse de leur administration et par l'éclat des services les plus utiles. Cet usage heureux avait disposé de bonne heure l'éducation, les goûts et les intéréts de ses habitans, aux discussions franches et approfondies des principes du gouvernement. De ces élémens divers il en est résulté une réunion de propriétaires distingués par leur esprit, leurs lumières et leurs sentimens [1]. Sages apprécia-

---

[1] Cette vérité est facile à démontrer, par la simple énumération des personnages justement célèbres qui ont reçu la naissance dans le département de l'Hérault, qui, dans l'espace des quarante années qui viennent de s'écouler, a vu élever au rang de ministres, MM. les ducs de Castries, de Saint-Priest, Mourgues, Lajard, de Graves Joly, Benezech, Cambacérès, Chaptal, Daru, Mathieu Dumas, à Naples, etc., etc.

La gloire militaire des généraux Montbrun (frères), Claparède, Vincent, Berthezenne, Campredon, Vignole René, Pamphile Lacroix, Dumas, Lepic, Maurin (frères), Saint-Priest, Fregeville, Rolland, Servies, Miquel (de Beziers), Pouget, Lagarde, Mejean, Curto, Poitevin de Mauveillan, etc.

La gloire littéraire, le comte Daru, Dumas, Roucher, Martin de Choisy, Viennet, Carrion de Nisas, Cabanis, de Ratte, Cambacérès, Marcel de Serres, qui le premier en France fit connaître la lithographie, etc.

La gloire des services rendus à l'humanité, par les médecins les plus fameux, tels que Fouquet, Broussonet, Baume, Lafabrie, Chrétien, Gouan (botanique), Bérard (chimie), etc.

La gloire qui naît des spéculations les plus honorables et les plus élevées, en contribuant à la prospérité des états, du commerce, de l'industrie et des arts : MM. Durand, Martin-Portales, Farel, etc.

La gloire européenne du célèbre Vien, vénérable restau-

teurs du mérite, ils n'en accordent ni au crédit, ni à la faveur : il faut justifier leur estime pour en jouir, et cette estime suppose dans nos institutions nouvelles, des connaissances réelles, le talent de les faire valoir et l'art de bien gouverner. Dix années d'une administration équitable et paternelle, ont acquis à M. Creuzé de Lesser les suffrages et la confiance les plus honorables; et si les soins de sa place privent la scène française des ouvrages piquans et spirituels qu'il aurait pu composer, il s'en dédommage d'une manière bien noble, en s'occupant sans cesse du bonheur de ses administrés. Ce *secret* en vaut bien un autre.

Si la surintendance du théâtre de Moscou avait affecté mon âme par le spectacle de tant de misères et de souffrances, j'aime à convenir que celle de Dresde fut pour moi une suite continuelle de satisfaction et de plaisir. Je ne fus point étonné de trou-

---

rateur de l'école de peinture, et celle de M. Fabre, non moins cher à tous les habitans de Montpellier par ses talens et ses qualités personnelles, que par la magnifique collection de tableaux des plus grands maîtres, dont il vient d'enrichir et de doter sa ville natale. (La reconnaissance publique a décerné à cette précieuse collection le nom de ce généreux citoyen : *Musée Fabre*.)

Toutes ces gloires appartiennent au département de l'Hérault, qui s'honore de tant d'illustrations.

ver la pureté du langage réunie à l'élégance du ton et des manières; mais je le fus singulièrement de l'accord de tous les acteurs, de leur union, de leurs qualités privées. Toujours faciles, toujours prêts, ils ne se refusèrent à aucune fatigue ni à aucun travail. Pendant quarante jours d'armistice ils donnèrent vingt-cinq représentations.

J'ai dit au commencement de ces mémoires que l'empereur avait accordé au célèbre Talma la faveur d'être admis quelquefois auprès de lui pendant son déjeuner. Mademoiselle Mars, lors de notre séjour à Dresde, reçut la même distinction. Au nombre des questions qu'il lui fit, il y en eut une qui était relative à son début, *Sire,* répondit-elle avec une grâce qui lui appartient, *j'ai commencé toute petite. Je me suis glissée sans être aperçue.... — Sans être aperçue !.... vous vous trompez.... vous voulez dire apparemment que vous avez forcé peu à peu l'admiration. Croyez, au reste, mademoiselle, que j'ai toujours applaudi, avec toute la France, à vos rares talens.*

CHAPITRE XV.

Affaire de M. Carion de Nisas. — Souvenir de 1805 ; trait de bonté de Joséphine. — Le roi de Naples arrive à Dresde. — Congrès de Prague. — Audience décisive de M. de Metternich à Dresde. — Conditions proposées par l'Autriche ; refus de les signer ; réflexions à cet égard. — L'empereur part de Dresde ; il visite les places fortes sur l'Elbe. — Se rend à Mayence pour y voir l'impératrice Marie-Louise. — Représentations de la comédie française ; son départ ; billet du prince de Neufchâtel. — Reprise des hostilités. — Mon départ pour les eaux de Wisbaden et mon voyage en Languedoc. — 1814, mon retour à Paris le 19 janvier.

Pendant notre séjour à Dresde il se passa un événement auquel mon amitié pour M. de Nisas ne me permit pas de rester indifférent. Cet officier supérieur avait été envoyé en mission une heure après le retour de l'empereur à Dresde après la signature de l'armistice.

Les ordres qui lui avaient été donnés par le major général lui prescrivirent de partir sur-le-champ pour se rendre à Géra, d'y attendre les troupes d'infanterie, de cavalerie et d'artillerie venant à Dresde et de s'en former une colonne jusqu'à concurrence de trois cents hommes d'infanterie, six cents de cavalerie, et trois pièces de canon.... Ses instructions lui ordonnaient enfin de laisser filer les autres troupes lorsqu'il aurait formé sa colonne.

Cet ordre n'était réellement qu'une mesure de prévoyance, relativement aux corps de partisans prussiens qui se trouvaient momentanément enclavés dans nos positions déterminées par l'armistice, et qui continueraient à agir hostilement sur les derrières de l'armée du côté de *Plawen*, sous le spécieux prétexte que ce même armistice ne leur aurait pas été notifié. Au nombre de ces corps *nomades* était celui du colonel Lutzow, l'un des chefs les plus entreprenans, et dont la force pouvait être évaluée à trois mille hommes, principalement de cavalerie. La colonne de M. de Nisas n'était pas évidemment destinée à agir seule. Elle devait appuyer sur les flancs les mouvemens qui devaient être opérés par le corps de nos troupes commandées par le général Castex, l'un de nos plus braves guerriers. Il était même enjoint à M. de Nisas, d'attendre les ordres de ce général.

Le malheur de mon ami fut d'arriver à *Géra* en même temps qu'un détachement de la garde chargé d'escorter un convoi de farines, et qui étant en marche pour se rendre à Dresde se trouvait nécessairement compris dans la catégorie des troupes dont il devait prendre *le commandement et former ses colonnes*. La susceptibilité, on pourrait même dire, la répugnance des corps privilégiés pour obéir à des officiers qui ne sont pas leurs chefs naturels est assez connue. L'officier qui commandait ce détachement prétendit que la garde faisait exception, et qu'elle se trouvait d'ailleurs dans un cas particulier à cause

de l'obligation indispensable où elle était d'escorter le convoi. M. de Nisas prétendait le contraire. Cette contestation dura toute la matinée.

Pendant ce temps on apprit que le colonel Lutzow se rendait *seul* et *pacifiquement* à *Géra*. Quelques militaires furent parlementer avec lui. A la suite de quelques propos ce colonel prussien fut mené chez M. de Nisas, auquel on conseilla de profiter de l'occasion, de le faire arrêter et de l'envoyer pieds et poings liés à Dresde, sauf à discuter ensuite sur la légalité de l'arrestation. On se flattait qu'en l'absence de ce chef de partisans, il serait facile de désorganiser son corps, d'enlever sa caisse et ses équipages, etc., etc., etc., etc.

Assurément rien n'aurait été plus facile que de s'emparer d'un homme sans défiance. Le succès aurait sans doute contribué à l'avancement de M. de Nisas; mais depuis deux jours Lutzow avait cessé les hostilités, s'était rangé sous la protection de l'armistice, et s'était mis en communication avec le commissaire du roi de Saxe en lui faisant ramener à *Géra* deux gendarmes que ses coureurs avaient faits prisonniers depuis l'armistice : il demandait, en conséquence, un sauf-conduit pour traverser nos lignes et se rendre paisiblement aux cantonnemens que les généraux prussiens lui avaient assignés au delà de l'Elbe. La présence, de sa seule personne à *Géra*, qui était occupé par nos troupes, déposait en effet pour la bonne foi du colonel Lutzow.

M. de Nisas pensa avec raison, que ce colonel se

réclamant des conditions de l'armistice ne devait pas être considéré comme en état d'hostilité flagrante. Aussi, loin de le faire arrêter, il lui délivra le sauf-conduit nécessaire pour se rendre à ses cantonnemens avec sa troupe, ayant les armes basses et sans démonstrations hostiles. Toutefois, ce sauf-conduit ne put préserver le colonel prussien. Plein de confiance dans la régularité de sa conduite, il bivouaquait pendant la nuit à Kitzen près de Leipzik, lorsqu'il fut attaqué inopinément, et sabré par le général Fournier. Sa caisse et ses bagages furent pillés. Les débris de son corps furent menés battant jusqu'aux bords de l'Elbe, et lui-même ne dut son salut qu'à la vitesse de son cheval.

Des plaintes s'étaient élevées contre cette noble modération du colonel Nisas, auquel on ne voulait savoir aucun gré de son respect pour le droit des gens. Ces plaintes parvinrent bientôt au quartier général, et lorsqu'il arriva à Dresde pour rendre compte de cette mission fatale, que le refus d'obéir de la part de l'officier de la garde aurait de toute manière rendue illusoire et sans effet, il fut mis aux arrêts. Le comte de Turenne et moi, ses amis particuliers, nous rendîmes auprès de lui, et, après avoir connu tous les détails de cette affaire, nous intéressâmes le prince de Neufchâtel, qui lui-même aimait et estimait M. de Nisas. Ce prince demanda et obtint pour lui une audience de l'empereur.

Cette audience se passa dans le jardin du palais en présence du duc de Dalmatie. Mais déjà les préventions étaient données et accueillies. Les égards de Napoléon pour cette belle garde, qui faisait l'un des plus fermes appuis de sa puissance militaire, prévalurent sur toute autre considération. Ce prince ne voulut pas être impartial, quoiqu'au fond de son cœur il dût sentir qu'à la place de Nisas il se serait conduit comme lui. Il ne voulut admettre aucune justification fondée sur le refus d'obéissance, prétendant que *ce serait calomnier sa garde.* Vainement l'accusé demanda à être jugé par un conseil de guerre. Il fut destitué de son grade purement et simplement, sans que le décret de cet acte absolu exprimât un seul motif, et, ce qui aggravait encore la sévérité de cette mesure, c'était la défense d'approcher de Paris de plus de cent lieues.

Pendant cette longue audience, j'étais placé à l'une des fenêtres du palais qui donnaient sur le jardin. Je suivais du cœur et des yeux tous les mouvemens de Napoléon, et j'éprouvais un serrement douloureux en voyant les traits si mobiles de son visage exprimer le reproche toutes les fois que M. de Nisas voulait se justifier avec chaleur, et en homme qui se sent blessé dans son honneur. Plus d'une fois, je vis le maréchal Soult le tirer par le pan de son habit, comme pour l'engager à modérer cette extrême sensibilité, qui ne pouvait que lui nuire; mais Nisas ne voulait pas avoir tort, et l'empereur voulait avoir raison. Il faut le dire à la louange du duc de Dalmatie, quoique l'un des colonels généraux de la garde, il ne défendit point

13.

l'officier qui servait sous ses ordres, et ne prononça point un seul mot qui fût à la charge de M. de Nisas. Quelques heures plus tard, ce premier moment passé, Napoléon aurait interprété lui-même ce *silence éloquent*; mais ses grandes affaires l'occupaient, et il n'avait plus auprès de lui *son génie familier*. Certainement si le duc de Frioul (Duroc) eût été encore vivant, si l'impitoyable mort qui moissonnait dès lors autour de l'empereur les plus notables fidélités, avait respecté les jours de ce digne conseiller de la gloire de Napoléon, il n'aurait pas manqué de faire valoir tous les droits que devait présenter la vie publique de M. de Nisas.

Lorsqu'on mit en délibération au tribunat la proposition de M. Curée, pour élever le premier consul à la pourpre impériale, et lorsque Carnot s'y opposait avec un commencement de succès, ce fut M. de Nisas qui, voulant délivrer la France des entraves d'une république qu'on avait rendue odieuse, s'élança à la tribune et fit cette brillante improvisation qui entraîna tous les suffrages. Nourri des théories les plus saines d'une monarchie constitutionnelle, il se montra toujours le défenseur éclairé des prérogatives du trône. Ce fut encore lui qui, à la même tribune, avait rappelé l'idée d'un divorce politique et religieux : proposition alors vague et générale à laquelle on fit attention, et qui, reproduite plus tard, fut exécutée à la fin de 1809.— Enfin ce fut lui qui, voyant cette tribune se fermer à ses talens et à son éloquence, vint se mêler aux rangs de nos braves et servir avec une distinction honorable, pendant les campagnes de Prusse, d'Espagne, de Portugal et d'Allemagne.

M. de Nisas répondit à cette destitution, en allant se placer comme volontaire dans le vingtième régiment de dragons, et prit part aux batailles de Dresde, de Leipzick, d'Augustusbourg, de Hanau (si glorieuse pour le général Drouot), de Holstein, Colmar, Saint-Dizier, Brienne, Montereau, etc.

C'est ainsi qu'un homme de cœur et d'esprit se venge d'un soupçon, et ne compose point avec son honneur. Le colonel Désargus, le général de brigade Lamotte, le général de division L'Héritier, et le général Milhaud, commandant en chef ce corps de cavalerie, furent les témoins et les juges de cette belle conduite. Pour compléter une réhabilitation militaire, que M. de Nisas ne dut qu'à lui-même, le maréchal Soult, parvenu au ministère de la guerre, le replaça dans son grade d'adjudant-commandant, et ordonnança le rappel de ses appointemens.

Lorsque le péril est passé, lorsqu'après une guerre sanglante les armes se reposent à l'ombre de la paix, laissant à l'impartiale vérité les moyens de faire entendre sa voix, il est curieux et instructif de rapprocher les opinions et les sentimens des deux partis qui se sont combattus, pour expliquer et coordonner les faits et les actions qui ont plus ou moins influé sur les événemens militaires. Alors l'inflexible histoire ne transige point avec les inexactitudes et les molles complaisances. Elle assigne à chacun sa part de blâme ou de louange. M. de Lutzow se plaignant du général Fournier et ne cessant de vanter la loyauté de M. de Nisas, a rendu bien facile la tâche de l'historien qui croira devoir faire entrer ce petit épisode, dans le récit des grandes et mémorables campagnes de l'époque.

L'opinion de M. de Nisas sur le divorce (qui, en établissant d'une manière détournée la possibilité d'un divorce sur le trône, et par exception était généralement très-contraire au divorce) me rappelle qu'en 1805 il fit partie de la grande députation du tribunat, envoyée pour complimenter l'empereur sur les triomphes éclatans qui signalèrent les commencemens de la campagne d'Austerlitz. Cette députation, composée des membres les plus distingués du tribunat, eut ordre de rester à Strasbourg auprès de l'impératrice Joséphine. Je voyais avec peine la fausse position de mon ami et les embarras qu'elle lui causait. Les interprétations que l'on avait données à la partie exceptionnelle de l'opinion dont je viens de parler, lui imposaient une réserve si pénible à l'égard de l'impératrice Joséphine, qu'il n'osait point se montrer et qu'il se tenait constamment derrière les vingt-quatre membres de la députation. J'osai plaider sa cause, bien sûr qu'en en appelant au cœur de Joséphine, j'obtiendrais auprès d'elle un succès complet. Je ne m'étais pas trompé, à sa plus prochaine audience, elle rompit tous les rangs et rendit ses bonnes grâces à M. de Nisas avec un charme exquis, oubliant que, sans le vouloir, il avait blessé son amour-propre et ses affections. Je n'ai pas dû passer sous silence un trait qui fait tant d'honneur à cette princesse.

———

Le roi de Naples vint à Dresde pendant l'armistice. Le bruit du canon avait résonné sur ses trois promontoires, et les lauriers de Luttzen avaient réveillé son ardeur guerrière. Il accourut... Je ne parle ici de cet empressement guerrier que parce que j'ai appris pendant mon séjour en Autriche, en 1815, qu'avant de quitter Naples pour venir à Dresde, il avait signé un traité d'alliance secrète avec l'Autriche, et que cette petite précaution diplomatique ne l'empêcha pas de figurer à la tête de la cavalerie française pendant une partie de cette dernière campagne au delà du Rhin. Je présume qu'il ne se pressa point de communiquer à l'empereur l'existence de ce traité. Cette connaissance peut expliquer ce qui se passa plus tard à l'armée d'Italie. Quoi qu'il en soit, lorsque ce prince arriva à Dresde, l'Autriche ne s'était pas encore déclarée contre la France. Mais depuis le mois de mars elle rassemblait sur les frontières de la Bohême une formidable armée d'observation. Son attitude dans les négociations prenait un ton impératif. Il était facile de voir que perdant subitement la mémoire du passé, elle se croyait dégagée de la bonne foi des traités, et qu'elle ne faisait plus consister son droit que dans l'avantage des circonstances, et dans la force de ses armées. Le roi de Naples ne pouvait ignorer cet état politique évidemment offensif. Il venait donc combattre, de sa seule personne il est vrai, une puissance à laquelle il venait de s'allier. Probablement, il faisait quelque différence entre les devoirs de la royauté et ceux de l'amitié, entre sa signature et son épée, entre ses sujets et sa personne.

Le congrès de Prague ne fut qu'une fantasmagorie diplomatique. Les véritables discussions se passèrent à Dresde, où le prince de Metternich et le comte de Bubna se rendirent. Je n'ai rien su de ce qui eut lieu dans les conférences ministérielles ; tout ce que je sais c'est que la dernière, la plus importante et la plus décisive, se passa au palais, entre l'empereur et M. de Metternich, en présence du prince de Neufchâtel et du duc de Bassano. Cette conférence dura sept heures; pendant tout ce temps le roi de Saxe et le roi de Naples en attendirent le résultat, soit dans notre salon de service, soit dans le jardin. En sortant de cette audience, M. de Metternich me parut échauffé. Il attendit en silence à la porte du palais que l'empereur qui était sorti du salon en même temps que lui, fût monté à cheval. J'étais par hasard auprès de M. de Metternich, dont j'interrogeais l'expression du visage, et comme depuis longtemps j'en étais connu, il prit machinalement ma main, la serra vivement, et la retint même pendant quelques minutes sans prononcer un seul mot. Cet adieu muet et presque convulsif, me troubla et me parut renfermer toutes les destinées de l'empire. M. de Metternich partit le soir même avec le comte de Bubna, qui oublia d'emmener sa femme qui l'avait accompagné à Dresde.

Une personne que j'ai quelque raison de croire parfaitement au courant des affaires, a bien voulu m'assurer que les demandes de l'Autriche étaient :

1°. De restreindre la France dans ses limites naturelles du cours du Rhin ;

2°. De faire de l'Italie un royaume indépendant de la France ;

3°. De renoncer à la protection de la confédération du Rhin, à la médiation suprême de l'Helvétie, etc., etc., etc.

Il y eut un moment, m'a-t-on dit, où Napoléon prit sa plume pour signer ces conditions, mais il la rejeta, en disant : — *Ce que l'Autriche exige de moi est assez important pour être disputé les armes à la main.*

Il est certainement bien éloigné de ma pensée d'élever mes regards jusques aux hautes considérations de la politique... Mais j'ai entendu des gens en état de donner un grand poids à leur opinion, dire qu'en pareil cas il n'y avait pas à hésiter, et qu'il fallait signer la paix avec l'Autriche. D'autres personnes ont pensé que voulant *disputer encore les armes à la main ce qui était exigé*, il fallait retirer toutes les troupes disséminées dans les garnisons de la Pologne, de Dantzic, de l'Elbe..., etc., pour en former une nouvelle armée de plus de soixante-dix mille hommes... et opposer ces vieilles et valeureuses bandes, aux Russes et aux Prussiens, affaiblis par de nombreux revers, pendant que l'armée active, victorieuse jusque-là, aurait peut-être suffi pour contenir les Autrichiens.

Ces mêmes personnes disaient encore, que le terrain occupé par les armées françaises était trop vaste en proportion de ses forces réelles; qu'elles étaient vulnérables par trop d'endroits...

Qu'il fallait enfin se résigner de soi-même à de grands sacrifices, et ne pas vouloir tout conserver, parce qu'avec des masses de deux à trois cent mille combattans on n'avait point besoin de places fortes.

Peu de jours après l'audience de M. de Metternich, l'empereur quitta Dresde pour aller visiter les places fortes situées sur l'Elbe, et se rendre à Mayence où il avait donné rendez-vous à l'impératrice Marie-Louise.

Pendant cette courte absence, la comédie continua ses belles représentations sur le grand théâtre de Dresde, en présence de la famille royale de Saxe. Les tragédies de Racine, de Corneille et de Voltaire, jouées par Talma, Saint-Prix et mademoiselle George, firent le plus grand effet. Le caractère sérieux et observateur des Allemands leur faisait bien mieux apprécier ces scènes imposantes, que celles de nos plus belles comédies dont les imperceptibles délicatesses ne peuvent être bien saisies que par des Français.

———

Le général Durosnel, aide de camp de l'empereur et gouverneur de Dresde, profita des momens de loisir que lui laissait l'absence de Napoléon, pour donner une fête charmante aux acteurs de la comédie française. Baptiste cadet, sans s'écarter du bon goût et de la politesse, contribua beaucoup à l'agrément de cette soirée, où il se présenta sous le nom de milord Bristol, se rendant au congrès de Prague. Quelques personnes de la cour de Saxe en furent complétement la dupe.

———

L'empereur revint: la rupture de l'armistice étant prochaine, il fallut s'occuper du retour des acteurs de la comédie française. Ils furent comblés de présens et des témoignages les plus flatteurs et les moins équivoques de la satisfaction de l'empereur et du roi de Saxe.

Dans la nuit du 11 et 12 août, le prince de Neufchâtel m'écrivit de la part de l'empereur, de donner des ordres pour leur départ. Je fus les prévenir moi-même, et les engageai sans peine à s'y conformer. Les partisans prussiens les effrayaient assez.

Le billet du prince de Neufchâtel me ferait penser que l'on avait conçu, jusques au dernier moment, l'espoir d'une espèce de conciliation.

« Mon cher Bausset, l'empereur me charge de
» vous dire que les artistes du théâtre français qui
» sont ici doivent, *conformément aux premières*
» *dispositions*, partir dans la journée d'aujourd'hui
» ou demain matin pour les dernières, et se rendre
» à Paris. Veuillez-les en prévenir. Amitié.
  » *Signé* Alexandre. »

12 août, à trois heures du matin.

———

Je restai quelques jours à Dresde, et me rendis aux eaux de Wisbaden qui m'étaient ordonnées pour le rétablissement de ma santé que j'avais négligée. Je partis ensuite pour le Languedoc où le besoin de mes affaires m'appelait. J'étais de retour à Paris, le 19 janvier 1814.

CHAPITRE XVI.

L'empereur était à Paris depuis deux jours. — Attitude de ce prince. — Campagne de France. — Congrès de Châtillon. — Courageuse conduite du duc de Vicence. — Conseil de régence; on décide de quitter Paris le 29 mars. — Réflexions sur cet ordre. — Ce qui se passa au conseil de régence du 28. — Sur l'impératrice Marie-Louise pendant la régence. — Départ de Paris à neuf heures du matin. — le roi de Rome refuse de quitter le palais. — Arrivée à Rambouillet.

L'empereur était depuis peu de jours à Paris. Cette fois, Napoléon me parut sombre, quoique toujours ferme et décidé. J'appris que ne trouvant pas dans le corps législatif l'appui et la confiance qu'il devait en attendre, il avait été profondément blessé. Peu de jours après il partit pour aller se mettre à la tête de ses valeureuses et fidèles armées, pour lutter seul contre toutes les armées de l'Europe. L'histoire marquera cette campagne autour de Paris, comme la plus audacieuse et la plus savante qui ait jamais été faite.

Il m'a été donné comme certain que l'empereur, en envoyant M. le duc de Vicence au congrès de

Châtillon, lui avait remis les pouvoirs les plus étendus, et qu'il l'avait laissé le maître de signer les conditions qui lui paraîtraient convenables dans l'état des choses. Faussement accusé d'avoir pris part à l'une des plus terribles catastrophes du règne consulaire, M. de Caulaincourt avait plus que personne un grand intérêt à signer la paix, et c'est ici qu'il faut admirer la fermeté de caractère dont il était doué. Il n'envisagea, dans cette grande circonstance, que les hautes et sévères considérations qui régissent la gloire et le bien public. Comme un autre Régulus, il se refusa à des conditions humiliantes, et se dévoua à toutes les préventions et à toute l'injustice des hommes dont l'opinion était égarée. Après la bataille de Montereau, dont le succès glorieux appartient en grande partie aux savantes et habiles manœuvres des généraux Gérard, Pajol..., etc., Napoléon crut pouvoir reprendre l'offensive. Dans cette persuasion, il expédia au vice-roi le colonel Tascher, qui depuis huit jours attendait ses ordres. Le prince Eugène demandait avec instance à quitter l'Italie et à faire une diversion sur les derrières de l'armée autrichienne, afin d'en retarder les progrès. Mais la brillante et funeste victoire de Montereau décida l'empereur à lui envoyer l'ordre de continuer d'occuper l'Italie, où Murat lui-même venait de se montrer en ennemi de la France [1].

---

[1] Le 6 janvier 1814, Joachim, roi de Naples, conclut avec

Le 28 mars, à une heure après midi, madame la duchesse de Montébello me fit l'honneur de m'écrire que l'impératrice quitterait Paris le lendemain matin, à six heures, et que S. M. m'avait désigné pour faire partie du service qui l'accompagnerait dans son voyage. Je reçus le même avis de la part de M. le prince Aldobrandini, premier écuyer. Je me rendis le soir au palais afin de prendre connaissance des projets et de la direction que l'on devait donner à ce voyage. J'y restai jusqu'à minuit, pour attendre l'issue d'un conseil de régence, qui durait depuis quelques heures. En sortant de ce conseil, l'impératrice nous dit que le départ de Paris était décidé, et qu'elle partirait à neuf heures du matin pour se rendre à Rambouillet. Je trouvais tant de faiblesse dans le parti que l'on avait décidé de prendre, que je ne pus m'empêcher de dire aux personnes qui étaient auprès de moi : *On aurait dû se rappeler le vieux proverbe :* QUI QUITTE LA PARTIE — LA PERD.

La position de la régente sortait des règles ordi-

---

l'Angleterre un armistice dont l'expiration devrait être notifiée trois mois d'avance. Le 11, il s'engage, par un traité avec l'empereur d'Autriche, à agir contre la France avec trente mille hommes, et le monarque autrichien lui garantit le trône de Naples pour lui et ses héritiers.

naires; l'histoire n'en offrirait pas un second exemple. Fille chérie de l'empereur d'Autriche, dont l'un de ses généraux était le généralissime des armées de la coalition, elle avait pour elle et pour sa cause toutes les garanties possibles qui pouvaient préserver la capitale. Mariée à Napoléon par l'ordre de son père, fille soumise, épouse fidèle, mère glorieuse, elle pouvait se présenter pure et sans tache à la politique même la plus astucieuse; elle pouvait sans honte accepter des capitulations toujours honorables dans une telle position, et même signer une paix à laquelle les ennemis auraient d'autant mieux consenti, qu'étonnés eux-mêmes de leurs succès, ils n'avaient pas encore de pensée arrêtée sur la direction nouvelle qu'il était de leur intérêt d'imposer au gouvernement de la France.

« Les souverains alliés, disait le prince de Schwart-
» zemberg (dans sa proclamation devant Paris,
» du 31 mars) *cherchent de bonne foi une auto-*
» *rité salutaire en France*, qui puisse cimenter
» l'union de toutes les nations et de tous les gou-
» vernemens. *C'est à la ville de Paris* qu'il appar-
» tient, dans les circonstances actuelles, d'accélérer
» la paix du monde; *son vœu* est attendu avec
» l'intérêt que doit inspirer un si immense résultat.
» Qu'elle *se prononce*, et dès ce moment l'armée
» qui est devant ses murs devient le *soutien* de ses
» décisions. »

Cette proclamation est la plus désespérante critique de la *décision* du conseil de régence. Il m'a été donné sur ce conseil des communications assez détaillées.

La seule, la véritable, l'importante question était de prononcer si le gouvernement quitterait ou ne quitterait point Paris. Toutes les raisons pour ou contre furent longuement discutées. Les voix recueillies, la majorité fut de l'avis de rester. Les princes Joseph et Cambacérès, et deux autres personnes seulement se prononcèrent pour le départ. Une seconde discussion fut ouverte sur la même question : elle donna le même résultat. Alors Joseph tira de son portefeuille une lettre de l'empereur qui avait plus d'un mois de date, et dans laquelle il était dit que :

» Si par suite des événemens de la guerre les com-
» munications étaient interceptées, il désirait que
» la personne de l'impératrice et celle de son fils ne
» fussent point *exposées*. »

Cette lecture fit subitement disparaître toutes les oppositions. Le conseil regarda l'obéissance comme un devoir et décida le départ.

Mais le dernier avocat du dernier village de France aurait pu dire... L'empereur écrit cela... c'est fort bien... Mais discutons et voyons si les personnes de l'impératrice et de son fils seront *exposées* en restant à Paris, au sein d'une capitale fidèle et dévouée... Et si au contraire elles ne courent pas un danger plus certain sur des grands chemins envahis par l'ennemi, et si une retraite ou pour mieux dire, une fuite, sans appui, sans armée, ne jetterait pas un juste découragement dans les cœurs même les plus fermes. La personne de l'impératrice n'était point *exposée*, elle n'avait aucun péril à redouter. Il aurait fallu supposer, pour justifier cette crainte, que l'empereur d'Autriche, qui figurait au premier rang parmi nos ennemis, se dépouillant tout à coup de l'affection la plus tendre, ordonnerait sans pitié la destruction d'une ville sans défense qui renfermait sa fille la plus chère : Non! il ne l'eût pas fait, et cette fuite sans dignité, sans excuse, fut une faiblesse et un outrage fait aux sentimens de l'empereur d'Autriche.

J'ai toujours été étonné que les destinées de l'empire aient été confiées à la décision de tant de conseillers, estimables sans doute, et parfaitement honnêtes et fidèles. En pareille circonstance, il fallait appeler un conseil de guerre, et non un conseil de régence.

Je ne me consolerais point, si, dans l'exposition que je présente de mon opinion personnelle sur des événemens qui ont replacé la royale famille des Bourbons sur le trône, l'on pouvait me supposer la coupable pensée de chercher à affaiblir les sentimens de respect et de fidélité qui lui sont dus. Je parle, abstraction faite de toute espèce de considérations particulières des faits qui sont passés, comme étant des souvenirs de l'histoire, et, par leur nature grave et imposante, susceptibles d'être livrés aux interprétations, aux jugemens, et même aux commentaires des contemporains.

Dans les conseils de régence, l'impératrice Marie-Louise, que les affaires sérieuses n'amusaient point, et qui par-dessus tout avait une extrême défiance d'elle-même, adoptait toujours l'avis de ceux qui la conseillaient. L'histoire serait injuste envers elle, si elle l'accusait d'avoir abandonné sa capitale, lorsqu'il fallait y rester. Marie-Louise avait toutes les faiblesses de la bonté, ne décidait jamais rien, et réellement en affaires d'administration n'avait d'autre opinion que celle qui lui était inspirée par les personnes qu'elle savait être les dépositaires de la confiance de l'empereur. Elle portait, il est vrai, la même bonté dans la vie sociale... Mais cependant il était aisé de remarquer en elle un esprit juste et naturel, beaucoup d'instruction sans nulle ostentation, une simplicité noble et touchante, et une gaieté douce assortie aux traits de son visage. Elle aimait les arts ; elle était excellente musicienne, dessinait très-bien, montait à cheval avec grâce et noblesse; parlait parfaitement le français, l'écrivait encore mieux et connaissait les langues italienne et anglaise, etc., etc. De l'ensemble de ces qualités précieuses, il en résultait le caractère le plus heureux et le plus attachant. Dans le cours ordinaire d'une vie sur un trône qui n'aurait pas été agité par des secousses politiques, elle aurait conservé l'amour et l'admiration de la France,

14.

comme elle en aurait fait le bonheur et l'ornement.

Le 29 mars j'étais, dès six heures du matin, au palais des Tuileries. Les cours étaient remplies d'équipages et de fourgons de toute espèce; les voitures de parade, même celle du sacre, les caissons du trésor, de l'argenterie, etc., encombraient tout l'espace. Les divers préparatifs furent achevés à neuf heures. L'impératrice, accompagnée de son fils, de mesdames de Montesquiou, de Montébello, de Brignole, de Castiglione, etc., sortit de ses appartemens et monta dans sa voiture. Lorsqu'on voulut y faire entrer le jeune et bel enfant, il opposa de la résistance, versa des larmes, et dit *qu'il ne voulait point sortir du palais*......... J'étais près de lui, et j'entendis l'expression de sa petite colère. M. de Canisy, écuyer de service, fut obligé d'aider madame de Montesquiou à le porter malgré lui dans la voiture. L'instinct de ce jeune prince parla d'une autre manière que les conseillers du trône !

Quel ne dut pas être le découragement des habitans de cette belle capitale, en voyant défiler ce long cortége, rendu plus considérable encore par les voitures des membres du gouvernement et des diverses chancelleries ministérielles; marchant sous la protection d'une escorte de mille à douze cents hommes, sans artillerie et occupant près d'une lieue de terrain. Cent Cosaques et un canon chargé à mitraille auraient suffi pour jeter parmi nous un épouvantable désordre. C'étaient les tristes réflexions que nous faisions, le comte d'Haussonville, M. de Cussi, et M. de Seyssel, avec lesquels je voyageais.

Nous arrivâmes à trois heures après midi au palais de Rambouillet.

CHAPITRE XVII.

Physionomie de la cour. — Le roi Joseph y arrive le 29 au soir. — Ordre de quitter Rambouillet. — Arrivée à Blois. — L'archichancelier Cambacérès. — Les quatre personnes qui opinèrent pour quitter Paris. — Régence de Blois. — L'empereur me fait adresser des papiers espagnols dont il désire la traduction. — Proclamation de la régence. — Joseph, Jérôme et Cambacérès se rendent auprès de Marie-Louise pour lui annoncer qu'il fallait quitter Blois ; elle s'y refuse ; on parle de l'y contraindre ; elle me fait demander ; suites de cette affaire. — Arrivée des commissaires des puissances à Blois. — L'impératrice me charge de ses dépêches pour les empereurs de France et d'Autriche. — Visite au comte Schouwaloff. — Salon du comte qui vise mon passe-port. — On notifie l'armistice. — Obscurités sur la bataille de Toulouse par la comparaison des dates.

Assurément, rien ne ressemblait moins à un voyage de cour que cette tumultueuse retraite de personnes et de bagages de toute nature. Cependant, une fois réunis au palais de Rambouillet, chacun s'empressa de refouler au fond de son cœur les tristes pensées qu'inspirait une position si critique et si capable d'altérer la considération, l'état et la fortune des individus qui composaient le gouvernement et la cour. Cette fuite eut un caractère fort remarquable. Chacun était à son poste, en uniforme de sa charge, et ne cédait rien de ses attributions.

Les règlemens minutieux, et les exigeances de l'étiquette étaient observés avec une attention d'autant plus ombrageuse qu'on espérait d'en retarder la dissolution. La chose dont on parlait le moins, c'était de l'événement du jour et de celui qui aurait lieu le lendemain. Rien à cet égard ne trahissait les pensées et les sentimens secrets dont on était affecté. Il y avait cependant un beau côté dans cette physionomie des mœurs de la cour : c'était le soin pur et désintéressé que l'on prenait d'épargner à l'impératrice les nouvelles affligeantes qui n'auraient appris que des affaiblissemens, des défections, les funestes suites du parti que l'on avait pris de quitter Paris, et les pertes successives qui devaient nécessairement influer sur l'avenir du trône impérial. Les rangs se serraient, et formaient autour de l'impératrice et de son fils, une réunion de personnes animées du dévouement le plus honorable et le plus désintéressé.

Il avait été convenu que le roi Joseph enverrait des courriers pour rendre compte à l'impératrice des événemens qui se passeraient dans la capitale. Ce prince, qui la veille avait annoncé dans une belle proclamation, adressée à la garde nationale de Paris, qu'il ne s'en éloignerait jamais, arriva lui-même au grand galop, le 29 soir même, à Rambouillet, et les ordres furent donnés pour en partir le lendemain matin.

Nous fûmes coucher le 30 à Chartres,

Le 31 à Châteaudun,

Le 1ᵉʳ. avril à Vendôme,

Et le 2 à Blois.

L'archichancelier Cambacérès suivait les carrosses de l'impératrice; il avait avec lui des amis fidèles qui n'avaient point voulu l'abandonner. Les pieds de son altesse reposaient habituellement sur une grande et belle cassette en bois d'acajou, posée intérieurement sur le plafond de sa berline, et qu'il avait soin de faire toujours porter devant lui, lorsqu'il descendait de voiture, et lorsqu'il se rendait au logement qui lui était réservé. Quelques malins esprits prétendirent que c'était du fond de ce précieux coffre qu'étaient sortis les oracles prudens, et les inspirations dilatoires qui avaient dirigé l'archichancelier, lorsqu'au dernier conseil de régence, qui fut tenu à Paris le 28 au soir, il insista pour quitter la capitale [1]. Pour moi, j'ai toujours pensé que cette cassette renfermait les sceaux de l'état. Quoi qu'il en soit, ces observations n'ôtent rien au rare mérite de l'archichancelier : c'était un des magistrats le plus savant et le plus habile, résumant les discussions les plus variées et les plus ardues des conseils, avec une netteté, une clarté et une facilité admirables. *Tous les codes se perdraient*, disait l'empereur,

---

[1] Le prince Joseph, l'archi-chancelier, le prince de Bénévent, et le duc de Feltre, furent, m'a-t-on dit, les quatre membres du conseil de régence qui opinèrent pour le départ.

qu'on les retrouverait tous dans la tête de Cambacérès.

L'impératrice arriva à Blois, le samedi, 2 avril, à cinq heures du soir. Elle descendit à l'hôtel de la préfecture, au milieu d'une haie bordée par la garde urbaine, par les troupes de la garnison, et par une partie de la garde impériale qui l'avait précédée ou escortée.

Des logemens avaient été préparés pour madame mère, pour les princes Joseph, Louis, Jérôme, pour tous les membres du gouvernement, etc., etc.

Les jours se passèrent d'abord en conseils de régence, auxquels présidait l'impératrice, avec une exactitude d'autant plus méritoire qu'ils ne servaient de rien : l'espoir de salut n'était plus là. Le palais ressemblait à une espèce de quartier général; les ministres, bottés et éperonnés, s'y rendaient en petit uniforme, sans portefeuille, disposés, comme s'ils n'attendaient qu'un avis pour monter lestement à cheval, prêts à exécuter les ordres qui leur seraient donnés. Cependant, comme les formes diplomatiques sont toujours de rigueur, même dans les positions les plus fâcheuses, rien ne transpira des discussions qui avaient lieu, probablement aussi parce qu'en pareille circonstance il n'y avait rien à dire.

———

Le duc de Rovigo, ministre de la police, reçut, le 6 avril, un courrier de l'empereur. Parmi les dépêches qui lui était expédiées de Fontainebleau, il y en avait qui m'étaient adressées, et qui renfermaient des papiers espagnols, dont je devais faire la traduction. Ces documens étaient relatifs aux fêtes et aux réjouissances qui eurent lieu en Espagne au moment où le roi Ferdinand fut remis, par le maréchal duc d'Albuféra, aux avant-postes de l'armée espagnole, commandée par don Palafox, capitaine-général de l'Aragon. Ces publications auraient peu flatté Napoléon, et je crus qu'il était inutile de les traduire. Il y avait un manifeste des Cortès à la nation espagnole, dont le préambule était rempli des déclamations les plus virulentes contre la nation française, et en même temps des plus dévouées et des plus flatteuses pour Ferdinand VII. Ces grandes démonstrations d'attachement et de fidélité ne préservèrent pas, dans la suite, ces cortès, représentans de toute la nation, d'une chute tellement violente qu'ils ne s'en sont plus relevés. Les événemens en France qui se pressaient de tous côtés, me dispensèrent d'envoyer à l'empereur la traduction de ces pièces injurieuses pour lui, et dont il n'aurait pu tirer aucun parti, soit pour son instruction personnelle, soit pour le maintien d'une autorité que l'ingratitude du sénat venait de lui ravir. Il avait imaginé que ces papiers espagnols pouvaient se rattacher aux opérations des armées du midi de la France. La simple explication que je donnai au duc de Rovigo fut suffisante. Mais je n'en restai pas moins frappé de la constance de Napoléon, qui lui faisait, du milieu des décombres qui l'entouraient, porter si loin ses regards et son intérêt. Napoléon était éminemment Français [1].

Le 7 avril, à l'issue du conseil, il nous fut donné connaissance d'une proclamation faite au nom de l'impératrice-régente.

« Français,

» Les événemens de la guerre ont mis la capitale » au pouvoir de l'étranger.

» L'empereur, accouru pour la défendre, est à » la tête de ses armées si souvent victorieuses : elles » sont en présence de l'ennemi sous les murs de » Paris.

» C'est de la résidence que j'ai choisie, et des

---

[1] La même main, qui dictait les moindres détails d'administration, toujours dans l'intérêt de cette France qu'il aimait, venait de signer cette première abdication :

« Les puissances alliées ayant proclamé que l'empereur » Napoléon était le seul obstacle au rétablissement de la » paix en Europe, l'empereur Napoléon, fidèle à son ser- » ment, déclare qu'il est prêt à descendre du trône, à quit- » ter la France et même la vie, pour le bien de la patrie, » inséparable des droits de son fils, de ceux de la régence » de l'impératrice et du maintien des lois de l'empire.

» Fait en notre palais de Fontainebleau, le 14 avril 1814.

» NAPOLÉON. »

» ministres de l'empereur qu'émaneront les seuls
» ordres que vous puissiez reconnaître.

» Toute ville au pouvoir de l'ennemi cesse d'être
» libre; toute direction qui en émane est le langage
» de l'étranger ou celui qu'il convient à ses vues
» hostiles de propager.

» Vous serez fidèles à vos sermens; vous écou-
» terez la voix d'une princesse qui fut remise à
» votre bonne foi, qui fait sa gloire d'être Fran-
» çaise, et d'être associée aux destinées du souverain
» que vous avez librement choisi.

» Mon fils était moins sûr de vos cœurs au temps
» de nos prospérités. Ses droits et sa personne sont
» sous votre sauvegarde.

» Palais impérial de Blois, 7 avril 1814,

» *Signé*, Marie-Louise. »

Cette proclamation ne fit aucun effet, et ne pouvait en produire aucun, parce qu'elle n'était appuyée par aucune force militaire. Nous dûmes la considérer comme un acquit de conscience, utile en cas de succès, et sans importance en cas de danger. Ce fut, au reste, le seul *acte public* de tous les conseils de la régence, pendant son séjour à Blois.

———

Le vendredi saint, 8 avril, je m'étais rendu au palais dès huit heures du matin, selon mon usage, autant pour surveiller mon service, que pour m'informer des nouvelles du quartier général de l'empereur. On me dit que les princes Joseph, Jérôme et Cambacérès étaient venus avant moi, et qu'ils étaient en conférence avec l'impératrice dans son salon. Je cherchais à deviner quelles étaient les importantes affaires qui avaient pu les conduire au palais à une heure que je savais être un peu trop matinale pour les habitudes de l'impératrice.... lorsqu'une de ses femmes de chambre vint me dire que S. M. désirait me parler à l'instant. Je fus introduit dans une pièce de l'intérieur de ses appartemens, qui communiquait d'un côté à sa chambre à coucher et de l'autre au salon. Avertie que j'attendais ses ordres, elle daigna se rendre auprès de moi. Je remarquai que sa physionomie était plus animée qu'à l'ordinaire, et que l'harmonie habituellement douce et calme des traits de son visage était visiblement altérée. Au simple négligé de sa toilette, je jugeai facilement qu'elle s'était levée au moment où les princes, ses beaux-frères, avaient demandé à lui parler.

« M. de Bausset, me dit S. M., parmi les officiers
» de la maison de l'empereur qui sont ici, vous êtes
» ma plus ancienne connaissance, puisqu'elle date de
» Braunau, au moment de mon mariage... Je compte
» sur votre dévouement et vais vous dire ce qui se
» passe ici... Mes deux beaux-frères et l'archichance-
» lier sont là... dans ce salon. Ils viennent de me dire
» qu'il fallait quitter Blois à l'instant, et que si je n'y

» consentais pas de bonne grâce, ils me feraient por-
» ter, malgré moi, dans ma voiture avec mon fils. »

— « Oserais-je demander à V. M. quelle est sa vo-
» lonté personnelle? »

» Je veux rester ici et y attendre les lettres de l'em-
» pereur, » me répondit l'impératrice.

« Si telle est votre volonté, madame, j'ose répondre
» à V. M. que tous les officiers de sa maison et ceux
» de sa garde, penseront comme moi, que nous n'a-
» vons à recevoir ici des ordres que d'elle seule. Je
» demande à V. M. la permission d'aller leur faire
» connaître vos intentions. »

— « Allez, je vous prie, et venez m'en rendre compte. »

En sortant des appartemens de l'impératrice, les premières personnes que je rencontrai, ce furent le comte d'Haussonville et le général Cafarelli, aide de camp de l'empereur, chargé du commandement militaire du palais. Encore ému de ce que je venais d'apprendre, je m'empressai de le leur communiquer. *Il ne faut pas souffrir cela*, dit avec impétuosité le comte d'Haussonville; en parlant ainsi, il se porta au péristyle du palais, où il fit même une chute qui ne l'empêcha pas d'appeler à grands cris tous les officiers de la garde qui dans ce moment se promenaient et causaient dans la cour en attendant l'heure du déjeuner. L'impression fut rapide. Tous se réunirent à penser comme nous, et témoignèrent le plus vif désir d'aller à l'instant même porter aux pieds de l'impératrice l'hommage de leur fidélité et de leur dévouement. Je les priai de me donner quelques minutes pour rendre compte de leurs dispositions à l'impératrice; je rentrai dans les appartemens intérieurs, et fis demander un moment d'audience à S. M. qui daigna venir de suite. Je lui dis ce qui se passait et la préparai à recevoir l'explosion des sentimens qui allait avoir lieu. L'impératrice m'engagea à entrer avec elle dans le salon. J'obéis à ses ordres.

« M. de Bausset répétez aux princes ce que vous
» venez de me dire. »

—« J'ai eu l'honneur de dire à l'impératrice que les
» officiers de sa maison et ceux de sa garde ayant
» appris qu'il était question de contraindre S. M.
» à quitter Blois *contre sa volonté*, avaient déclaré
» qu'ils s'y opposeraient, n'ayant à recevoir des or-
» dres que d'elle seule. »

—«Dites les mots dont ils se sont servis, me dit le roi
» Joseph. Il est nécessaire que nous connaissions l'es-
» prit qui les anime. »

—«Ces mots n'auraient rien d'agréable, répondis-je,
» d'ailleurs le bruit que j'entends dans la pièce voisine
» les fera mieux connaître à V. M. »

J'avais à peine achevé de parler, que les portes du salon s'ouvrirent avec fracas et que tous les officiers firent connaître simultanément et avec force les sentimens que je venais d'exprimer en leur nom.

« Il faut rester, Madame, » dit le prince Joseph avec une douceur inexprimable, en se tournant vers l'impératrice : « ce que j'avais proposé à V. M.

» me paraissait convenable à ses intérêts ; mais puis-
» qu'elle en juge autrement, je le répète, il faut
» rester. »

Tout rentra dans l'ordre accoutumé, et il ne fut plus question de départ.

Je n'ai aucune opinion personnelle sur un fait de cette nature. On a diversement parlé des motifs que l'on attribuait aux princes qui se flattaient peut-être de prolonger une lutte inégale, ou obtenir des conditions plus favorables. Ce qu'il y a de certain, c'est qu'aucun de nous n'avait approuvé le parti que l'on avait pris de quitter Paris, et que nous étions effrayés des conséquences d'une seconde fuite. Nous étions investis de toutes parts : où aller?... La chute était inévitable. Il fallait donc la subir avec convenance et dignité.

L'impératrice, dans cette circonstance, agit seule, sans consulter son conseil de régence et d'après ses propres inspirations !

———

Le jour même, à midi, arrivèrent à Blois le comte Schouwaloff, aide de camp général de l'empereur Alexandre, et le baron de Saint-Aignan ; le premier avec la qualité de commissaire des puissances coalisées, et le second avec les mêmes attributions au nom du gouvernement français. Tous les deux, principalement le comte Schouwaloff, chargés de protéger le voyage de l'impératrice qui avait annoncé l'intention d'aller à Orléans, et ensuite à Fontainebleau.

Ces mesures officielles justifièrent l'heureuse prévoyance de l'impératrice.

Avant son dîner, S. M. me fit demander.

« Voulez-vous me rendre encore un service? » me dit cette princesse avec une grâce si touchante, que j'en fus pénétré. »

— « Ordonnez, Madame ; je réponds de moi. »

« Eh bien ! vous partirez ce soir pour Paris. Vous
» y trouverez, sans doute, l'empereur mon père,
» et vous lui porterez une lettre que je vais écrire.
» Vous vous rendrez ensuite à Fontainebleau avec
» une autre lettre pour l'empereur Napoléon. J'es-
» père m'y rendre aussi de mon côté, car je dois et
» je veux être auprès de lui. Faites vos dispositions
» et revenez à huit heures du soir prendre mes dé-
» pêches. »

Je me rendis avec exactitude aux ordres de l'impératrice, qui me remit elle-même les deux lettres dont elle daignait me charger. Je fus ensuite chez le comte Schouwaloff, que j'avais beaucoup connu à Erfurt pendant l'entrevue de 1808. Je trouvai son appartement rempli par une infinité de personnes qui venaient faire viser leur passe-port pour retourner à Paris. Il est à propos de dire que les plus grands personnages du gouvernement regardèrent leur mission comme achevée dès le moment de l'arrivée du commissaire général des puissances alliées, et crurent pouvoir s'occuper de leurs intérêts privés. Le comte Schouwaloff me reconnut et vint avec empressement au-devant de moi. Nous causâmes à part, et je lui parlai de la mission que je venais de recevoir, en lui demandant un passe-port pour aller à Paris et de là à Fontainebleau pour y attendre l'impératrice. Le comte me dit alors tout bas que l'impératrice ne s'y rendrait pas, et qu'il était décidé qu'elle irait à Rambouillet en sortant d'Orléans.

J'allais me retirer : mais je devins moi-même un personnage important. L'amabilité du comte de Schouwaloff pour moi me rendit l'objet des plus vives sollicitations de la part de ceux qui étaient les plus pressés.

Le 8 avril pendant que je cherchais à intéresser le comte, il se présenta à lui un colonel anglais, accompagné d'un officier français, qui, tous les deux, étaient envoyés aux armées du maréchal Soult [1], duc

---

[1] Trop faible en nombre pour lutter avec *Wellington*, qui conduisait des masses de troupes anglaises, allemandes, espagnoles, portugaises, le maréchal *Soult* pouvait être vaincu ; il fait sa retraite des bords de la Bidassoa et se porte sur Tarbes par les deux rives de l'Adour, s'appuyant aux Pyrénées et conservant les facilités de jonction avec l'armée d'Aragon et de Catalogne, commandée par le maréchal *Suchet*. *Wellington* rejoint l'armée française sans pouvoir l'empêcher de continuer sa retraite. Le maréchal *Soult* arrive le 24 mars sous les murs de Toulouse, avec vingt-sept mille hommes, y compris six mille conscrits. En quinze jours, des travaux bien dirigés rendent Toulouse une place fortifiée, ayant un camp retranché qui entoure la ville à trois lieues de distance. Le 22 mars on a aperçu les éclaireurs anglais, *Wellington* hésite et prend quinze jours pour se

de Dalmatie, et du duc de Wellington, pour y proclamer l'armistice. Ces deux messieurs partirent le

---

préparer à un siége inattendu ; les Français profitent de ce temps pour la défense. Le 10 au matin, vers six heures, le combat s'engage autour de cette vaste enceinte hérissée de canons, et la nuit arrive sans presque aucun avantage pour l'assaillant. *Wellington* laisse cependant sous les redoutes françaises près de vingt-sept mille morts ou blessés, nombre égal à celui des Français, combattant avant la bataille ; la perte de *Soult* est de trois mille six cents tués ou blessés. *Reille*, *Clausel*, *Vilatte*, *Maransin*, *Darmagnac*, *Berton*, s'associent à la gloire du maréchal ; alors si le corps de Suchet se fût échelonné sur Narbonne et Carcassonne, la victoire était complète, l'armée anglaise était écrasée, et *Wellington* aurait dû figurer devant une haute cour martiale. Des rivalités, et que sait-on ! firent changer les événemens. Les assaillans eurent la liberté d'enterrer leurs morts, et la journée du 11 fut consacrée à ce triste emploi. Dans la soirée du 12, les nouvelles de Paris arrivèrent aux deux camps. Cependant *Soult*, pour ne pas compromettre une seconde fois le sort des Toulousains, avait opéré sa retraite sur le département de l'Aude, emmenant avec lui toute son artillerie, ses bagages, et jusqu'à ses blessés ; sa marche n'éprouva aucun obstacle. Wellington de son côté fait une entrée *triomphante* dans Toulouse, qui arbore aussitôt le drapeau blanc. On a prétendu qu'à l'exemple du prince d'Orange, après le traité de Nimègue en 1678, et de l'amiral Hughes, après les préliminaires signés le 20 janvier 1693, le duc de Wellington, maître de la route de Bordeaux, pouvait connaître les événemens de Paris et de Fontainebleau des 1er. et 3 avril (les courriers ne mettant que soixante-quinze heures environ pour venir à Toulouse). Tout est pos-

15.

soir même pour remplir leur honorable mission, après avoir fait viser leurs passe-ports.

---

sible pour un général qui a besoin de se faire une réputation militaire, fort douteuse jusque-là.

CHAPITRE XVIII.

Je reviens à Paris dans la nuit du 9 au 10 avril. — Visite au prince de Schwartzenberg. — Arrivée de Metternich et de lord Castlereagh. Conversation avec le prince de Metternich. — Je lui remets la lettre de l'impératrice pour l'empereur d'Autriche. — Le prince de Bénévent. — Aspect du salon de ce prince à cette époque. — M. de Nesselrode. — Paroles du prince de Bénévent. — Traité des puissances avec l'empereur. — Note sur ce traité. — Mot du cardinal Gonzalvi. — Mon départ pour Fontainebleau. — Audience de l'empereur; son opinion sur le départ de Paris, sur le congrès de Châtillon, sur le duc de Tarente, sur lui-même, sur le général Hullin.

Je quittais Blois à onze heures du soir, après avoir traversé sans obstacles les corps de troupes ennemies qui environnaient la capitale. J'arrivai chez moi le 10 avril à deux heures du matin. Je trouvai l'appartement que j'occupais à l'hôtel Caumont, rue de Grenelle Saint-Germain, rempli par dix-sept Russes, tant officiers que soldats. J'écrivis un mot au prince Wolkonski, major général de l'armée russe, et dont j'étais fort connu. Grâces à son obligeance et aux ordres qu'il donna, la jouissance pleine et entière de mon logement me fut rendue le dimanche à huit heures du matin.

En traversant Paris pendant la nuit, je n'avais

rencontré que des patrouilles étrangères, et celles qu'un zèle infatigable et une surveillance des plus courageuses imposaient à la garde nationale parisienne. Je n'avais donc pu me former une juste idée de l'état de la capitale. Lorsque je sortis de chez moi dans la matinée, pour me rendre chez le prince de Schwartzenberg, je trouvai toute la population de la ville dans les rues, se portant sur la place Louis XV, et sur les boulevards, qui eux-mêmes étaient déjà encombrés par des corps nombreux de troupes alliées dont l'empereur Alexandre devait passer la revue. J'eus toutes les peines du monde à traverser les files de cavalerie et les trains d'artillerie : j'y parvins à la fin, et fus reçu de suite par le prince-généralissime. Lui ayant demandé les moyens de parvenir jusqu'à l'empereur d'Autriche, conformément à la mission dont j'étais chargé, ce prince m'apprit que son maître était encore à Troyes, et me conseilla d'attendre chez lui M. de Metternich qui allait arriver, ainsi qu'il venait d'en être informé par le courrier qui précédait ce ministre. Il ajouta, en me quittant, pour se rendre à la grande parade, que je recevrais du prince de Metternich tous les renseignemens que je pourrais désirer. J'attendis et causai pendant quelques instans avec le comte *Clam*, l'un des aides de camp du généralissime; nous avions passé un mois ensemble au palais de Prague en 1812, et j'avais eu toujours à me louer de lui. Dans cette circonstance, il fut encore plus aimable, fit viser mon passe-port pour Fontainebleau, et me conseilla de faire remplir la même formalité par le gouvernement provisoire, qui portait toute son attention de ce côté.

J'entendis le bruit d'une voiture de poste; je me rendis à l'entrée des appartemens, et vis descendre le prince de Metternich, et lord Castlereagh qui était avec lui. Je fus ainsi témoin du premier moment où ces deux grands ennemis de l'empire foulèrent le sol de la capitale.

Je me tenais modestement dans un coin des salons du prince de Schwartzenberg, lorsque M. de Metternich m'apercevant, vint à moi, et me demanda des nouvelles de la santé de l'impératrice. Après avoir répondu à toutes ses questions, je lui exposai la mission que j'avais à remplir, et le priai de me donner les facilités convenables pour parvenir jusqu'à l'empereur d'Autriche *L'empereur, me dit-il, est encore à Troyes. Les démarches que vous seriez obligé de faire pour arriver près de lui feraient perdre un temps précieux. Remettez-moi la lettre de l'impératrice, parce que je suis autorisé à ouvrir les lettres adressées à l'empereur d'Autriche.* Je lui répondis que les ordres que j'avais reçus, ne me permettaient pas de déférer à ses désirs, et que j'étais décidé à m'y conformer, sans me permettre de les interpréter. *Vous avez grand tort*, me répliqua le prince, *les ministres des puissances alliées et ceux de l'empereur Napoléon doivent se rendre ici ce soir pour régler sur le sort de la famille impériale. Je ne doute point que la lettre de l'impératrice, mise sous les yeux de l'empereur Alexandre, n'influe d'une manière avantageuse sur ses dispositions.* Ne me croyant pas assez autorisé, et ne voulant point me charger de la responsabilité que j'entrevoyais, je demandai au prince de Metternich la permission de me rendre chez M. le duc de Vicence, ministre des affaires étrangères de l'empereur Napoléon, avec l'intention de me conformer à ce qu'il jugerait convenable. M. de Caulaincourt demeurait rue de Joubert dans le voisinage du prince Schwartzenberg. J'eus le bonheur de le trouver chez lui et d'en recevoir l'autorisation de remettre à M. de Metternich la lettre de l'impératrice. Ce prince, près duquel je revins de suite, décacheta la lettre et me dit, après l'avoir lue, qu'il était assuré qu'elle produirait le meilleur effet. Il m'engagea à revenir le soir même à onze heures, pour qu'il pût me faire part de ce qui serait décidé dans la conférence diplomatique qui devait avoir lieu dans l'hôtel où nous étions. En sortant de chez M. de Metternich, je crus devoir me rendre chez le prince de Talleyrand, près duquel était établi le siége du gouvernement provisoire, pour faire viser mes passe-ports, ainsi que me l'avait conseillé le comte *Clam*.

Je trouvai le salon rempli d'une infinité de gens de ma connaissance, et sur la recommandation du comte François de Jaucourt, mon parent, M. Dupont de Nemours, dont je n'étais point connu, apposa le visa qui m'était nécessaire pour n'être point arrêté dans mon voyage à Fontainebleau. Le hasard fit qu'en m'entretenant avec le comte de Jaucourt et le général Dessolles, je dis que je venais de voir M. de Metternich... A ce nom, le prince de Talleyrand, qui était dans l'embrasure d'une croisée avec M. de Nesselrode, se tourna vers moi, et me demanda si j'étais bien certain que le prince de Metternich fût arrivé. Je lui répondis que je venais de le quitter. Un instant après, M. de Nesselrode sortit du salon, et j'entendis sa voiture rouler avec vitesse. A cette époque, le salon de M. de Talleyrand était le point central où toutes les ambitions, toutes les prétentions venaient aboutir. C'était un spectacle assez curieux pour moi, qui n'avais pas été conduit par des circonstances successives à me former une idée des modifications diverses qu'avait entraînées avec elle la présence des ennemis dans la capitale de la France. Je connaissais assez bien le fond des pensées et des intérêts privés de la plupart des personnes que je voyais. J'aperçus l'agent de l'archichancelier que j'avais laissé à Blois dans le salon du comte Schouvaloff; assurément ce n'était pas perdre du temps. Je remarquai que les individus dont j'avais souvent admiré le dévouement et l'enthousiasme pour le gouvernement impérial, étaient précisément ceux qui avaient mis à leurs chapeaux les plus larges cocardes blanches. J'allais me retirer, lorsque je vis revenir le comte de Nesselrode; je restai machinalement auprès de quelques amis que j'avais retrouvés avec plaisir.....

Le prince de Talleyrand, oubliant apparemment que j'étais une espèce d'intrus, se retourna vers nous, après avoir causé un instant avec le comte de Nesselrode, et dit..... *Messieurs, l'empereur d'Autriche approuve tout ce que nous avons fait.* Il me fut aisé de conclure de ces mots que l'Autriche n'avait pas même été consultée. M. de Talleyrand est sans contredit celui qui a le plus contribué à la chute de Napoléon, et au rétablissement de la famille des Bourbons sur le trône de France.

Je me perdis dans la foule et rentrai chez moi dans une confusion d'idées, de sentimens et de réflexions faciles à concevoir. Je n'eus pas même la présence d'esprit nécessaire pour donner quelques soins à mes affaires particulières. Cette espèce d'apathie ne cessa que lorsque je vis arriver l'heure marquée pour me rendre auprès de M. de Metternich. J'arrivai à l'hôtel du prince Schwartzemberg en même temps que les ministres plénipotentiaires des puissances alliées. Je vis passer successivement le duc de Vicence, le prince de Talleyrand, le prince d'Hardemberg, M. de Nesselrode, lord Castlereagh, le duc de Tarente... etc., qui tous, avec M. de Metternich, allaient prononcer sur les destinées de la famille impériale. M. de Metternich, en se rendant dans le cabinet, où de si grands intérêts allaient se décider, eut la bonté de m'assurer qu'il viendrait m'instruire de ce qui aurait été convenu, afin que je fusse en état d'en rendre compte à l'impératrice. En effet, après deux heures de conférence, le prince de Metternich sortit du conseil, et vint me dire qu'en vertu du traité qui venait d'être signé (11 avril à une heure du matin), l'empereur Napoléon conserverait son titre d'empereur [1], qu'il aurait pour indemnité la souve-

---

[1] J'eus connaissance le lendemain du traité suivant que les journaux n'ont pas rapporté. Il a été publié plus tard, mais assez inexactement.

TRAITÉ DE FONTAINEBLEAU.

Article premier.

S. M. l'empereur Napoléon renonce pour lui, ses successeurs et descendans, ainsi que pour chacun des membres de sa famille, à tout droit de souveraineté et de domination, tant sur l'empire français et le royaume d'Italie, que sur tout autre pays.

Art. 2.

LL. MM. l'empereur Napoléon et l'impératrice Marie-Louise conserveront ces titres et qualités pour en jouir leur vie durant.

La mère, les frères, sœurs, neveux et nièces de l'empereur conserveront également partout où ils se trouveront, les titres de princes de sa famille.

Art. 3.

L'île d'Elbe, adoptée par S. M. l'empereur Napoléon pour lieu de son séjour, formera, sa vie durant, une principauté séparée, qui sera possédée par lui en toute souveraineté et propriété.

Il sera donné en outre en toute propriété à l'empereur

raineté de l'île d'Elbe, que les duchés de Parme et de Plaisance seraient donnés à l'impératrice, et

---

Napoléon un revenu annuel de deux millions de francs, en rente sur le grand-livre de France, dont un million sera reversible à l'impératrice.

Art. 4.

Toutes les puissances s'engagent à employer leurs bons offices pour faire respecter, par les états barbaresques, le pavillon et le territoire de l'île d'Elbe, et pour que, dans ses rapports avec les Barbaresqnes, elle soit assimilée à la France.

Art. 5.

Les duchés de Parme, de Plaisance et de Guastalla appartiendront en toute propriété et souveraineté à S. M. l'impératrice Marie-Louise; ils passeront à son fils et à sa descendance en ligne directe; le prince son fils prendra dès ce moment le titre de prince de Parme, de Plaisance et Guastalla.

Art. 6.

Il sera réservé dans les pays auxquels l'empereur Napoléon renonce, pour lui et sa famille, des domaines ou des rentes sur le grand-livre de France, produisant un revenu annuel net, et déduction faite de toutes charges, de deux millions cinq cents mille francs. Ces domaines appartiendront en toute propriété, et pour en disposer comme bon leur semblera, aux princes et aux princesses de sa famille, et seront répartis entre eux, de manière à ce que le revenu de chacun soit dans la proportion suivante : à madame Mère, trois cents mille francs; au roi Joseph et à la reine, cinq cent mille francs; au roi Louis, deux cent mille francs, à la reine Hortense et à ses enfans, quatre cent mille francs; au roi Jérôme et à la reine, cinq cent mille francs; à la princesse

qu'il enverrait mardi matin, 12 avril, le prince Paul d'Esthérazi à Orléans pour donner cette assu-

---

Élisa, trois cent mille francs; à la princesse Pauline trois cent mille francs; les princes et princesses de la famille de Napoléon retiendront, conserveront, en outre, tous les biens meubles et immeubles, de quelque nature que ce soit, qu'ils possèdent à titre de particuliers, et notamment les rentes dont ils jouissent comme particuliers sur le grand-livre de France et le monte napoléone de Milan.

Art. 7.

Le traitement annuel de l'impératrice Joséphine sera réduit à un million en domaines ou en inscriptions sur le grand-livre de France.

Elle continuera de jouir, en toute propriété, de tous ses biens meubles et immeubles particuliers, et pourra en disposer conformément aux lois françaises.

Art. 8.

Il sera donné au prince Eugène, vice-roi d'Italie, un établissement convenable hors de France.

Art. 9.

Les propriétés que S. M. l'empereur Napoléon possède en France, soit comme domaine extraordinaire, soit comme domaine privé, resteront à la couronne.

Sur les fonds placés par l'empereur Napoléon, soit sur le grand-livre, soit sur la banque de France, soit sur les actions de canaux, soit de tout autre mandat, et dont S. M. fait l'abandon à la couronne; il sera réservé un capital qui n'excédera pas deux millions, pour être employé en gratification en faveur des personnes qui seront portées sur l'état que si-

rance officielle à S. M., avec une expédition authentique du traité.

---

gnera l'empereur Napoléon, et qui sera remis au gouvernement français [1].

Art. 10.

Tous les diamans de la couronne resteront à la France.

Art. 11.

L'empereur Napoléon fera retourner au trésor et aux caisses publiques, toutes les sommes et effets qui en auraient été déplacés par ses ordres, à l'exception de ce qui provient de la liste civile.

Art. 12.

Les dettes de la maison de S. M. l'empereur Napoléon,

---

[1] Un état des gratifications accordées par l'empereur Napoléon conformément à cet article, donnait *cinquante mille francs* aux généraux de la garde Friant, Cambrone, Petit, Ornano, Curial, Michel, Lefebvre-Desnouettes, Guyot, Lyon, Laferrière, Colbert, Marin, Boutard; *cinquante mille francs* aux aides de camp Drouot, Corbineau, Dejean, Cafarelli, Montesquiou, Bernard, Bussy, au général Fouler, écuyer de l'empereur, au baron Fain, secrétaire du cabinet, au baron de Menneval, secrétaire des commandemens de l'impératrice Marie-Louise, au baron Corvisart, premier médecin, au colonel Gourgaud, premier officier d'ordonnance; *quarante mille francs* au chevalier Jouanne, premier commis du cabinet et au baron Yvan, chirurgien ordinaire; *cent soixante-dix mille francs* à trente officiers de la garde; *cent mille francs* au service de la chambre; *cent trente mille francs* au service des écuries; *cent quarante mille francs* au service de l'impératrice et de la bouche; *soixante dix mille francs* au service des fourriers et du roi de Rome; *soixante mille francs* au service de santé de l'empereur. Total, *deux millions*.

Ainsi qu'on le voit dans l'article 2 de ce traité, conclu au *nom de tous les alliés* avec les plénipotentiaires de l'empereur Napoléon :

telles qu'elles se trouvaient au jour de la signature du présent traité, seront immédiatement acquittées sur les arrérages dus par le trésor public à la liste civile, d'après les états qui seront signés par un commissaire nommé à cet effet.

Art. 13.

Les obligations du monte napoléone de Milan envers tous ses créanciers, soit Français, soit étrangers, seront exactement remplies, sans qu'il soit fait un seul changement à cet égard [1].

Art 14.

On donnera tous les saufs-conduits nécessaires pour le libre voyage de S. M. l'empereur Napoléon, de l'impératrice, des princes et des princesses, et de toutes les personnes de leur suite qui voudront les accompagner ou s'établir hors de France, ainsi que pour le passage de tous les équipages, chevaux et effets qui leur appartiennent.

Les puissances alliées donneront, en conséquence, des officiers et quelques hommes d'escorte.

Art 15.

La garde impériale française fournira un détachement de douze à quinze cents hommes de toutes armes, pour servir d'escorte jusqu'à Saint-Tropès, lieu de l'embarquement.

---

[1] Cet article est la seule condition que Napoléon ait mise à son abdication du trône d'Italie, et n'a pas été respecté.

« Leurs majestés l'empereur Napoléon et l'impé-
» ratrice Marie-Louise conserveront ces titres et

Art. 16.

Il sera fourni une corvette et les bâtimens de transports nécessaires pour conduire au lieu de sa destination S. M. l'empereur Napoléon ainsi que sa maison. La corvette appartiendra en toute propriété à S. M. l'empereur.

Art. 17.

S. M. l'empereur Napoléon pourra emmener avec lui, et conserver pour sa garde, quatre cents hommes de bonne volonté, tant officiers, que sous-officiers et soldats.

Art. 18.

Tous les Français qui auront suivi S. M. l'empereur Napoléon et sa famille seront tenus, s'ils ne veulent perdre leur qualité de Français, de rentrer en France dans le terme de trois ans, à moins qu'ils ne soient compris dans les exceptions que le gouvernement français se réserve d'accorder après l'expiration de ce terme.

Art. 19.

Les troupes polonaises de toutes armes qui sont au service de la France, auront la liberté de retourner chez elles, en conservant armes et bagages, comme témoignage de leurs services honorables : les officiers, sous-officiers et soldats conserveront les décorations qui leur ont été accordées, et les pensions affectées à ces décorations.

Art. 20.

Les hautes puissances alliées garantiront l'exécution de

» qualités pour en jouir leur vie durant. La mère,
» les frères, sœurs, neveux et nièces de l'empereur,
» conserveront également, partout où ils se trouve-
» ront, les titres de princes de sa famille.

Cette condition acceptée et signée (le 11 avril) au nom du roi de France par le gouvernement provisoire, et au nom du roi d'Angleterre, le 13 avril, par lord Castelreag, a cela de singulièrement remarquable, que la seule fois que le cabinet de Londres ait directement reconnu Napoléon comme em-

---

tous les articles du présent traité ; elles s'engagent à obtenir qu'ils soient adoptés et garantis par la France.

ART 21.

Le présent acte sera ratifié, et les ratifications en seront échangées à Paris dans dix jours, ou plutôt si faire se peut.

Fait à Paris, le 11 avril 1814.

Signé, CAULAINCOURT, duc de Vicence ; le maréchal duc de Tarente, MACDONALD ; le maréchal duc d'Elchingen, NEY [1] ; le prince DE METTERNICH.

Les mêmes articles ont été signés séparément, et sous la même date, de la part de la Russie, par le comte de Nesselrode ; et de la part de la Prusse, par le baron Hardemberg.

---

[1] Il est à remarquer que, par égard sans doute pour l'empereur Alexandre, le maréchal Ney s'abstient ici de son titre de prince de la Moskowa.

TOME II. 16

pereur, elle y ait consenti au moment où, par le fait, il cessait d'être empereur.

Au sujet de cette reconnaissance de titres, le cardinal Gonsalvi me dit à Schœnbrunn à la fin de 1814.... *Est-ce que l'on s'imaginerait en France que le pape n'a été à Paris que pour couronner et sacrer un homme de paille!....* Je tirai de ma bourse une pièce de cinq francs..... *Voilà*, lui-dis-je, *une preuve sans réplique de sa puissance souveraine, elle est dans la poche de tous les Français.* En effet, si l'opinion contraire pouvait prévaloir, il s'en suivrait, qu'un Chambellan n'aurait été qu'un valet de chambre; un Écuyer, qu'un piqueur; le Préfet du palais, un chef de cuisine, etc., etc., etc. On sent combien la considération dont chacun est jaloux d'environner sa vie, doit nous éloigner de faire la moindre concession de ce genre.

———

Le 11 avril. — Je partis pour Fontainebleau à deux heures du matin, et je ne fus point obligé d'exhiber mon passe-port, car personne ne demanda à le voir. Je vis sur la route une infinité de personnes qui se rendaient en grande hâte à Paris. Celle que je rencontrai la dernière fut le général *Hullin*. Il était neuf heures quand j'arrivai au palais.

Je fus introduit sans délai auprès de l'empereur, auquel je présentai la lettre de l'impératrice. — *Bonne Louise*, dit-il, après l'avoir lue. — Il me fit ensuite beaucoup de questions sur sa santé et sur celle de son fils. — Je le priai de m'honorer d'une réponse, en lui exprimant le désir que j'avais d'emporter avec moi cette consolation, dont le cœur de l'impératrice avait besoin. — *Restez ici aujourd'hui, ce soir je vous remettrai ma lettre.*

Je trouvai Napoléon calme, tranquille et décidé. Son âme était trempée fortement. Jamais, peut-être, il ne me parut plus grand. — Je lui parlai de l'île d'Elbe : il savait d'avance que cette petite souveraineté lui serait donnée. Il me fit même remarquer sur sa table un livre de géographie et de statistique qui renfermait sur cette résidence toutes les connaissances et tous les détails qu'il voulait acquérir. *L'air y est sain*, me dit-il, *et les habitans excellens : je n'y serai pas trop mal, et j'espère que Marie-Louise ne s'y trouvera pas mal non plus.* Il n'ignorait pas les obstacles que l'on venait de mettre à leur réunion, au palais de Fontainebleau ; mais il se flattait qu'une fois en possession du duché de Parme il serait permis à l'impératrice de venir avec son fils s'établir auprès de lui à l'île d'Elbe.... Il se flattait ! il ne devait plus revoir ces objets de la plus tendre affection.

Je me retirai lorsque le prince de Neufchâtel entra dans le cabinet de l'empereur [1].

---

[1] Berthier venait d'envoyer son adhésion au nouveau gouvernement ; il demande la permission de se rendre à Paris pour des affaires particulières ; il promet de revenir le len-

Vers deux heures après midi, l'empereur se promenait seul sur la terrasse adossée à la galerie de François I*er*., il me fit demander et me fit de nouvelles questions sur les événemens dont j'avais pu être témoin. *Il était loin d'approuver le parti que l'on avait pris, de faire quitter Paris à l'impératrice.* Je lui parlai de la lettre qu'il avait écrite à son frère Joseph.... *Les circonstances n'étaient plus les mêmes*, me dit-il, *il fallait se décider conformément aux nouvelles circonstances. La seule présence de Louise à Paris aurait suffi pour prévenir et empécher la trahison et la défection de quelques-unes de mes troupes. Je serais encore à la tête d'une armée redoutable avec laquelle j'aurais forcé les ennemis à quitter Paris, et à signer une paix honorable.* — Je crus pouvoir lui dire qu'il était bien à regretter qu'il n'eût pas voulu signer cette paix à Châtillon. — *Je n'ai jamais cru à la bonne foi de nos ennemis.... chaque jour c'étaient de nouvelles exigeances, de nouvelles conditions.... ils ne voulaient point la paix.... et puis.... j'avais dit à la France que je n'accéderais à aucune condition que*

---

demain. « Il ne reviendra pas, dit froidement Napoléon au duc de Bassano. — Quoi, sire, seraient-ce là les adieux de Berthier? reprend le ministre loyal et fidèle. — Oui, vous dis-je, il ne reviendra pas! » Dans la nuit du 19 au 20, Napoléon éprouve une dernière défection, deux personnes, qui l'avaient constamment suivi l'abandonnent à jamais.

je croirais humiliante quand même l'ennemi serait sur les hauteurs de Montmartre.... — Je me permis de lui faire observer que la France toute restreinte qu'elle aurait été n'en aurait pas moins été l'un des plus beaux royaumes du monde. — *J'abdique, et ne cède rien.* Telle fut la réponse qu'il me fit avec une sérénité remarquable[1].

Pendant cette audience qui dura plus de deux heures, il me fit connaître son opinion sur quelques-uns de ses lieutenans, il s'exprima avec énergie sur l'un d'eux.... Mais en parlant du duc de Tarente, il ajouta ces mots au juste éloge qu'il en fit. *Macdonald est un brave et loyal guerrier.... ce n'est que dans ces dernières circonstances que j'ai pu apprécier toute la noblesse de son caractère; ses liaisons avec Moreau m'avaient donné des préventions contre lui....; mais je lui faisais injure, et je regrette bien de ne l'avoir pas mieux connu.*

Passant ensuite à d'autres idées. — « Voyez, me » dit-il, ce que c'est que la destinée ! Au combat » d'Arcis-sur-Aube, j'ai fait tout ce que j'ai pu pour » trouver une mort glorieuse en disputant pied à

---

[1] Le 14 février 1813, à l'ouverture de la session du corps législatif, annonçant qu'il désirait la paix, Napoléon ajoutait : « Elle est nécessaire au monde : quatre fois, depuis la rupture qui a suivi le traité d'Amiens, je l'ai proposée dans des démarches sollennelles; je ne ferai jamais qu'une paix honorable et conforme à la grandeur de mon empire. »

» pied le sol de la patrie. Je me suis exposé sans ménagement. Les balles pleuvaient autour de moi, mes habits en ont été criblés, et aucune n'a pu m'atteindre, dit-il en soupirant. Une mort que je ne devrais qu'à un acte de mon désespoir, serait une lâcheté. Le suicide ne convient ni à mes principes ni au rang que j'ai occupé sur la scène du monde..... [1]. *Je suis un homme condamné à vivre....,* » dit-il en soupirant encore ! Nous fîmes plusieurs tours de la terrasse, dans un silence profond et triste. *Entre nous*, dit l'empereur avec un sourire plein d'amertume, *on dit qu'un goujat vivant vaut mieux qu'un empereur mort.* L'air dont il prononça ce peu de mots, me fit penser que l'équivalent de ce vieil adage pouvait bien être celui-ci : — *Il n'y a que les morts qui ne reviennent pas.*

Enfin, je lui parlai des différentes personnes que j'avais rencontrées sur la route en venant de Paris. Le dernier nom que je prononçai fut celui du général Hullin. *Oh ! pour celui-là, il arrivera tou-*

---

[1] On a dit que, quelques jours avant celui dont je parle, Napoléon fit une tentative sur lui-même, pour mettre un terme aux douleurs de son âme, mais que des secours lui furent administrés à temps, et presque malgré lui. Ce prince, depuis quelques années, portait un petit sachet fermé, et suspendu par un ruban sur sa poitrine. On trouva dans une tasse de son nécessaire, ce sachet, ouvert et vide; on put supposer qu'il avait fait usage de ce qu'il renfermait..... Au reste, je ne garantis point le fait en lui-même.

jours trop tard pour faire sa paix avec les Bourbons. En disant ces mots, que je rapporte fidèlement et sans commentaire, il rentra dans ses appartemens. Je ne l'ai plus revu depuis !

CHAPITRE XIX.

Sur Napoléon. — Simplicité de ses goûts. — Sur son amour pour les femmes. — Sur ses habitudes privées. — Sur sa dignité personnelle. — Sur les grands services qu'il a rendus à la France. — Diverses pensées de Napoléon. — Extrait mortuaire de son père. — Marie-Louise à Orléans. — Remise des diamans de la couronne. — Le prince Paul d'Esthérazi à Orléans. — Départ pour Rambouillet. — Visite de l'empereur d'Autriche. — Visite de l'empereur Alexandre. — Visite du roi de Prusse. — Départ de Rambouillet pour Gros-Bois ; séjour ; visite de l'empereur d'Autriche ; départ pour l'Allemagne. — L'impératrice Marie-Louise quitte la France le 2 mai et traverse le Rhin entre Huningue et Basle.

A cette époque de sa vie, Napoléon avait quarante-six ans ; sa taille était de cinq pieds deux pouces et quelques lignes ; sa tête était grosse ; ses yeux bleu clair ; ses cheveux châtain foncé ; les cils de ses paupières étaient plus clairs que ses sourcils qui étaient comme ses cheveux châtain foncé ; il avait le nez bien fait, et la forme de la bouche gracieuse et d'une extrême mobilité ; ses mains étaient remarquablement belles et éclatantes de blancheur ; il avait le pied petit ; mais en général ses chaussures ne faisaient point valoir cet avantage parce que la moindre gêne lui était insupportable. Du reste il était bien fait et bien proportionné à sa taille. Une de ses habitudes physiques que j'ai le plus remarquée c'était celle qu'il avait d'incliner, par un mouvement subit et rapide, le haut du corps et sa tête sur son côté droit, et d'y appuyer son coude et son bras, comme s'il voulait élever sa taille. Ce mouvement machinal était fort léger, et n'était remarquable que lorsqu'il causait en se promenant. Il n'ôtait rien à l'ensemble imposant de sa personne.

Sur son front large et élevé reposaient le génie et la puissance. Ce front aurait suffi dans un autre pour exprimer à lui seul toute une physionomie. Des éclairs jaillissaient de ses yeux et révélaient toutes ses pensées, tous ses sentimens. Mais lorsque la sérénité de son humeur n'était point altérée, alors le sourire le plus aimable venait éclairer cette belle physionomie, et lui donnait un charme indéfinissable, et que je n'ai encore vu qu'à lui seul... Alors il était impossible de le voir sans l'aimer.

J'ai déjà dit, en parlant de la simplicité de ses goûts, que sa seule recherche se bornait à une extrême propreté, et que ses vêtemens ordinaires n'avaient rien de remarquable. Un jour, voulant donner l'exemple d'un encouragement utile aux manufactures de Lyon, il parut à l'un des cercles de l'impératrice Marie-Louise en habit de velours de couleur foncée, avec des boutons en diamans... Il n'était plus le même et me parut fort gêné dans ce costume, nouveau pour lui.

Un jour, pendant la campagne d'Espagne (à Aranda), il me fit demander à sept heures du matin, pour me remettre des papiers espagnols dont il était pressé d'avoir la traduction... Il faisait sa barbe lui même, debout près d'une fenêtre; Roustan tenait un grand miroir; lorsque l'un des côtés de sa figure fut rasé, l'empereur changea de côté et Roustan se replaça de manière à ce que le côté qui n'était pas rasé fût éclairé par le jour. Napoléon n'employait qu'une seule main pour cette opération.

Une autre fois à Schœnbrunn pendant l'armistice qui suivit la bataille de Wagram (1809), je l'aidai à passer un frac gris que l'un de ses valets de chambre venait d'apporter, et qu'il lui ordonna de poser sur un fauteuil, voulant achever une partie d'échecs qu'il m'avait fait l'honneur de m'engager à jouer avec lui. Il devait aller incognito avec le duc de Frioul (Duroc) et dans une voiture sans armoiries, voir tirer un magnifique feu d'artifice que l'on avait préparé dans une enceinte du Prater [1], à l'occasion de la signature des préliminaires de la paix. Une loge grillée avait été réservée sous un nom supposé. Excepté ces trois occasions, je n'ai jamais vu Napoléon qu'en uniforme de colonel des chasseurs ou des grenadiers de sa garde, ou dans son costume d'empereur.

On a beaucoup parlé du goût passionné que Na-

---

[1] L'une des plus belles promenades publiques qui soit en Europe.

poléon avait pour les femmes. Digne appréciateur de leur mérite et de leur beauté, il faut croire qu'il ne fut pas exempt de ces faiblesses aimables qui font le charme de la vie, et auxquelles tous les hommes rendent le même hommage..... Ce qu'il y a de certain, c'est que le jeune homme qui débute dans le monde et qui craint de voir à chaque instant trahir son premier secret, a moins de réserve sur ce point que n'en avait Napoléon. Ce ne fut jamais par lui, mais bien plutôt par les femmes elles-mêmes, que ses passagères inclinations furent connues; et encore je pense que l'on a singulièrement exagéré leur nombre.

On a également parlé de son goût pour le tabac. Je puis assurer qu'il en perdait plus qu'il n'en prenait. C'était plutôt une manie, une sorte de distraction, qu'un besoin réel. Ses tabatières étaient fort simples, ovales, en écaille noire, doublées d'or, toutes parfaitement semblables, et ne différant entre elles que par les belles médailles antiques et en argent qui étaient encastrées sur le couvercle.

La nature avait établi une harmonie complète entre sa puissance et ses habitudes, entre sa vie publique et sa vie privée. Son maintien et sa représentation étaient les mêmes dans tous les instans, elles étaient inhérentes et sans calcul. C'est le seul homme au monde de qui l'on pouvait dire, sans adulation, qu'il grandissait à mesure qu'on l'approchait.

Une observation, qui certainement ne sera point

oubliée par l'historien encore inconnu, qui aura à tracer le portrait de cet homme éminemment célèbre, c'est qu'il sut conserver, sans jamais les laisser s'affaiblir, son caractère et sa dignité personnelle, soit lorsqu'il était entouré des baïonnettes de l'Europe, soit lorsqu'il fut livré désarmé aux outrages des geôliers de Sainte-Hélène.

Qu'elle sera immense la tâche de l'historien de cet homme qui, en si peu d'années, a vécu tant de siècles ! Laissons à part ces immortelles campagnes qui le présentèrent si jeune à l'admiration du monde, et rappelons-nous seulement l'état honteux dans lequel la France était plongée peu de jours avant le consulat. On peut dire, sans crainte d'être accusé d'exagération, qu'il fut le libérateur de son pays, qu'il lui rendit la paix intérieure, la considération au dehors, ses mœurs véritables, et cet heureux caractère d'urbanité, d'élégance et de bon goût..... A cette époque, en effet, il fut aisé de remarquer moins d'amertume dans les opinions politiques, plus de politesse et plus d'indulgence, parce que des intérêts nouveaux se trouvant mêlés à des intérêts anciens, il en résulta des couleurs moins vives et moins tranchantes ; alors il arriva ce qui devait nécessairement arriver parmi nous, c'est que la bonne compagnie, quelle que fût son opinion politique, commença à rétablir le sentiment des convenances, et qu'elle imprima à toutes les classes, sans s'en douter elle-même, une physionomie de mœurs toute nouvelle depuis la révolution.....

Il sera toujours vrai de dire que le 18 brumaire s'annonça sous les plus heureux auspices. Dès le début, il n'y eut plus d'inquiétude pour la sûreté des personnes et des propriétés. Le rapport de la loi des otages, des suspects, de l'emprunt forcé, et la clôture de la liste des émigrés..., etc., furent des bienfaits d'un intérêt général qui concilièrent toutes les préventions, toutes les oppositions. Dès ce premier moment Napoléon se montra éloigné de toute espèce de persécution. On ne s'informa plus ni des opinions, ni des principes qu'on avait professés, ni des places qu'on avait occupées sous l'ancien régime, ou pendant la république, ni des sentimens ou des vœux qu'on pouvait conserver au fond de son cœur. Tout ce qu'on désirait était d'établir une grande liberté et une grande tranquillité dans l'intérieur de la France. Jamais chef de gouvernement n'eut une tendance plus formelle et un désir plus vrai de réparer toutes les injustices qui pouvaient être réparées, d'arracher le poignard aux factions qui couvraient la patrie d'un deuil général, et de déshabiller, pour ainsi dire, la révolution de tous les oripeaux sanglans dont elle avait été indignement surchargée. Sous le gouvernement de Napoléon, la paix avec l'étranger fut conquise; la France ne parut plus être hors de la loi des nations; la Vendée fut pacifiée; les autels relevés; l'émigration oubliée; les fortunes privées rassurées, et le crédit public assis sur des bases solides. Des monumens admirables et d'utilité publique, des routes nouvelles, de vastes canaux, tout cela fut élevé et créé comme par enchantement : le commerce et l'industrie furent encouragés et honorablement protégés; les arts reprirent un nouvel essor et produisirent de nouveaux chefs-d'œuvre; le peintre retrouva ses inspirations, le sculpteur son génie et son ciseau, l'architecte ses plans et ses projets, le commerçant ses spéculations; et la poésie, plus brillante, puisa dès lors aux sources de l'enthousiasme et de l'émulation.

Qui oserait contester ces grandes vérités? Qui pourrait blâmer en moi ce sentiment de reconnaissance et ces fleurs jetées sur une tombe!

———

J'ai souvent entendu dire par l'empereur que la maladie incurable des Français était de pousser les sentimens jusqu'à l'extrême, et d'être beaucoup moins inconstans dans leurs goûts, qu'on affectait de le dire.

Qu'il n'ignorait pas qu'avant la révolution il n'avait jamais existé en France de véritable esprit national, parce que jusque-là les Français s'étaient laissé gouverner par les mœurs et par les coutumes plutôt que par des lois fixes et constitutionnelles, et qu'alors c'était tout simplement la force qui commandait à la faiblesse.

Il disait encore que le Français, naturellement chevaleresque et guerrier, était toujours entraîné, subjugué même par l'éclat de la gloire, qu'il pardonnait tout au succès et à la victoire, mais aussi qu'il avait besoin d'être contenu par l'unité et la majesté de l'administration, et par des codes arrêtés.

Il disait quelquefois que l'enthousiasme des autres le refroidissait.

Les hommes, selon lui, étaient comme des chiffres qui n'acquièrent de valeur que par leur position.

Il faut, disait-il, pour les hommes, un jour favorable comme pour les tableaux.

En général, ajoutait-il, ce sont les circonstances qui font les hommes.

Ces dernières pensées m'ont toujours paru désolantes pour le mérite et pour l'amour-propre.

———

L'empereur d'Autriche, pendant le séjour à Dresde en 1812, dit à Napoléon que des recherches exactes parmi ses archives, lui avaient donné la preuve que la famille de Bonaparte avait été très-anciennement souveraine (de je ne sais plus quelle petite principauté d'Italie), et que rien ne serait plus facile que de le faire constater légalement. Napoléon le remercia et lui dit qu'il *n'avait pas besoin d'aïeux*.

Le hasard a mis en mes mains l'extrait mortuaire de son père, décédé à Montpellier.

« L'an 1783 et le 24 février, est décédé messire
» Charles Buonaparte, mari de dame Lætitia de Ra-
» molini, ancien député de la noblesse des états de
» Corse à la cour, âgé d'environ trente-neuf ans.

» Registre de la paroisse de Saint-Denis de Mont-
» pellier.

Signés, Cortout,⎫
    Mejean.⎬Vicaires.
   Marin, curé.

Il fut enterré dans l'église des cordeliers, et exhumé en 1805, pour être transporté au château de Saint-Leu, d'après les ordres du prince Louis, l'un de ses fils.

11. — Ce même jour 11 avril je partis de Fontainebleau à dix heures du soir après avoir reçu mes dépêches au cabinet de l'empereur et des mains de M. le baron Fain son premier secrétaire.

12. — J'arrivai à Orléans à huit heures, je rendis compte à l'impératrice des ordres qu'elle avait bien voulu me donner, en lui présentant la réponse de Napoléon.

Elle approuva la remise que j'avais faite de sa lettre à M. de Metternich. Je croyais lui apprendre la compensation qui lui était assurée par les duchés de Parme et de Plaisance; mais le général Fouler écuyer de l'empereur était arrivé la veille, chargé par le duc de Vicence de communiquer cette nouvelle à S. M. [1].

---

[1] Voir le traité de Fontainebleau déjà cité en note.

M. Dudon, maître des requêtes, nommé commissaire par le gouvernement provisoire, se présenta pour constater la reprise des diamans, de l'argenterie, et des fonds de la couronne. L'inventaire en fut fait conformément aux sénatus-consultes qui en déterminaient la valeur et la qualité. La plus grande loyauté présida à cette remise.

Cette foule, qui avait accompagné l'impératrice à son départ de Paris, était singulièrement éclaircie. Ce que j'appellerai la première émigration datait de Blois, lors de l'arrivée du comte Schouvaloff; mais elle avait laissé autour de l'impératrice presque la totalité des personnes qui formaient le service d'honneur. La seconde émigration, qui eut lieu d'Orléans, réduisit à un petit nombre les personnes qui regardèrent comme un devoir de rester auprès de l'impératrice et de son fils.

Le prince Paul d'Esthérasi et le prince Venceslas Lichteinstein arrivèrent quelques heures après moi, et confirmèrent officiellement les assurances que M. de Metternich m'avait chargé de donner à l'impératrice. A la suite de l'audience qui leur fut accordée, l'ordre fut donné de se préparer à partir pour Rambouillet.

Nous quittâmes Orléans à sept heures du soir,

toujours sous la protection du comte Schouvaloff. La garde impériale, morne et silencieuse, escortait les voitures de S. M. et se flattait encore de faire auprès d'elle son service à Rambouillet; mais au relais d'Angerville cette noble élite fut remplacée par des Cosaques qui brandissaient leurs longues piques autour de nous comme si nous avions fait partie d'un convoi de prisonniers. La garde impériale se rendit à Fontainebleau.

Nous trouvâmes le palais de Rambouillet gardé par un régiment régulier de Cosaques, qui, plus civilisés que ceux qui nous avaient escortés, firent leur service avec autant d'exactitude que de discrétion.

Peu à peu les communications avec la capitale devinrent faciles, et la nature des événemens qui s'y étaient passés fut mieux connue et mieux appréciée.

———

L'empereur d'Autriche écrivit à l'impératrice qu'il viendrait incessamment la voir et déjeuner avec elle... Ce prince en effet arriva dans une calèche découverte toute simple, avec son ministre le prince de Metternich, sans autre suite. Avertie de son approche, l'impératrice suivie de son fils, des dames qui ne l'avaient point quittée, et des autres officiers de sa maison, descendit jusques aux dernières marches de la porte du palais. La calèche de l'empereur d'Autriche s'y arrêta, ce prince s'empressa d'en descendre, et lorsqu'il fut arrivé près d'elle, cette princesse prit son fils des mains de madame la comtesse de Montesquiou et le plaça vivement dans les bras de son grand-père, avant d'avoir reçu elle-même ses premiers embrassemens. Ce mouvement, qui partait du cœur d'une mère, produisit une émotion visible dans les traits de l'empereur François. Peut-être éprouva-t-il en ce moment quelque regret d'avoir écouté de vieux ressentimens, et d'avoir trop bien secondé la haine de l'Angleterre.

16. — Ce jour fixa la destinée de l'impératrice et de son fils. Il fut décidé qu'elle se rendrait en Autriche, avant d'aller prendre possession de ses duchés d'Italie.

Avant de la quitter, l'empereur son père lui annonça la prochaine visite de l'empereur Alexandre.

18. — Au jour indiqué (18 avril), l'empereur Alexandre vint demander à déjeuner à l'impératrice. Il fut d'une telle amabilité, d'une telle aisance, que nous étions presque tentés de croire qu'il ne s'était passé aucun événement sérieux à Paris. Après le déjeuner, le czar demanda à l'impératrice la permission d'aller voir son fils..... Et se tournant vers moi qui avais l'honneur d'en être connu depuis l'entrevue d'Erfurt, il me dit : *Monsieur de Bausset,*

voulez-vous bien me conduire chez le *petit Roi.* Ce sont ses propres expressions. Je le précédai après avoir fait prévenir madame de Montesquiou : en voyant ce bel enfant, l'empereur Alexandre l'embrassa, le caressa et l'examina beaucoup. Il dit des choses flatteuses à madame de Montesquiou, et embrassa encore, en le quittant, le *petit Roi* dont il venait de détrôner le père!!

———

20. — Deux jours après, je reçus la lettre suivante :

« Le général de Scholler a l'honneur d'informer » M. le comte de Bausset, que sa majesté le roi de » Prusse ne voulant point déranger l'heure ordinaire » du dîner de sa majesté l'impératrice, s'est proposé » de venir à Rambouillet demain vers midi, et d'en » retourner à Paris pour dîner.

» Selon toute apparence, personne ne se trouvera » à la suite de sa majesté qu'un aide de camp de ser- » vice, etc., etc. »

Je mis cette lettre sous les yeux de l'impératrice, qui m'ordonna de répondre à M. le général de Scholler, qu'elle recevrait avec plaisir la visite de sa majesté le roi de Prusse, qui arriva exactement. Sa visite dura environ une heure. En sortant, le roi de Prusse me demanda, comme l'avait fait l'empereur Alexandre, de le conduire chez le *petit Roi.* Je m'empressai de lui obéir : il fut moins affectueux, moins caressant que l'empereur Alexandre, mais, comme lui, il embrassa le *petit Roi*.

---

23. — L'impératrice quitta Rambouillet le 23 avril, pour se rendre à Grosbois, chez madame la princesse de Neufchâtel. L'empereur d'Autriche y passa toute la journée du 24.

Tout étant réglé et fixé pour le départ, sa majesté partit de Gros bois le 25 avril, et vint coucher le même jour à Provins.

Le 26 à Troyes.
Le 27 à Châtillon.
Le 28 à Dijon.
Le 29 à Grai.
Le 30 à Vesoul.
Le 1er. mai à Béfort.

Et le lundi, 2 mai, elle quitta la France et passa le Rhin entre Huningue et Bâle.

C'est ici que je bornerai la publication de mes notes. Plus tard je ferai connaître celles que j'ai recueillies pendant les deux années, qu'avec la permission du roi, j'ai passées en Allemagne auprès de l'impératrice.

En reportant les yeux sur les époques mémorables dont je viens de donner une si faible idée, j'ai cru, même après tant d'années, assister aux scènes pompeuses des contes arabes et des mille et une nuit. Le tableau magique de tant de splendeur et de tant de gloire a disparu, entraînant avec lui tous les prestiges de l'ambition et du pouvoir.

Ce n'est plus qu'un songe.

RELATION ANGLAISE

DE LA

CAMPAGNE DE RUSSIE EN 1812,

AVEC NOTES ET COMMENTAIRES.

AVERTISSEMENT.

Mon intention était d'abord de rejeter à la fin des notes particulières sur ma retraite de Moscou, la traduction d'une relation rédigée, selon toute probabilité, sous les yeux des commissaires de l'Angleterre, près le quartier général russe, et qui fut publiée à Londres au mois de juin 1813.

On m'a fait sentir que puisque je tenais à faire connaître ce document, il devait trouver sa place à la fin de mon second volume, mes narrations ne devant pas être interrompues autant que cela serait possible.

Cette relation porte l'empreinte d'une partialité évidente; mais elle est d'une concision remarquable. N'étant pas militaire et n'ayant par conséquent aucun titre pour la discuter, j'ai dû chercher plus haut mes réponses. Je me suis donc appuyé du témoignage et des observations des historiens qui ont écrit avec le plus de succès sur ce grand événement de l'époque moderne : MM. de Ségur, Gourgaud, Fain, de Butturlin historien russe, et particulièrement M. de Chambrai, qui m'a paru le moins favorable à l'empereur Napoléon, sont les autorités dont je me sers.

pour réfuter les points les plus importans de la relation anglaise, et que je cite avec toute confiance.

J'ai cru inutile de placer le texte anglais au rang des pièces justificatives; j'ai préféré donner à mes lecteurs la traduction de cette pièce, que je dois à l'obligeance de l'un de mes amis.

RELATION ANGLAISE

DE LA

CAMPAGNE DE RUSSIE EN 1812,

AVEC

NOTES ET COMMENTAIRES CRITIQUES.

1ʳᵉ. PERIODE.

De la Vistule au Niémen.

Bonaparte paraît avoir arrêté ses plans contre la Russie dès l'année 1811. La garnison de Dantzik fut augmentée, et des approvisionnemens de toute espèce furent accumulés dans ses murs. En mars 1812, il demande à l'Autriche et à la Prusse le contingent qu'elles doivent fournir. Il choisit d'abord l'Elbe comme ligne d'opérations; plus tard, l'Oder, et enfin la Vistule. Au mois de mai 1812, les armées russes et françaises étaient à peu près composées ainsi qu'il suit :

Armée française sur la Vistule.

1er. corps Marienbourg, Elbing, Davoust [1].
2e.   Marienwerder,   Oudinot.
3e.   Thorn,   Ney.
4e. }
6e. } Plock,   Beauharnais.
5e.   Warsovie,   Poniatowski.
8e.   A la droite de Warsovie,   Junot.
7e.   Poulaws,   Reynier.
9e. }   Victor.
11e. } Entre l'Elbe et l'Oder, { Augereau.
10e. y compris le conting. prussien, Macdonald.
Cavalerie,   Murat.
Vieille garde,   Lefèvre.
Jeune garde,   Mortier.

Formant en totalité une armée de 300,000 hommes, sous le commandement de Bonaparte.

---

[1] Les auteurs de cette relation anglaise ne font accompagner le nom des généraux de l'armée française d'aucun des titres qui leur appartiennent : tant de gloire les environne, que je n'ai pas cru devoir rectifier cette négligence volontaire.

Armée russe à ses frontières et sur la ligne du Niémen.

1ᵉʳ. corps,	à Shauli,	prince Wittgenstein.
2ᵉ.	Kowno,	général Baghout.
3ᵉ.	Novoi-Troki,	général Schomaloff.
4ᵉ.	Entre Troki et Lida,	général Toutchkoff.
La garde,	Vilna,	
6ᵉ.	Entre Lida et Grodno,	général Doctoroff.
Cosaques,	Grodno,	hetman Platoff.
5ᵉ.	Wolkovisk,	prince Bagration.
7ᵉ.	Loutzk,	général Tomasoff.

Formant une armée d'environ 180,000 hommes, sous le commandement du baron de Barclay de Tolly, ministre de la guerre.

6 *juin*. Bonaparte passe la Vistule pour prendre le commandement de l'armée. Sa première opération fut de se rendre maître du Niémen.

12. — Le quartier général de l'armée française était à *Kœnisgberg* sur la Prégel. Le premier corps y était arrivé la veille; le deuxième corps était à *Welau*, tandis que le troisième était encore à *Sodlau*.

17. Le quartier général était à Insterburg.

19. — A Gumbinen.

22. — A *Wilkowiski*.... Il paraît que le passage du Niémen devait être tenté vers le sommet de l'arc, tandis que Bonaparte concentrait ses forces sur la corde.

23. — Le premier et le deuxième corps arrivèrent sur les bords de la forêt de *Pilwiski*. — Le troisième

corps était à *Marienpol*; le quatrième et le sixième à *Kalwari*, tandis que la cavalerie, sous les ordres de Murat, et les équipages de ponts se rapprochèrent d'environ six milles du Niémen.

Dans le même temps, les cinquième, septième et huitième corps, sous les ordres de Jérôme Bonaparte, remontèrent la *Narew*, prirent poste à *Novogorod* (23 juin), menaçant ainsi l'aile gauche de la ligne russe.

Dans la nuit du 23 juin au 24, trois ponts furent jetés sur le Niémen un peu au-dessous de *Kowno*, et le lendemain, à midi, cette ville fut au pouvoir des Français. Le général russe Bagovouth fit sa retraite sur *Moujuiki* et arriva le 26 à *Gedroytze*.

24.—Les Français, étant maîtres de *Kowno*, firent avancer leur cavalerie jusques à *Eketani*.

25. — La cavalerie s'avança jusques à *Gichmory* pour menacer *Vilna*. Le premier corps fut porté à *Roumchiki*, le troisième corps à *Kormeloff*, d'où il se porta à *Skoroule* (26), longeant la rive gauche de la *Vilia*, il jeta un pont sur cette rivière à *Suderva*; le même jour, 26 juin, le deuxième corps eut ordre de marcher contre Wittgenstein, et passa le 27 la *Vilia*, sur un pont qui fut jeté du côté de *Kowno* le 24. Le 26, il était à *Yanova*.

27. — A *Shati*.

28. — Le quartier général français était à *Develtovo*. Les Russes s'étaient arrêtés de ce côté pour brûler les magasins qui avaient été établis à *Wiskomir*, avant de commencer leur retraite sur la *Dwina*.

Ce même jour, dans la matinée, le troisième et le

quatrième corps de l'armée russe abandonnèrent leurs positions de *Novoïtroki*, et se retirèrent en traversant Vilna, par le chemin qui conduit à *Némingen*, après en avoir brûlé le pont et les magasins. Bonaparte fit son entrée à *Vilna* le même jour, avec le premier corps, la garde et la cavalerie. Beauharnais suivit ce mouvement avec les quatrième et sixième corps.

Jérôme, laissé le 23 juin à *Novogorod* sur la *Narew*, avec les cinquième, septième et huitième corps, marche sur Grodno, dont tous les magasins avaient été brûlés, et où il entra le 29.

L'évacuation de *Vilna* par les Russes força Doctoroff, placé entre Lida et Grodno, de quitter ses positions et d'opérer sa retraite. Il se dirigea le 28 sur *Soleshniki*, où il arriva le 30. Mais, attaqué par un corps nombreux de cavalerie commandé par le général Bordesoult, il changea de direction et se porta sur Ochmiana. Le premier corps et la cavalerie aux ordres du général Pajol l'y attendaient, et néamoins il continua sa retraite par *Smorghoni*, *Danousef* et *Rudaki*, après avoir renversé tout ce qui s'opposait à son passage. Un corps nombreux d'infanterie et de cavalerie, qui était placé au pont de *Michaïlitki*, tenta vainement d'arrêter le général Doctoroff, qui opéra complétement sa retraite et sa jonction avec les troupes russes qui avaient abandonné Vilna [1].

---

[1] Toutes les relations s'accordent à dire que le 29 le temps, qui avait été très-beau jusqu'alors, changea tout à coup, une pluie très-abondante, et qui s'étendit sur toute la Lithuanie, tomba sans interruption pendant cinq jours. La garde seule était logée dans Vilna, les autres corps étaient en marche ou bivouaquaient : les che-

Les bulletins français disent que leur cavalerie remporta trois victoires sur le général Doctoroff. Ils avouent en même temps, et cela est fâcheux pour eux, que le même jour, 3 juillet, ils perdirent plusieurs milliers de chevaux par suite d'un froid rigoureux qui avait succédé à une chaleur extrême. Cette perte, très-probablement, doit être attribuée aux succès du général Doctoroff plutôt qu'au changement de température.

Il ne restait plus qu'au prince Bagration à opérer sa retraite. Son corps, y compris les cosaques de Platoff, s'élevait à 40,000 hommes. Cette armée isolée commença sa retraite le 30 juin. Platoff marcha sur Lida, pour couvrir, avec ses troupes légères, le flanc qui était exposé aux attaques de l'ennemi, et arriva devant cette ville le 1er. juillet.

L'infanterie française, aux ordres du général Grouchy, était placée à *Visnef*, *Trabi* et *Soubatnitki*, pour empêcher le prince de suivre la ligne de retraite du

---

mins, généralement difficiles dans un pays couvert de bois et de marais, ne sont pas entretenus ; ils suffisaient aux besoins des habitans parce que l'hiver on ne se sert que de traîneaux et que l'été ils sont assez bons pour les voitures légères du pays ; mais pendant les dégels ils deviennent très-mauvais et sont peu fréquentés. Les pluies extraordinaires, qui survinrent alors, produisirent l'effet d'un dégel : la grande quantité et la pesanteur de nos voitures achevèrent de rendre les chemins impraticables. Tous les corps en marche furent retardés; quantité de chevaux périrent; on trouvait sur la seule route de Vilna plus de dix mille de leurs cadavres qui y répandaient l'infection; les soldats souffrirent aussi..... L'ennemi eût attaqué avec avantage s'il eût eu assez de force pour le tenter; mais, *trop faible*, il continuait de se retirer. *Histoire de l'expédition de Russie*, par le colonel Chambray, pag. 181 et 182, liv. 1er.

général Doctoroff. Dans la même intention, la cavalerie, aux ordres du général Pajol, avait été placée à *Visnef*, et celle général Bordesoult à *Benjakoni*. Le premier corps, commandé par Davoust, était en avant à *Bobrovigi*.

5 juillet. — Platoff se dirigea sur *Iwie*.

6. — Il passa le *Niémen* à *Nicolaev*, protégeant ainsi l'arrière-garde du prince Bagration qui marchait par *Slonim*, *Neswig*, etc., etc. Jérôme Bonaparte le suivit avec les cinquième, septième et huitième corps, et passa le Niémen à *Bielitza*.

8. — Le général Platoff[1] se mit en embuscade sur la route de Nowogrodek près de *Koralitchi* et surprit l'avant-garde française, formée de trois colonnes de cavalerie, qu'il culbuta et poursuivit jusques à Nowogrodek.

9. — Les Français, ayant renforcé leur avant-garde, attaquèrent Platoff à *Mir*; mais l'intrépide général russe les culbuta encore, leur fit éprouver une perte énorme, tailla en pièces trois de leurs régimens, et fit sa jonction avec le prince Bagration qui opérait sa retraite.

---

[1] Platoff, favorisé par la disposition des lieux, avait embusqué toute la partie de son corps qui n'était point employée à l'arrière-garde. Il attaqua inopinément *Rosnieltki* et le repoussa jusques à *Mir* après lui avoir pris ou tué le quart de son monde..... Ce *léger* succès n'avait d'importance que par l'effet moral qui en résultait. Le but de Bagration était de ralentir la poursuite, et vainqueur ou vaincu, il fallait qu'il se retirât. Avant Romanoff, son arrière-garde eut à soutenir un combat de cavalerie (14 juillet), à la suite duquel il fut obligé d'abandonner ce village. CHAMBRAI, pag. 206, tom. 1.

Le 8, le premier corps aux ordres de **Davoust** était entré à Minsk, pour couper la retraite du prince Bagration, qui se dirigea par *Neswig*, pour se rendre à Bobruisk par *Romanoff*, *Slovak* et *Glouck*.

14. — Latour-Maubourg arriva à Romanoff. Le cinquième corps y fut rendu le 16.

Davoust quitta Minsk le 15, pour se porter à *Ighumen*. Il envoya un fort détachement de cavalerie à *Yakshitzi* et à *Svilag*.

17. — Davoust prit position à Goliuka; mais comme Bobruisk était alors, comme il l'a toujours été, au pouvoir des Russes, il fit une contre-marche et s'empara, le 20, de *Mohilow*.

Le prince Bagration passa la Bérézina à Bobruisk, et s'avança vers le Dniéper où le premier corps, appuyé d'une nombreuse cavalerie, tenta de lui barrer le passage; mais ils furent repoussés jusques au delà de Dashkovka. Neuf de leurs régimens furent taillés en pièces[1], et laissèrent au pouvoir du prince cinquante officiers et mille soldats qui furent faits prisonniers. Le prince Bagration effectua alors son passage, et continua, sans être inquiété, sa marche sur Smolensk par *Mitislaw*.

Les trois corps, aux ordres de Jérôme, poursuivirent le prince Bagration avec si peu de vigueur, depuis l'affaire de *Mir*, que son frère lui fit dire que sa santé exigeait qu'il retournât dans son royaume de Westphalie.

Bonaparte était alors à une grande distance de ses magasins. Ceux qu'il avait établis sur l'Elbe et sur l'O-

---

[1] Pure exagération : le 3 il n'y eut point d'affaire sérieuse.

der, pouvaient porter leurs approvisionnemens jusques à la Vistule par le canal de Bromberg qui communique à ce fleuve près de *Sordon*. De la Vistule au Niémen, il y a deux moyens de communication.

Le premier, du Nogat au Frisch-Haff, en remontant *la Prégel* et *le Deisne* jusques à *Lobiau*, et prenant ensuite le canal de Frédérich, qui communique au Niémem par la *Gilge*.... Enfin, la Vilia qui se jette près de *Kouwno* dans le Niémen, achève de compléter ce premier système de navigation jusques à Vilna.

Le second moyen s'établit en remontant la Vistule jusques au *Bug*, et puis cette dernière jusques à *Brzest* où l'on entre dans le *Moukhavizt*, qui communique à *la Pina* par l'intermédiaire d'un canal royal. La *Pina* se jette elle-même dans le *Pripet*, rivière d'une grande importance militaire par sa communication d'un côté avec le Dniéper un peu au-dessus de *Kieff*, et de l'autre avec le *Tzara*, qui se jette dans le Niémen par la rivière d'*Yafelda* et le canal d'Oginski.

Le général Tomasow s'était établi à Fontek, sur la *Stir*, qui communique au *Pripet*, pour surveiller les mouvemens du contingent autrichien qui, sous les ordres du prince de Schwartzenberg s'était rassemblé dans la Gallicie, et pour couvrir en même temps Kieff, et la seconde ligne de communication décrite plus haut.

Le prince Schwartzenberg s'avança par la rive gauche du *Bug* qu'il traversa à *Drogitzin*. Le 13 juillet, il établit son quartier général à *Proujani*, et le général Tomasow se rapprocha du *Pripet*. Les Autrichiens étendirent aussi leur ligne au delà du *Bug*, mirent une garnison dans *Kobrin* et menacèrent Pinsk. Le général

18.

Reynier, à la tête d'une division française, fut envoyé pour les renforcer. Le 19, il arriva à *Slonim*. Le 25, les Saxons remplacèrent les Autrichiens à *Kobrin*, et le quartier général de ces derniers fut porté à *Neswig*.

27 juillet. — Le général Tomasow surprit la garnison de *Kobrin*. Les Saxons eurent mille hommes de tués dans cette affaire, et leur général (Klengel), trois colonels, 63 officiers et 2,234 soldats furent faits prisonniers; et, de plus, ils y perdirent huit canons. Le général Tomasow prit ensuite la ligne du *Pripet* pour protéger *Bobruisk* et *Mozyr* qu'il conserva malgré les efforts du prince de Schwartzenberg. Le plan du général russe, stratégiquement parlant, et sous le rapport des grandes opérations de la campagne, fut de se maintenir dans sa position, et il y réussit complétement. Cela posé, nous n'avons plus à nous occuper des détails des mouvemens du corps d'armée du général Tomasow; et, pour le moment, nous pouvons le laisser dans sa position.

2ᵉ. PÉRIODE.

Du Niémen au Dniéper.

Bonaparte, une fois maître du Niémen, commença à menacer la *Dwina* et le *Dniéper*. Il confia à Macdonald les opérations de la campagne du côté de Riga, et mit sous ses ordres le contingent prussien. Le 24 juin, Macdonald passa le Niémen à *Tilsitt*. Il arriva le 30 à Vossiau. Le 4 juillet, ses colonnes occupèrent *Ponievi*, *Chawi* et *Telch*. Le 19, il s'approcha de Riga et guerroya par ses avant-postes jusques à *Eskau*. L'objet de toutes ces attaques était de s'emparer de Riga ; mais cette ville se prépara à une vigoureuse défense, et incendia, le 30 du même mois, tous ses faubourgs.

A Vilna Bonaparte fit construire un camp retranché, sur la partie septentrionale de la *Vilia*, et fit jeter cinq ponts sur cette rivière.

Le 3 juillet, Murat, à la tête de la cavalerie, jusques à *Swentziani*; le deuxième corps jusques à *Avanta*, et le troisième jusques à *Malyati*.

Le 5, la cavalerie de Murat eut quelques affaires d'avant-poste sur la *Disna* : Sébastiani, à la tête d'un des corps de cette cavalerie, s'avança jusques à *Vizoni* :

Nansouty quitta sa position de *Postavoui* et passa la *Disna* environ à six milles de la droite de Murat. L'armée russe battit en retraite sur la *Dwina*.

Le premier corps russe se retira à *Outzyani ;* le deuxième, le troisième et le quatrième à *Vidzi ;* le sixième à *Budna* et la réserve à *Samotz*. Tous ces différens mouvemens avaient pour objet de se retirer sur le camp retranché qui avait été élevé à Drissa.

Le 13, les Français continuèrent leurs mouvemens. Le deuxième corps marcha sur *Dunabourg*, pour se porter à Drissa, sa droite étant protégée par Sébastiani ; trois attaques qu'ils firent au pont de *Dunabourg* leur coûtèrent 1500 hommes qui y furent tués.

Le 15, le général russe Wittensgtein, après avoir passé la Dwina, tomba sur Sébastiani, le poursuivit pendant une lieue, tailla en pièces deux de ses régimens de cavalerie, et fit prisonnier le général Saint-Geniez.

Le 18, l'armée russe abandonna son camp retranché de *Drissa*, et se retira sur *Polotsk* et sur *Witepsk*. Bonaparte fit avancer sa droite. Le 16, il fit porter le quatrième et le sixième corps à *Dolginov*, et le 17 à *Dokshitzi*. Mortier ayant fait, le 17, une tentative du côté de Gloubokoë, fut repoussé ; en conséquence, le quartier général français ne put s'y établir que le 18.

Le 20, Murat était à *Desna :* Mortier à *Ousbatch :* Beauharnais à *Kamen*. Plusieurs détachemens de cavalerie furent envoyés de *Desna*, et traversèrent la *Dwina*.

Le 22, les quatrième et sixième corps se portèrent à *Bogeykowo* sur la *Oula*, et le lendemain à *Bechen-*

kovitchi où ils jetèrent un pont sur la *Dwina*. Quelques coups de fusils furent échangés dans cette occasion. Ils retardèrent le passage du pont.

Le 23, le quartier général français fut établi à Kamen; le 24, à *Bechenkovitchi*. L'armée russe se concentra sur *Witepsk*.

Le 25, la cavalerie française marcha sur Ostrowno, où était placé un corps russe, pour favoriser la retraite de *Witepsk* sur *Smolensk*. Cette cavalerie fut repoussée; mais, renforcée par Beauharnais, elle renouvela son attaque.

Le 27, Bonaparte fit avancer toute son armée dans l'espoir de livrer une bataille générale, pour empêcher la jonction du corps d'armée du prince Bagration avec la grande armée russe. Celle-ci, après avoir gardé la position jusques à la nuit, se retira sur trois colonnes sur Smolensk.

Le 28, Bonaparte entra dans *Witepsk*. Le général Wittgenstein et le premier corps russe avaient été laissés pour agir séparément sur la route de Saint-Pétersbourg par Sebej. Oudinot et Macdonald pensèrent qu'ils pourraient détruire ce corps russe au moyen d'une attaque combinée. Le premier s'avança du côté de *Polotsk* sur *Sebej* avec le deuxième corps et le contingent bavarois; le deuxième d'*Jacobstadt* sur *Liotzin*. Aussitôt que les Russes en eurent connaissance, ils marchèrent contre Oudinot, le rencontrèrent le 29 juillet près du château d'*Yakoubowo*, l'attaquèrent immédiatement, et l'on se battit le 30 et le 31. Les Français furent rejetés au delà de la *Drissa*. 3,000 prisonniers, deux pièces de canon, la retraite d'Oudinot à *Polotsk*, et celle de Macdonald à *Dunabur*g que les Russes avaient évacué, furent le résultat des ces combats [1];

---

[1] Wittengstein ayant réuni ses forces, renouvela ses attaques (31 juillet); il sentait la nécessité de repousser son adversaire au delà de Kliastitza. Le combat fut sanglant et opiniâtre. Enfin Wittengstein attaqua avec la totalité de ses forces; et Oudinot, ne voulant par risquer une affaire générale, se décida à la retraite. Il l'effectua en bon ordre, repassa la Drissa le jour même, et prit position près du village d'Oboyarzina; il ne fit point garder le gué dans l'intention d'attaquer les Russes s'ils le passaient avec imprévoyance

Cependant Wittengstein, dans la nuit, se présente au gué et le trouvant abandonné se persuade qu'Oudinot est en pleine retraite. Il forme un corps de 12 mille hommes, qu'il met sous le commandement de Koulnieff, le charge de la poursuite et lui ordonne de franchir la Drissa en toute hâte. Koulnieff y met une telle activité qu'au point du jour il fut en présence des avant-postes français. S'imaginant n'avoir à combattre qu'une arrière-garde, il fait avancer une batterie soutenue par un régiment de cavalerie. La canonnade s'engage aussitôt, et la résistance devenant plus vive qu'il ne s'y était attendu, il déploie successivement toutes ses troupes. Jusqu'à ce moment Oudinot avait profité, autant que possible, des accidens du terrain pour cacher ses forces. Tout à coup il ordonne la charge et attaque les Russes de front sur toute la ligne. La résistance fut vive mais courte; et l'ennemi une fois culbuté le désordre en devint plus grand. Koulnieff perdit neuf bouches à feu, et, cherchant à rallier ses troupes, fut tué d'un coup de canon. Les Russes voulurent tenir derrière la *Drissa*; Verdier, qu'Oudinot avait envoyé à leur poursuite, passa cette rivière, les repoussa d'abord; mais n'ayant pas été soutenu, il fut repoussé à son tour et se vit contraint à passer *la Drissa*. CHAMBRAI, pag. 263 et 264, tom. I.

L'ordre s'était rétabli chez les Russes; ils sont parvenus à se dégager, et dans la soirée Wittengstein s'est retiré laissant huit pièces de canon dans les mains de St.-Cyr. Toutefois il a fallu payer ces trophées, nous avons perdu le général Deroi, l'un des vétérans de la Bavière, et des blessures graves ont mis le général Verdier hors

après lesquels les Français restèrent sur la défensive à Polotsk. Les Russes, de leur côté, firent une grande perte dans la personne du major-général Koulnieff, qui fut emporté par un boulet de canon.

Bonaparte resta stationnaire à Witespsk, jusques au 13 août; il y fit établir quatre ponts sur la *Dwina*. S'il se fût décidé à marcher sur Pétersbourg, il aurait été attaqué alors par le flanc et par derrière. Pendant ce temps l'armée opéra divers mouvemens.

Le 4 *août*. — La cavalerie se dirigea sur *Roudnia*. Le quatrième corps, après avoir laissé quelques troupes à *Velitch*, *Poreczie* et *Ousvyat*, se réunit à *Loubna* au troisième corps. Le premier corps, qui avait poursuivi le prince Bagration jusques à la *Bérézina*, jeta deux ponts l'un sur cette rivière, l'autre sur le *Dniéper*.

Le 7 *août*. — Le septième corps était à *Rassasna* ; le huitième à *Orcha*, où deux ponts fortifiés furent construits, et le huitième corps à *Moghileff*.

Le 8, la cavalerie prit position à *Elifievo* et à *In-*

---

de combat [1]. Celui-ci a été remplacé par le général Maison. Cette seconde journée a donc tout réparé. La belle résolution de St.-Cyr nous conserve la rive de la *Dwina*, et débarrasse de toute inquiétude sur les entreprises de Wittgenstein ; résultat de la plus grande importance dans ce moment où l'armée du centre peut être entraînée à marcher sur Moscou. Aussi l'empereur signale-t-il de la manière la plus éclatante, sa satisfaction; le comte Gouvion St.-Cyr est fait maréchal d'Empire. *Manuscrit du* baron FAIN, 1812, pag. 401 et 402.

---

[1] Une forte blessure du maréchal Oudinot, avait fait passer dans les mains du comte Gouvion de Saint-Cyr, le commandement du deuxième corps.

kowo...; mais Sébastiani, qui commandait dans cette dernière place, en fut repoussé avec perte, et fut poursuivi plus d'une demi-lieue. Le premier corps arriva en face de *Dowbrowno*.

Le 12. — La première armée russe, ayant fait sa jonction avec la deuxième, commandée par le prince Bagration, commença à étendre sa ligne du côté de *Póriethye*, pour maintenir ses communications avec le général Winzingerode qui était sur la rive droite de la *Dwina*.

L'armée française commença ses préparatifs pour le passage du *Dniéper*. La cavalerie et le troisième corps marchèrent de *Loubna* sur *Kominovo* près de l'embouchure de la *Bérézina*, sur laquelle deux ponts furent jetés.

Le 14 *août*. — Le quatrième corps, après avoir opéré une contre-marche par *Janovitchi* se rendit de *Souvay* à *Rassasna*, où trois ponts avaient été construits le 13, et où se rendit également la troisième division de cavalerie commandée par Grouchy.

Le cinquième corps, après avoir passé le *Dniéper*, se porta de *Moghileff* à *Romanow*.

Le même jour 14, le quartier général fut établi à *Rassasna*. Grouchy s'avança jusqu'à Liady. Murat attaqua Krasnoï avec sa cavalerie, soutenue par le troisième corps, et s'en rendit maître après avoir fait éprouver quelques pertes aux Russes.

Le 15, le quartier général fut porté à *Koroutnia*, et le 16 Bonaparte prit position en vue de Smolensk. Il fit ses dispositions pour une bataille générale ; mais les Russes eurent le soin de l'éviter.

Le 17, à deux heures du matin, Bonaparte ne voyant pas les Russes sortir des murs de Smolensk pour le combattre, commença à attaquer cette ville en essayant de l'enlever de vive force. Le carnage fut horrible des deux côtés. A minuit, les Russes évacuèrent Smolensk par le côté méridional du *Dniéper*, après avoir brûlé le pont et leurs magasins.

Le 18, l'armée française occupa Smolensk et y construisit plusieurs ponts.

Le 19, au point du jour, le troisième corps passa le *Dniéper* et s'avança sur la route de *Moscou*, pendant que Junot, à la tête du huitième corps, passait ce même fleuve à la droite de Smolensk, dans l'intention d'intercepter la grande route. L'arrière-garde russe avait pris position sur les hauteurs de *Valoutina*, et eut un engagement sanglant avec le troisième corps, pendant que le pauvre Junot et le huitième corps étaient contenus par une autre colonne russe... Grouchy s'avança avec une division de cavalerie jusques à *Doukowtchina*. Les Russes perdirent, au combat de Smolensk, deux généraux et six mille hommes, et les Français y perdirent le double ; mais à *Valoutina*, on croit que chacun des deux partis firent une perte égale de six mille hommes environ. Le général Gudin français y fut tué [1].

Pendant l'attaque de Smolensk, le général Witt-

---

[1] Gudin, transporté à Smolensk, y reçut les soins de l'empereur : ils furent inutiles, il périt. Ses restes furent enterrés dans la citadelle qu'ils honorent.   Philippe DE SÉGUR, livre 6, chapitre 7.

genstein n'était pas resté oisif. Il s'était renforcé des troupes de la garnison de *Dunabourg*. Son avant-garde eut quelques petits engagemens avec le corps d'Oudinot, qui s'était retranché derrière le *Polota*, et occupait les villages de *Spaz* et de *Gamzeleva*. Les Russes l'attaquèrent le 17 août, et, après un combat des plus sanglans, les Russes eurent deux mille hommes de tués ou blessés. Les Français laissèrent le même nombre de prisonniers, et Oudinot y fut blessé. Le combat recommença le lendemain 18 ; et Saint-Cyr, qui avait succédé à Oudinot, fut repoussé sur la route de Polotsk. Le carnage fut horrible : trois généraux russes furent blessés; et le général Deroi, qui commandait les Bavarois, y reçut une blessure mortelle [2].

Dans cette période, comme on vient de le voir, les Français ne firent aucun progrès sur la *Dwina*.

L'empereur assura sur sa cassette une pension particulière à madame la comtesse Gudin.

M. de Chambrai, qui ne dissimule point les pertes dans ces deux combats, conclut cependant par ces mots : Les tirailleurs russes sont maladroits. Les Français eurent l'avantage de pouvoir employer un plus grand nombre de bouches à feu que leurs adversaires. Il est incontestable que les pertes des Russes à *Voloutina* furent plus fortes que celles des Français. Pages 330 et 331.

[2] Ces deux combats furent sanglans. On y fit peu de prisonniers. Dans la journée du 18, les Russes perdirent 8 bouches à feu, les Français 3. Saint-Cyr se contenta de suivre Wittengstein. Ce succès avait une grande importance, puisqu'il empêchait Wittengstein de s'établir sur les communications de Napoléon. CHAMBRAI, pag. 272 et 273, tom. I.

3ᵉ. PÉRIODE.

Depuis le Dniéper jusqu'à la prise de Moscou.

Bonaparte, ayant passé le *Dniéper*, était maître de toutes les provinces depuis *Moghileff* jusques à *Smolensk*. Il possédait les positions importantes de *Witepsk, Polotsk, Dunabourg* et *Jakobstatd* sur la *Dwina* ; mais, ni le *Dniéper*, ni la *Dwina* ne lui fournissaient aucun moyen de communication ; il se décida alors à marcher sur Moscou, et combina tous ses plans pour y parvenir. En supposant que Tomasow eût été chassé de sa ligne sur le Pripet, que *Bobruisk*, *Mozyr* et *Kieff* eussent été pris, et qu'alors toute la ligne du Dniéper lui appartînt, l'angle objectif sur Moscou (en prenant pour base *Witepsk* et *Kieff*), aurait encore été de 45 degrés [1]. Il faut convenir, dans cette hypothèse,

---

[1] Le traduction du texte anglais est littérale ; mais le rédacteur, qui probablement n'est pas militaire, tombe dans une méprise assez grave pour vouloir se servir d'une langue scientifique qu'il n'entend pas : il prend à contre-sens le système de stratégie du Prussien Bulow auquel il fait évidemment allusion. Le stratégiste allemand pose en principe que l'angle objectif (c'est le nom qu'il lui donne en effet), c'est-à-dire celui dont la pointe présente le but d'une marche ou

que tous ses plans reposaient sur un calcul bien léger, puisque dans un cas pressant il n'aurait plus eu aucun angle objectif en compromettant toutes ses forces sur une ligne d'opérations de 240 milles de longueur. Il ne faut donc considérer cette dernière période de la campagne que comme une irruption désespérée. Bonaparte forma son armée sur de nouvelles dispositions. Il la divisa en trois parts : l'aile droite fut confiée à Beauharnais, l'aile gauche à Poniatowski, le centre à Murat et à Davoust, se réservant pour lui-même le commandement en chef. Les Russes se retirèrent devant lui en bon ordre, et ne laissant que des ruines après eux. Barclay-Tolly remit le commandement, près de Dorogobouje, au prince Kutusoff. Le général Benigsen commanda sous ses ordres, la première armée russe, et le prince Bagration la seconde.

Le quartier général français fut porté le 26 août à *Dorogobouje*, et le 27 à *Slavkovo*. La droite marcha

---

d'une expédition militaire, *doit avoir au moins 90 degrés*. Ainsi l'auteur anglais, pour donner un sens raisonnable à sa critique, devait-il dire, non pas que l'*angle objectif* sur Moscou avait encore 45 degrés ; mais bien que cet angle n'*aurait plus que* 45 *degrés*. C'est par le rapprochement des deux côtés de l'angle que la position de celui qui marche vers la pointe devient critique. La ligne d'opération tombe perpendiculairement du sommet de l'angle en le coupant en deux moindres angles, égaux entre eux, et par conséquent cette ligne d'opération est d'autant plus exposée que l'angle est plus aigu, et que par son rétrécissement la ligne d'opération se trouve plus près des deux côtés de l'angle; l'ennemi étant sur les 2 côtés ou du moins pouvant y être, sa manœuvre consiste à couper cette ligne d'opération ; ce qu'il exécutera d'autant plus aisément qu'elle se trouvera plus rapprochée des deux côtés de l'angle.

par *Kanoushkino*, *Znamenskoë*, *Kastereshkovo*, et *Novoe* : le centre continua d'avancer par la grande route de Moscou, et la gauche par la partie méridionale de l'*Osma* en se dirigeant par *Volosk*, *Loushki*, *Petrovskoe* et *Slawkowo*. Il y eut à *Rouibki* plusieurs faires d'avant-garde.

Le 28 août, le quartier général français fut établi à *Semlewo*. Il y eut quelques fusillades d'avant-postes pendant la journée.

Le 29, le quartier général français arriva à la distance d'une lieue de *Viazma*; la cavalerie y entra à la pointe du jour, et trouva les ponts et les magasins incendiés, et réduits en cendres.

Le 30, ce quartier général fut porté à *Viazma*; le 31, à *Velitchewo*.

Le 1er. septembre à *Ghjath* : les ponts et les magasins de cette ville avaient également été brûlés. L'armée française séjourna à *Ghjath* le 2 et le 4, et jeta six ponts sur la rivière qui porte le même nom que cette ville.

Le 4, les Français campèrent à *Griednewo*, d'où ils firent, sans succès, une forte reconnaissance [1].

L'armée russe avait pris une forte position en avant de *Mojaïsk*, derrière la Kalouga. Leur droite était placée sur la Moskowa; leur centre sur la grande route

---

[1] L'empereur vint camper près de la poste de Griednewo. A son arrivée, le roi de Naples lui rend compte d'un combat de cavalerie qui a retardé notre avant-garde pendant quelques heures. On n'en a pas moins achevé la journée de route. *Manuscrit* 1812, du baron FAIN, tome I, pag. 1.

vis-à-vis de Borodino, qui se trouvait en avant de la ligne, et appuyant sa gauche sur l'ancienne route de Smolensk, protégée par un bois et par de nombreuses redoutes. L'aile gauche de l'armée russe était le côté le plus faible de leur position [1]. Le 5, une attaque désespérée fut faite par Murat et par Poniatowski contre l'aile gauche; mais ils furent repoussés après un carnage horrible.

La journée du 6 fut employée de part et d'autre à faire de grands préparatifs d'attaque et de défense.

Le 7 septembre l'attaque fut renouvelée avec fureur contre la gauche des Russes, par une artillerie formidable. Poniatowski engagea le premier la bataille, Murat ensuite, et puis Beauharnais. Un millier de canons portèrent la mort des deux côtés. Il y eut des batteries qui furent prises et reprises plus de sept fois. Les

---

[1] A quatre heures l'attaque commence : *Compans*, qui a pris directement les ordres de l'empereur, s'empare des villages de *Fonkino* et de *Doronino*. Les Russes, qu'il en chasse, se retirent vers leur redoute : il les suit, et à la fois tourne le mamelon par la droite et par la gauche. Nos colonnes ont d'abord à lutter contre des masses de cavalerie qui viennent se précipiter sur leurs baïonnettes. Dégagées de ce premier obstacle, elles en trouvent un second dans la vive fusillade qui les reçoit sur les flancs de la redoute. Pour en finir, un bataillon du cinquante-septième s'avance, il démasque quatre pièces d'artillerie chargées à mitraille, et profitant aussitôt du ravage, nous pénétrons à la baïonnette dans les rangs entr'ouverts des Russes. Le désordre se communique rapidement de la droite à la gauche : on nous abandonne non-seulement la redoute mais encore les pièces qui la défendaient. Tous les canonniers sont tombés autour des affûts. *Manuscrit de* 1812, baron FAIN, tom. II, pag. 3 et 4.

Il est faux que cette redoute une fois en notre pouvoir ait jamais été reprise par l'ennemi. GOURGAUD, pag. 104.

bulletins officiels des Français dirent qu'on avait tiré de leur côté près de 50 mille coups de canon. Les Russes furent inébranlables dans leurs positions. Les Français se retirèrent le soir derrière l'abbaye de Kolotskoï, éloigné d'environ neuf milles du champ de bataille. On s'accorde à dire que les Russes perdirent, dans cette journée, 25 mille hommes. Le prince Bagration y fut mortellement blessé, et fut remplacé par le général Tomasow, qui fut retiré de l'armée qui était sur le *Pripet*. La perte éprouvée par les Français fut bien plus considérable [1].

---

[1] La perte des Russes fut plus forte que celle des Français parce qu'ils furent contraints d'abandonner une partie de leurs blessés sur le champ de bataille. Leur infanterie souffrit davantage, proportion gardée, que leur cavalerie : dans l'armée de Napoléon ce fut le contraire. On s'enleva réciproquement quelques pièces de bataille. Les Français s'emparèrent en outre de vingt-une pièces de position qui se trouvaient encore dans la redoute lorsqu'elle tomba en leur pouvoir. Toutes les troupes qui composaient l'armée de Napoléon combattirent avec une égale valeur : exemple mémorable des bonnes institutions militaires et d'une bonne méthode de guerre!... CHAMBRAI, tom. II, pag. 75 et 76.

Au point du jour toutes les positions de Kutusoff furent évacuées. Telle fut cette bataille la plus sanglante qui eut encore été livrée depuis l'invention de la poudre. Napoléon y fut vainqueur. *Ibid*, pag. 76 et 77.

L'armée française, d'après les calculs de Napoléon, a perdu vingt mille hommes. MONTHOLON, tom. II, pag. 78.

Nous avons eu, dit le docteur Larrey, douze à treize mille hommes hors de combat et neuf mille tués... Total vingt-deux mille hommes.

Quant aux Russes, Napoléon évaluait leur perte à près de cinquante mille. Cette évaluation n'est point contestée par M. de Butturlin, historien russe, tome 2, page 116. Il y dit encore, qu'il a fallu réor-

Bonaparte voyant qu'il était impossible de forcer la position des Russes, résolut de les tourner par les routes de *Zvenigorod* et de *Kalouga*, son aile droite marcha sur *Rouza*; sa gauche sur *Farmiuskoë* par *Barrnsk* : le centre s'avança sur Kubinskoë, dans le même temps que l'armée russe se retirait sur Moscou.

Le 10. — Le quartier général français était à Mojaïsk; le 12, à Paskino; le 13, au château de *Bareski*, et le 14, Murat entra dans Moscou. Il y eut un combat sanglant entre les Français et les habitans [1], soutenus par dix mille Russes de l'arrière-garde.... Le feu [2] fut mis aux quatre coins de la ville, et l'incendie dura jusques au 21, époque à laquelle il ne restait plus que le Kremlin.

Tous les magasins avaient été détruits. Le prince Kutusoff évacua Moscou vers les 9 heures du matin; il couvrit sa retraite avec une telle habileté, par ses troupes légères, que jusques au 17, les Français furent persuadés qu'il s'était retiré par la route de Kasan. Pendant ce temps, ce prince profitant de la confusion qui régnait à Moscou, exécuta un mouvement de flanc

---

ganiser les corps qui avaient échappé au massacre de Borodino (c'est le nom que les Russes et les Anglais donnent à la bataille de la Moskowa).

[1] Aucun habitant ne figura dans les rangs des Russes dans Moscou, par la simple raison qu'il n'y en avait plus....

[2] Les renseignemens les plus positifs, dit l'historien russe, ne permettent point de douter que l'incendie de Moscou n'ait été préparé et exécuté par les autorités russes. BUTTURLIN, page 369, tom... Quelques lignes plus bas, le même historien impute formellement à M. le gouverneur Rostopchin, la *gloire* d'avoir *conçu* et *habilement exécuté* l'incendie de Moscou.

tel que l'histoire militaire n'en offre aucun qui puisse lui être comparé. Jusqu'alors le plus célèbre était celui qui fut opéré par *Turenne* à *Turkeim*; mais celui du vétéran russe doit être mis hors de comparaison. Quoique battant en retraite, avec une armée inférieure, il l'exécuta à huit milles de son ennemi, et marcha par le chemin de *Kolomna*, jusques à ce qu'il eût passé la Moscowa. Il remonta alors la rive droite de la *Praxa* et posa son camp près de *Podal*; delà il s'avança par la gauche à *Taroutino*, sur la vieille route de Kalouga, y forma immédiatement un camp retranché, et signa d'une manière irrévocable, par ces grandes et audacieuses manœuvres, la sentence de son trop fameux adversaire [1]. Les

---

[1] Toute cette opération que le narrateur anglais exalte comme une des manœuvres la plus habile et la plus étonnante, se borna à quelques marches et contre-marches sur la droite de Moscou, faites sans obstacles et sans poursuite, parce que l'armée française lassée de courir après un ennemi qui ne *s'était arrêté qu'une seule fois*, avait besoin de repos, de vivres et de chaussures... etc. Kutusoff était comme un homme jeté hors de sa route et de ses plans : il prit le seul parti qu'il avait à prendre, celui de se placer de manière à défendre s'il le pouvait, *Kaluga* et *Tula*, villes voisines de Moscou, et les plus importantes à cause des fabriques d'armes qu'elles renfermaient. Mais la position fut bientôt *connue* et *reconnue*; quelques démonstrations ordonnées par Napoléon, forcèrent Kutusoff à s'éloigner davantage de Moscou. Il mit à profit l'indifférence qu'on lui témoignait, et fit quelques retranchemens à *Malojaroslawetz*, qu'il ne sut pas mieux conserver que les grandes redoutes sur lesquelles il se confiait à la bataille de la Moskowa.

Les escarpemens et les hauteurs de *Malojaroslawetz*, se sont chargés de répondre à ces pompeux éloges, donnés au paisible itinéraire de Kutusoff. Quant aux événemens qui suivirent cette brillante victoire du vice-roi, l'atroce rigueur de l'hiver revendique pour lui seul, la

troupes légères prirent des positions sur les différentes routes, et quelques-unes entrèrent en communication avec le général Winzingerode qui, des sources de la *Dwina*, s'était avancé sur une ligne parallèle à celle des Français ; ce qui donna le moyen de renforcer son armée jusqu'au nombre de 30,000 hommes. Ce général prit position à *Twer* sur le Volga, pour couvrir la route de Saint-Pétersbourg et agir sur les flancs de l'armée française. Ce vigoureux général se conduisit avec toute l'activité du plus habile partisan, ne cessa point de harceler l'ennemi, et conserva ses communications avec le prince Kutusoff. Il établit son quartier général à *Klin*, sans cesser d'occuper *Voloklamsk*, *Rouza*, et s'avança quelquefois jusques à quelques milles de Moscou. Qu'il suffise de dire que, jusques au 19 octobre, ce corps d'armée du nord fut engagé dans une série de combats plus avantageux les uns que les autres, sous le commandement du chef le plus entreprenant.

---

gloire de nos désastres pendant la retraite. *C'est le froid seul qui signa la sentence.*

4ᵉ. ÉPOQUE.

Retraite et destruction de l'armée française.

¹ La dernière période de guerre fut ouverte par le mouvement le plus désespéré de la part du général français, et terminée de la part du général russe par tout ce que le génie et l'habileté ont de plus sublime. Les grands résultats de cette période prouveront la faiblesse de la théorie d'une seule ligne d'opération et l'importante supériorité des mouvemens de flanc. L'entrée de Bonaparte dans Moscou ne fut qu'une irruption. Il ne s'efforça de s'y maintenir que par les moyens obscurs qui s'appuient sur le système de l'invasion ; mais il vit bientôt qu'il lui serait impossible d'y subsister.

---

¹ Napoléon entré dans Moscou avec quatre-vingt-dix mille combattans et vingt mille malades et blessés en sortit avec plus de cent mille combattans. Il n'y laissa que douze cents malades. Son séjour, malgré les pertes journalières, lui a donc servi à reposer son infanterie, à compléter ses munitions, à augmenter ses forces de dix mille hommes, et à protéger le rétablissement et la retraite d'une grande partie de ses blessés. Philippe de Ségur, tom. II, pag. 112.

Le 4 *octobre*. — A la suite d'une sérieuse affaire d'avant-postes, il envoya le 5 un parlementaire qui fut renvoyé avec dédain. Ses détachemens et ses convois furent interceptés : *Vereia* même qu'il avait fait fortifier, pour assurer ses communications avec Mojaïsk, fut pris d'assaut le 14. Le 15, le 16 et le 17, il dirigea ses hôpitaux sur Mojaïsk et sur Smolensk. La route qui conduit à cette dernière ville forme une courbe inclinant vers le sud-ouest : elle est coupée par une infinité d'autres routes dans la direction du nord au sud, et dont les Russes étaient les maîtres. La position du prince Kutusoff n'était pas seulement sur le flanc, elle était encore sur la corde de l'arc. Le premier effort de Bonaparte fut de tenter de s'ouvrir l'angle objectif.

[1] Le 18 *octobre* — Murat, à la tête de 45 mille hommes, tenta de forcer le passage à *Vinkowo*, mais il fut battu par le général Beningsen ; il en fut de même de Sébastiani et de tout le corps à leurs ordres : ils y perdirent 38 pièces de canon.

Beauharnais se mit en mouvement vers *Fomenskoé*, et toute l'armée marchait du même côté, le 19, à l'exception d'une garnison qui fut laissée au Kremlin, sous

---

[1] Bientôt on apprend (au Kremlin) qu'il y a eu une surprise (le 17 et non le 18), que l'alerte a été chaude...., qu'enfin après un engagement général en deçà de *Vinkowo*, l'ennemi repoussé est rentré dans ses lignes. Il paraît que depuis la mission du général Lauriston, des communications s'étaient maintenues entre nos avant-postes et ceux de Kutusoff ; qu'on était d'accord de ne pas s'attaquer sans se prévenir, et que les Russes ne se sont pas fait scrupule de mettre à profit notre extrême sécurité. Baron Fain, *Manuscr.* 1812, tom. II, pag. 159.

le commandement de Mortier. Le quartier général français fut porté le même jour 19 à *Desna ;* le 20, à *Troitzkoë ;* le 21, à *Ignaten ,* le 22, à *Fomenskoé.* Ce même jour l'armée russe du nord força le Kremlin ; mais le général Winzingerode s'étant avancé avec un drapeau blanc, fut lâchement enlevé avec son aide de camp. Il fut remplacé dans son commandement par le major-général Kutaïsoff. Le 23, le quartier général de l'armée française fut porté à *Boroswk :* elle était divisée en quatre corps sur la *Pakra.* Deux forts détachemens furent envoyés à *Malojaroslavetz* et à *Médyn.*

Le 24. — Le général attaqua les Français à *Malojaroslavetz.* Les deux partis ayant reçu des renforts, un combat terrible fut livré : la ville fut prise et reprise onze fois : elle fut réduite en cendres. Pendant l'action, l'armée russe fit un mouvement pour s'éloigner de *Taroutino,* elle s'arrêta en arrière de *Malojaroslavetz.* Le quartier général français était resté à *Gorodnia ;* mais un corps de cosaques y jeta l'épouvante le lendemain de la bataille, et attaqua le parc d'artillerie qui était à l'arrière-garde.

Le 25. — Bonaparte fut reconnaître le terrain de *Malojaroslavetz* [1], son quartier général resta à *Go-*

---

[1] Nous ne pouvons nous dispenser d'avouer que le combat de Malojaroslavetz fait le plus grand honneur aux troupes du vice-roi, qui soutinrent les attaques impétueuses des Russes avec une bravoure et une constance admirable. M. de Butturlin, tom. II, p. 165.

Le laconisme du narrateur anglais donne un grand prix à cet aveu de l'historien russe.

Le 26 les Russes s'étaient retirés. Kutusoff a reconnu l'inutilité de sa dernière tentative, et nous quitta le champ de bataille. L'hon-

rodnia ; mais, ayant trouvé que les chemins de *Malojaroslavetz* étaient impraticables, il rétrograda à *Borowsk.* Le détachement de l'armée française qui avait été envoyé à *Médyn*, fut détruit par l'infatigable Platoff, qui s'empara de toute l'artillerie.

Le 26. — Le quartier général français était encore à *Borowsk,* celui des Russes était à *Gorki.*

Le 27. — Le quartier général français fut porté à *Vereia.* Le général russe *Miloradowitch*, avec un corps de 18,000 hommes, fut détaché pour agir sur la route de *Viazma.* Ce mouvement fut suivi par toute l'armée, sur une ligne parallèle.

Le 30 octobre, les Français étaient à *Kolotskoï,* et le 1er. novembre à *Viazma.* Le lieutenant-général russe Shepetoff fut détaché avec un corps considérable à *Elnya.*

Le 3 *novembre.* — Le général *Miloradowitch* eut un engagement sérieux auprès de *Viazma.* On évalue la perte des Français en blessés, tués ou prisonniers à 8,500 hommes. Le quartier général russe était à *Bikovo* près de *Viazma.*

Il serait impossible de donner tous les détails des grandes affaires qui eurent lieu sur cette longue ligne d'opérations, voici le rapport d'un témoin oculaire :

La grande route offrait à chaque pas des scènes de destruction sans exemple, dans l'histoire des guerres

---

neur de nos armes est satisfait. *Manuscrit de* 1812 *du baron* FAIN, tom. II, page 255.

modernes, partout ce n'étaient que morts et mourans ; on voyait de tous côtés des carcasses de chevaux, dont le plus grand nombre avait servi de nourriture, après avoir été mis en pièces.... Les maisons des paysans étaient brûlées : des caissons brisés, après avoir sauté, offraient d'immenses débris. En un mot, tous les genres de calamités se présentaient en foule sous une température de 10 à 15 degrés de froid (thermomètre de Réaumur), et dont aucun abri ne pouvait garantir.

Dans ces entrefaites, Victor s'était avancé du *Niémen* vers *Smolensk*, dans l'intention de favoriser la retraite de l'armée; mais le général Wittengstein, renforcé par les volontaires de Saint-Pétersbourg, et soutenu par le général Steingell, qui était arrivé de la Finlande avec 18,000 hommes, par la route de Revel, dès les derniers jours de septembre, fit une tentative contre Saint-Cyr, à Polotsk, le 18 et le 19 octobre. Le 20 du même mois, le général Steingell s'avança sur la rive gauche de la *Dwina*, et la ville fut emportée d'assaut. Victor fut alors obligé de changer de direction pour protéger Saint-Cyr, pour empêcher que le pont d'*Orcha* et la route vers Minsk par Borisow, ne fussent coupés.

Le 3 novembre. — Le général Wittengstein s'établit sur la *Oula* à *Tchatniki*, et Victor prit position à *Senno; Vitepsk* et sa garnison se rendirent aux troupes de Wittengstein.

L'armée, qui avait été employée contre les Turcs, était arrivée sur le *Pripet*, sous le commandement de l'amiral Tchitchagoff. Le 22 octobre elle était à *Brzest;* l'amiral y laissa le général Saken, qui avait remplacé le général Tomasow, pour surveiller les mouvemens du prince Schwartzenberg; il marcha ensuite directement sur *Minsk* par *Proujani*, *Slonim* et *Neswig*.

Bonaparte s'avançait vers Smolensk.

Le 7 novembre, le général Miloradowitch eut une affaire sanglante à *Dorogobouje*, à la suite de laquelle Beauharnais tâcha de gagner la rive droite du Dniéper avec quatre divisions dans la direction de *Doukowtchina*; mais il fut attaqué par l'hettman Platoff et mis en déroute avec une perte de 33 canons. Le lendemain de cette affaire, les débris de ce corps furent obligés d'abandonner 69 canons et de fuir du côté de Smolensk.

L'armée russe du nord se rendit, de son côté, à *Doukowtchina* où elle fit prisonnier le général Samson, quartier-maître général de l'armée française, avec 500 hommes qui lui servaient d'escorte.

Le 9, le quartier général français était à Smolensk; il en partit trois divisions de troupes fraîches, pour s'assurer de la route d'*Elnia*, du côté de *Jasvin*, *Laixovo* et *Dolgamast*. Le général Augereau, qui en commandait une, fut fait prisonnier avec 3,000 hommes; Charpentier fut taillé en pièces avec la seconde, et la troisième, sous les ordres du général Baraguay-d'Hilliers, commandant en chef ces trois divisions, se replia en toute hâte sur Smolensk.

Le prince Kutusoff, qui était à *Elnia*, s'avança le 11 à *Jaszkovo*; le 14, il était à *Usoff*.

Le 13. — Bonaparte quitta Smolensk [1]; le 16, son quartier général était à *Krasnoï*. Le général Platoff

---

[1] L'empereur ne quitta Smolensk que le 14.

attaqua le faubourg de Pétersbourg de Smolensk. Davoust se retirait sur *Krasnoï,* lorsqu'il fut attaqué par le général Miloradowitch, à quelques milles de cette ville. Il fut mis en déroute, et il y perdit 9,000 prisonniers, 70 pièces de canons et son bâton de maréchal.

Smolensk fut évacué le 17 : Platoff marcha par la rive occidentale du Dniéper, fit 3,000 prisonniers et le commissaire-général Puybusque, dans les environs de *Katani.*

Le général Miloradowitch, ayant reçu de nouveaux renforts, prit position au-dessus d'un petit ravin près de *Sirokoreni* et de *Tchernif,* pour couper à Ney sa retraite sur *Krasnoï.* Ce corps, composé de 12,000 hommes, se voyant cerné et entouré de toutes parts, capitula, à l'exception de Ney qui se sauva avec 3,000 hommes, du côté du Dniéper. Ces débris tombèrent au milieu des gens de Platoff sur la route de *Loubavitchi.* Presque tous périrent, à l'exception de Ney qui se sauva avec peu de monde, et qui rejoignit le quartier général français à *Doubrowna.*

Le 20 novembre, le quartier général était à *Orcha.* Les restes de l'armée française y passèrent le Dniéper, et s'avancèrent vers *Borisow.* Le prince Kutusoff était à *Romanowo.* Il détacha quatorze bataillons, sous les ordres du général Yermoloff, vers *Orcha.* Le reste de l'armée russe marcha dans la direction de *Kopiz.*

Cependant des ordres avaient été expédiés à Victor et à Oudinot de déloger le général Wittengstein de la position sur la *Oula.* Ils l'attaquèrent le 14, et furent repoussés avec une grande perte. Le colonel Czhernicheff vint au quartier général russe apporter la nouvelle que l'amiral Tchitchagoff serait le 17 à Minsk. Aussitôt qu'il y fut arrivé, il détacha le général Lambert à *Borisow*, où il attaqua le 21 les têtes de pont défendues par Dombrowski, les enleva de vive force, et fit 3,000 prisonniers.

Bonaparte, avec le squelette de l'armée de Moscou, les débris de Victor, et les divers détachemens qui étaient restés après lui sur le Dniéper, s'avança sur Minsk par *Kokanoff*, ayant le prince Kutusoff sur son arrière-garde et sur son flanc gauche, et devant lui la Bérézina et l'amiral Tchitchagoff. Le major-général Yermoloff marchait par *Orcha*, et le général Miloradowitch par *Kopiz*, tous les deux se dirigeant sur *Tolotchin*. L'armée russe était le 24 à *Kopiz*, et le 25 à *Starosèle*, et marchait sur *Tzietzieryn* pour se porter à *Bobr* ou à *Bérézino*, selon les circonstances.

Le 24 novembre, Oudinot fit une inutile tentative pour reprendre le pont de *Borisow*.

Le 25, Bonaparte fit une reconnaissance et se détermina enfin à s'ouvrir un passage soit à *Veselowo*, soit à *Stoudziancka*.

Le 26, deux ponts furent jetés sur la *Bérézina*.

Le 27, l'armée française commença à effectuer son passage ; mais l'arrière-garde fut attaquée par le général Wittgenstein. Bonaparte donna immédiatement l'ordre de brûler les ponts, et Partouneaux fut obligé de mettre bas les armes avec sa division. Tous ses bagages restèrent au pouvoir des Russes, qui retrouvèrent là tout ce que les Français avaient enlevé aux habitans de Moscou et dans leurs églises [1].

L'amiral attaqua les Français, le 28, près de *Zembin*, et les poursuivit jusques à *Plechnitzié* et *Kotengitzi*. Le corps d'armée du nord descendit par *Lepel*, la *Bérézina* et par *Dokshitzi*, pour se rendre à *Vileika*.

De *Molodetschno*, Bonaparte s'enfuit à *Smorghoni*, sous la protection d'une escorte d'officiers. Il lui fut envoyé de Vilna, par son secrétaire Maret, un corps de troupes qui l'escorta jusque dans cette dernière ville. Il n'y resta que quelques heures, et continua, sous un déguisement [2], sa fuite vers la France. Après la désertion de ce chef présomptueux, on ne vit que morts et mourans sur la route de *Smorghoni* et d'*Ochmiana*. Les Russes se rendirent maîtres de *Vilna* le 11 décembre, et le 14 de *Kowno*.

Les bulletins officiels publiés le 25 décembre dirent que dans cette guerre il y eut de faits prisonniers,

41 généraux,
1,298 officiers,

---

[1] Le général Parthouneaux commandant les dernières troupes qui devaient passer les ponts, eut le malheur de se tromper et de prendre à droite au lieu de prendre à gauche. Il devait brûler les ponts après son passage. Les ponts ne furent pas brûlés; ils furent détruits par l'artillerie ennemie.

Tout ce qui composait les trophées fut anéanti avant l'arrivée à Borisoff, et les Russes ne retrouvèrent rien.

[2] Le narrateur anglais veut probablement dire que l'empereur voyagea *incognito et sans suite*. Le *déguisement* n'était point nécessaire, puisqu'il voyageait en pays ami jusqu'à Paris.

167,510 sous-officiers ou soldats,

Et 1,131 canons de pris.

qu'on juge des morts!

Le contingent prussien, sous le prétexte d'une capitulation au moulin de *Paschernu*, se joignit, le 30 décembre, aux armées victorieuses de la Russie. On peut dire que c'est ici que finit la campagne de Russie, et commença celle que la postérité appellera avec enthousiasme, la campagne des libertés européennes.

FIN.

CONTEMPORAINS.

GALERIE

AUTHOGRAPHIQUE.

<u>Tiré du Cabinet de M. J. Tastu.</u>

J'ai été bien aise de recevoir de vos nouvelles, et d'apprendre que votre santé s'est améliorée. Mon fils a beaucoup grandi et j'ai eu lieu d'être très contente de la réussite de son éducation. Recevez l'assurance de tous mes sentiments d'estime et de considération.

Parme le 22 Octobre
1826

Votre affectionnée
Marie Louise

1. Buonaparte 2. aîné
3. Bonaparte Mère
4. Lapagerie Bonaparte 5. Joséphine
6. Hortense 7. L. Bonaparte
8. Louis Bonaparte 9. Joseph Bonaparte
10. Julie
11. J. Card¹ Fesch 12. [signature]
13. [signature]
15. Camillo 14. Marie Louise
16. Eugène Napoléon
17. S. Sénateur Beauharnois 18. [signature]
19. [signature]

20.
J.ᵉ Bernadotte

21. Désirée Bernadette

22. L. D'Ségur
grand maître des cérémonies
Conseiller d'État

23. s.t.ᵗᵉ de Montesquiou

24. A. Turlaincourt

25. Regnaud de St Jean d'Angély

26. Rémusat 1ᵉʳ Chambellan

27. Duroc

28. Champagny duc de Cadore

29. de Bondy

30. Lemarois
Chambellan de l'Empereur

31. Gouvernante des Enfants de France,
M.se de Montesquiou

32. Le g.ral De Seyssel, Maître
des cérémonies de S.M.

33. Lucay

34. Le Duc d'Albuféra

35. Cornissart

36. Le Baron g. Fain

37. Fr. De Bausset

38. Lieutenant

39. [illegible] de Laupède

40. C.te de Labourg

41. [illegible] Monterrieux

42. Aud Dubois

43. Le général Bertrand
44. [signature]
45. [signature]
46. Tatarionnijas
47. [signature]
48. [signature]
49. [signature]
50. ... talleyrand
51. [signature]
52. [signature]
53. Schwarzenberg
54. [signature]
55. [signature]
56. [signature]

57. + Dom. anh. de matin.
58. M^as Perignon
59. Bessieres de Istring
60. le M^al Duc de une giaud
61. Bessieres
62. M^l du duc...z (de la main droite.)
63. le M^al duc de Ragne (de la main gauche.)
64. le M^al duc de Jauzy
65. Jurien
66. Kellermann Duc de Valmy
67. M^al Duc de Dalmatie
68. Gouvion St Cyr
69. le M^al Duc de Reggio
70. Duc de Bellune
71. Bernad
72. Maclet
73. Prum de...

74. Le Mal Pce de la Moskowa
Ney

75. [signature]

76. [signature]
Duc de Castiglione

77. Le Mal Duc de Trevise

78. Alexr Lauriston

79. Le Mal Duc de Reggio

80. Lefebvre Desnouettes

81. Jourdan

82. Beurnonville

83. Le Mal Duc d'Albufera

84. Le Duc d'Abrantes

85. Macdonald

86. Larrey

87. Franz Latmoff 88. Mars. 89. Saint-Prix
90. Duchesnoy 91. Bazincourt. 92. F. Gérard
93. Fontaine 94. Antonio Canova
95. David 96. Denon
97. Berthollet 98. Monge
de Polye
99. Étienne de Jouy 102. E.
Romme Deletens, Adjudant G^{al} en retraite
103. Baillou
100. Chateaubriand 104. Bonaparte Jacbez
101. + h. для общ au Sel anев ее d'Alais
105. Arrighi 106. J. V. Arrighi
108. de Dejean 107. Duc de...

109. Le M.al Grouchy P.ce d'aigle de la légion, C.tte d'emp.re ch. de la 6.eme M.re

110. auguste Belliard

111. C.te Foubier

112. C.te Emerieu

113. Le V.te de Las Cases

114. Domingo Badia y Leblich

115. Lect Decaze

116. [signature]

117. Lapareds

118. L'abbé de Montesquiou

119. [signature]

120. Louis

121. [signature] Philippe

122. Louis Antoine

AVIS DES ÉDITEURS.

Pour exciter davantage l'intérêt que doivent inspirer à un haut degré les Mémoires de M. de Bausset, nous avons joint à ces deux volumes deux *portraits, gravure* et *fac simile*. Puissent nos efforts être appréciés par le public, qui, nous le pensons, ne sera pas fâché de voir à la suite des détails historiques et anecdotiques, les portraits de deux femmes célèbres et les signatures des principaux personnages qui ont brillé ou joué un rôle plus ou moins important dans le grand drame de l'empire. Le retour des Bourbons en France a commencé une nouvelle ère politique : les noms de trois princes de cette famille devaient naturellement trouver leur place dans notre galerie autographique.

Les portraits de Joséphine et de Marie-Louise, ont été gravés d'après deux miniatures d'Isabey. M. Mantoux a fait avec une intelligence remarquable tous les *fac simile*.

CONTEMPORAINS.

GALERIE AUTOGRAPHIQUE.

FAMILLE IMPÉRIALE [1].

	N°.
BUONAPARTE............................	1
NAPOLÉON, né 15 août 1769; empereur des Français, 18 mai 1804; sacré et couronné à Paris, 2 décembre de la même année; couronné roi d'Italie, 26 mai 1805; marié à Vienne, 11 mars 1810; à Paris 1ᵉʳ. avril suivant................	2
LAPAGERIE BONAPARTE....................	4
JOSÉPHINE impératrice et reine, née le 24 juin 1768.....	5
MARIE-LOUISE, archiduchesse d'Autriche, née le 12 décembre 1791........................	14
MARIE-LÆTITIA, née 24 août 1750; MADAME, mère de l'empereur et roi...................	3
JOSEPH-NAPOLÉON, frère de l'empereur, né le 7 janvier 1768; roi le 6 juin 1808; marié à............	9
MARIE-JULIE, née 26 décembre 1777............	10
LOUIS-NAPOLÉON, frère de l'empereur, né 2 septembre 1778; roi de Hollande; marié à...............	8
HORTENSE-EUGÉNIE, reine, née 10 avril 1783........	6

[1] Il nous a manqué quelques signatures pour compléter cette liste, nous espérons pouvoir les donner plus tard en supplément.

FAMILLE IMPÉRIALE.

	N°.
JÉROME-NAPOLÉON, frère de Napoléon, né 15 novembre 1784; roi de Westphalie, 1er. décembre 1807; marié le 22 août 1807...............	00
MARIE-ANNE-ÉLISA, sœur de l'empereur, duchesse de Lucques et Piombino, née 3 janvier 1777; mariée 5 mai 1797 à......................	102
FÉLIX BACCIOCHI, né 18 mai 1762..............	103
MARIE-PAULINE, sœur de l'empereur, née 20 octobre 1780; princesse de Guastalla; mariée en premières noces au général Leclerc, en secondes noces à......	104
CAMILLE BORGHÈSE...................	15
JOACHIM-NAPOLÉON (MURAT), né 25 mars 1771; roi 15 juillet 1808; marié à................	12
MARIE-ANNUNCIADE-CAROLINE, sœur de l'empereur, reine des Deux-Siciles, née 25 mars 1782..........	13
LUCIEN BONAPARTE...................	7
EUGÈNE-NAPOLÉON, vice-roi, né 3 septembre 1780.....	16
BEAUHARNOIS, sénateur................	17
LAVALETTE, directeur général des postes..........	18
B. DE LAVALETTE (comtesse)..............	19
ARRIGHI, préfet de la Corse..............	105
ARRIGHI, duc de Padoue................	106
BERNADOTTE, roi de Suède..............	20
BERNADOTTE DÉSIRÉE, reine..............	21
JOSEPH FESCH, oncle de l'empereur, cardinal, né à Ajaccio, 3 janvier 1763..................	11

INSPECTEURS ET COLONELS GÉNÉRAUX.

MM. le duc d'ABRANTÈS (JUNOT)..............	84
—— DECRÈS...................	107

INSPECTEURS ET COLONELS GÉNÉRAUX.

N°s.

MM. le comte Ganteaume...............	41
—— Dejean......................	108
—— Grouchy....................	109
—— Belliard....................	110
—— Sorbier.....................	111
—— Émeriau....................	112

GRANDS-OFFICIERS CIVILS DE LA COURONNE.

MM. le duc de Frioul (Duroc)...............	27
le comte de Montesquiou-Fezensac...........	23
le duc de Vicence (Caulaincourt)..........	24
le prince de Neuchatel et de Wagram (Berthier).	49
le comte de Ségur, grand-maître des cérémonies...	22
Lacépède, chancelier de la Légion-d'Honneur.....	39
Cambacérès, archichancelier..............	47
Lebrun, architrésorier.................	48
le prince de Bénévent, vice-grand-électeur......	50

MARÉCHAUX.

MM. le duc de Conégliano (Moncey)...........	60
Jourdan.........................	81
le prince d'Essling, duc de Rivoli (Masséna).....	59
le duc de Castiglione (Augereau)..........	76
—— de Dalmatie (Soult)............	67
Brune..........................	75
le duc de Trévise (Mortier).............	77
le prince de la Moscowa, duc d'Elchingen (Ney)..	74

MARECHAUX.

Nos.

MM. le prince d'Eckmulh, duc d'Auerstaedt (Davoust). .	73
le duc d'Istrie (Bessières).	61
——— de Bellune (Victor).	70
——— de Reggio (Oudinot).	69
——— de Raguse (Marmont).	62-63
——— de Tarente (Macdonald).	85
——— d'Albuféra (Suchet).	83
le comte de Gouvion-Saint-Cyr.	68
le duc de Valmy (Kellermann).	66
——— de Dantzig (Lefebvre).	64
le comte Pérignon.	58
——— Serrurier.	56
le duc de Montebello (Lannes).	65
Lauriston.	78
Beurnonville.	82

PERSONNAGES CIVILS ET MILITAIRES.

MM. le duc de Gaete (Gaudin).	30
——— d'Otrante (Fouché).	44
——— de Bassano (Maret).	45
——— de Rovigo (Savary).	79
Le comte de Las Cases, chambellan.	113
Remusat, premier chambellan.	26
Bertrand (le général), grand-maréchal.	43
Champagny (duc de Cadore), intendant général de la couronne.	28
Regnault de Saint-Jean d'Angely, secrétaire de l'État de la famille impériale.	25
De Bondy, chambellan.	29

PERSONNAGES CIVILS ET MILITAIRES.

      | N°ˢ.
---|---
Montesquiou (comtesse de), gouvernante des enfans de France. | 31
De Luçay, préfet du palais. | 33
De Bausset, *idem*. | 37
De Seyssel, maître des cérémonies. | 32
Corvisart, médecin de l'empereur. | 35
Fain (baron), secrétaire du cabinet. | 36
La Rochefoucauld-Liancourt. | 38
De la Borde (Alexandre). | 40
Domingo Badia (Aly-Bey). | 114
De Cazes. | 115
Hullin (le général). | 116
Claparède. | 117
Fontanes. | 51
Daru. | 54
Comte de Cessac (Lacuée). | 55
De Pradt (Dominique), archevêque de Malines. | 57
Otto. | 52
Schwartzenberg. | 53
Carion de Nisas. | 46
Durosnel. | 71
Lefebvre-Desnouettes. | 80
Berthollet. | 97
Monge. | 98
Larrey. | 86
Dubois. | 42
Jouy. | 99
Chateaubriand. | 100
Bausset (de) évêque d'Alais. | 101
Denon. | 96

PERSONNAGES CIVILS ET MILITAIRES.

Nos.

David.	95
Gérard.	92
Canova.	94
Fontaine.	93
Talma.	87
Mars.	88
Saint-Prix.	89
Duchesnois.	90
Dazincourt.	91

CONSPIRATEUR.

Mallet (le général).	72

PREMIER GOUVERNEMENT PROVISOIRE.

Le prince de Bénévent.	50
Le duc d'Alberg.	34
L'abbé Montesquiou.	118
Le vicomte de Jaucourt.	119
Le général Beurnonville.	82

RESTAURATION.

Louis XVIII.	120
Charles-Philippe (Charles X).	121
Louis-Antoine (Dauphin).	122

TABLE
DES MATIÈRES

CONTENUES

DANS LE DEUXIÈME VOLUME.

CHAPITRE PREMIER.

Page 1. — Le prince Eugène est nommé à la succession du grand-duché de Francfort. — Envoi d'une cour brillante sur les frontières d'Autriche pour recevoir l'impératrice Marie-Louise. — Empressement des cours d'Allemagne. — Le roi de Bavière et deux grenadiers de la garde impériale dans les rues de Munich. — Braunau. — Note renfermant la liste complète des personnes composant le cortége de la cour d'Autriche chargées de remettre l'impératrice Marie-Louise à la cour de France. — Baraque de Braunau. — Remise de l'auguste fiancée. — Dispositions pour le cérémonial de la remise de S. M. l'impératrice dictées par Napoléon.

CHAPITRE II.

Page 19. — Instructions données au chevalier d'honneur comte de Beauharnais. — Adieux de la cour d'Autriche. — Entrée à Braunau; la cour d'Autriche est invitée à s'y rendre. — Départ pour Munich. — Le baron de Saint-Aignan à Munich. — Le comte de Beauvau à Stutgard. — Le comte de

Bondi à Carlsrhue. — Entrée de Marie-Louise en France ; Strasbourg. — Première audience de l'impératrice ; Nancy, Vitri, Silleri, Courcelles. — Napoléon arrive à cette dernière poste avant Soissons. — Première entrevue entre Napoléon et Marie-Louise. — Il conduit l'impératrice à Compiègne. — Le cérémonial de l'entrevue devient inutile. — Fêtes du mariage. — Présens de la ville de Paris. — Santé portée à un banquet par le prince Ferdinand au château de Valençay.

CHAPITRE III.

Page 26. — Voyage de LL. MM. en Belgique. — Arc de triomphe d'un village. — Retour à Saint-Cloud. — Le duc de Rovigo. — Fouché. — Bal du prince de Schwartzenberg. — Napoléon quitte le bal et revient sur les lieux de l'incendie. — Abdication de Louis, roi de Hollande. — Cause de ses infirmités. — Sang-froid de Junot. — Prix décennaux. — Histoire de Fénélon. — Réunion de la Hollande à l'empire. — Grossesse de l'impératrice. — Madame de Montesquiou. — M. Dubois. — Canova. — Le pape doit loger à l'Archevêché de Paris. — Communication au Sénat. — Brûlement des marchandises anglaises et maladie du roi Georges III.

CHAPITRE IV.

Page 38. — Czernicheff à Paris. — Discussions avec la Russie. — Promenades de l'impératrice. — Couches de Marie-Louise en présence de vingt-trois personnes. — La ville de Paris offre un magnifique berceau ; sa description et sa gravure. — Séjour à Saint-Cloud après les relevailles. — Chute du grand lustre de la salle à manger de l'empereur. — Un enfant nouveau-né est trouvé ; inutiles recherches ; il est envoyé aux hospices avec bonne recommandation. — Départ pour Rambouillet. — Voyage à Cherbourg. — Déjeuner sur la jetée. — Napoléon goûte la soupe du soldat. — Visite des vaisseaux de la rade. — Départ de Cherbourg. — Passage à

DES MATIÈRES. 315

Chartres. — M. Decazes. — Baptême du roi de Rome. — Mort subite du général Ordenner; anecdotes. — Séjour à Anvers et à Amsterdam. — L'impératrice visite le village de Bruk. — Saardam. — Départ d'Amsterdam. — Séjour à Dusseldorff. — Détails sur une audience de l'empereur.

CHAPITRE V.

Page 55. — Je lis la traduction des journaux anglais pendant le diner de l'empereur. — Départ de Czernicheff. — Traité avec l'Autriche et la Prusse. — Rassemblement des troupes en Pologne. — Voyage à Dresde. — L'empereur et l'impératrice d'Autriche, le roi de Prusse et le prince royal, etc., se rendent à Dresde. — Séjour à Dresde. — Départ des souverains rassemblés — Napoléon part pour l'armée. — Marie-Louise à Prague. — Séjour. — Mon journal sur ce séjour. — Carlsbad. — Visite à la mine de Frankenthal. — Egra, Bamberg et Wurtzbourg.

CHAPITRE VI.

Page 71. — Mes préparatifs de voyage pour la Russie. — Je suis chargé des dépêches de l'impératrice et du portrait du roi de Rome, peint par Gérard. — Notice sur ce peintre célèbre. — Anecdote sur un grand portrait de Marie-Louise. — Note sur les embellissemens au Louvre projetés par l'empereur. — Mon voyage et mon arrivée au quartier-général, le 6 septembre, veille de la bataille de la Moscowa. — Napoléon fait ouvrir la caisse où est le portrait de son fils. — Emotion de l'empereur; il appelle les officiers-généraux pour leur faire partager son admiration; paroles qu'il prononce. — Note sur ce tableau. — Sur Horace Vernet. — Bataille de la Moscowa. — Mort glorieuse des généraux Montbrun, Auguste Caulincourt, etc., etc. — Le duc de Dantzick. — L'empereur fait donner des soins à la blessure du prince Potemkin.

CHAPITRE VII.

Page 83. — *Te Deum* à Moscou pour la bataille de la Moscowa. — Usage de la cour de Vienne à la suite d'une bataille. — Houra des Cosaques. — L'empereur visite le champ de bataille ; ordre relatif aux blessés. — Mojaïsk. — Le 14 septembre devant Moscou. — Entrée de l'empereur à Moscou ; il s'établit au faubourg de Dorogomiloff. — Pourparlers des Cosaques avec le roi de Naples. — Philippe de Ségur et moi recevons l'ordre de nous rendre au Kremlin et d'en faire la visite. — Rapport. — Retour au Kremlin pour y préparer l'établissement des services de la maison de l'empereur. — Nuit passée sur des chaises dans le salon réservé pour l'empereur. — Premières flammes de l'incendie. — Cet incendie doit être attribué aux Russes.

CHAPITRE VIII.

Page 93. — Moscou et le Kremlin. — Progrès de l'incendie. — Bouteille d'eau-forte. — Napoléon quitte le Kremlin et se rend à Peterowski. — Deux jours après retour au Kremlin. — Comédiens français du théâtre de Moscou. — Surintendance de ce théâtre. — Madame Bursai directrice. — Représentations ; concerts particuliers au Kremlin. — Notice sur Madame Bursay. — L'empereur Alexandre voulait la paix. — Lauriston au quartier-général russe. — Trêve. — Rupture de la trêve. — Attaque contre la cavalerie du roi de Naples. — Charles de Beauvau est blessé. — Agitation passagère de Napoléon ; motifs. — Les comédiens, avertis du départ de l'armée, la suivent. — L'empereur a eu l'envie d'hiverner à Moscou ; réflexions à ce sujet.

CHAPITRE IX.

Page 112. — Première journée de la retraite de Moscou. — Montagnes russes. — Victoire de Malojaroslawetz. — Maison

DES MATIÈRES. 317

russe. — Duc de Trévise. — Wintzingerode. — Champ de bataille de la Moscowa. — Ordre de prendre les blessés sur nos équipages. — Premiers froids. — Changement de lune. — Premières neiges.

CHAPITRE X.

Page 120. — Nouvelle de la conspiration Mallet. — Attaque de goutte. — Nouvelles des comédiens. — M. Péron. — M. Adnet. — Je quitte Smolensk. — Montagnes de verglas. — Cosaques. — Mort de M. de Villeblanche, etc. — Courage de madame Bursay. — Blessure du général Ornano. — Napoléon reçoit des nouvelles du maréchal Ney. — M. Gourgaud porteur de ces nouvelles. — Paroles de l'empereur. — Magasins. — Préparatifs pour le passage de la Bérézina. — Jonction des corps d'armée de la Dwina et de Mohiloff. — Passage du corps d'armée du duc de Reggio. — Séjour à Studianka. — Passage de la Bérézina.

CHAPITRE XI.

Page 137. — Continuation du passage. — L'empereur se rend à l'arrière-garde. — Convoi attaqué par les Cosaques; ils enlèvent la voiture du comte Daru; blessent d'un coup de lance le major Donnai; les Cosaques s'éloignent. — Nous rejoignons l'avant-garde commandée par le vice-roi. — Un boulet de canon tombe dans la chambre du duc de Reggio. — Académie des ours. — Montagne de Vilna. — Convoi du duc de Bassano. — Séjour à Berlin. — Arrivée du comte Louis de Narbonne à Berlin. — Sainte-Menehould. — Barrière de Paris.

CHAPITRE XII.

Page 154. — Aperçu sommaire sur la retraite jusqu'à Vilna.

CHAPITRE XIII.

Page 163. — Nouveaux préparatifs de défense. — L'évêque de

Nantes à l'audience du lever. — L'empereur va déjeuner à Gros-Bois et coucher à Fontainebleau. — Concordat du 23 janvier. — Calomnies répandues sur cette circonstance. — Lois de l'État pour un conseil de régence. — Refroidissement subit de l'Autriche. — Rappel du comte Otto et envoi à Vienne du comte Louis de Narbonne. — Prestation du serment de l'impératrice comme régente. — Palais de l'Elysée. — Le prince de Schwartzenberg et le comte Bubna à Paris. — Départ pour Mayence. — Conversation de Napoléon à Mayence relative au concordat et son opinion sur le gouvernement du pape. — Mort du duc d'Istrie.

CHAPITRE XIV.

Page 173. — Bataille de Lutzen. — Opinion du maréchal Ney sur les conscrits. — Bravoure personnelle du roi de Prusse. — Conversation avec Duroc à Dresde. — Mort du duc de Frioul; notice. — Mobilier de la couronne. — Superficie de la France; sa population en 1813. — Armistice de Dresde. — Retour de l'empereur. — Conversation. — Fouché envoyé en Illyrie. — Bonté de Napoléon. — Comédie-Française à Dresde. — Son début. — Changemens remarquables dans les goûts de Napoléon. — Son opinion sur le Philinte de Fabre d'Eglantine. — M. Creuzé de Lesser. — Représentations de la Comédie Française. — Mademoiselle Mars au déjeuner de l'empereur.

CHAPITRE XV.

Page 191. — Affaire de M. Carion de Nisas. — Souvenir de 1805; trait de bonté de Joséphine. — Le roi de Naples arrive à Dresde. — Congrès de Prague. — Audience décisive de M. de Metternich à Dresde. — Conditions proposées par l'Autriche; refus de les signer; réflexions à cet égard. — L'empereur part de Dresde; il visite les places fortes sur l'Elbe. — Se rend à Mayence pour y voir l'impératrice Marie-Louise. — Représentations de la Comédie-Française;

son départ; billet du prince de Neufchâtel. — Reprise des hostilités. — Départ pour les eaux de Wisbaden et ,mon voyage en Languedoc. — 1814, mon retour à Paris le 19 janvier.

CHAPITRE XVI.

Page 205. — L'empereur était à Paris depuis deux jours.—Attitude de ce prince.—Campagne de France.—Congrès de Châtillon.—Courageuse conduite du duc de Vicence.—Conseil de régence; on décide de quitter Paris le 29 mars. — Réflexions sur cet ordre.— Ce qui se passa au conseil de régence du 28.—Sur l'impératrice Marie-Louise pendant la régence. —Départ de Paris à neuf heures du matin.— Le roi de Rome refuse de quitter le palais. — Arrivée à Rambouillet.

CHAPITRE XVII.

Page 214. — Physionomie de la cour. — Le roi Joseph y arrive le 29 au soir. — Ordre de quitter Rambouillet. — Arrivée à Blois. — L'archichancelier Cambacérès. — Les quatre personnes qui opinèrent pour quitter Paris. — Régence de Blois. — L'empereur me fait adresser des papiers espagnols dont il désire la traduction. — Proclamation de la régence. — Joseph, Jérôme et Cambacérès se rendent auprès de Marie-Louise pour lui annoncer qu'il fallait quitter Blois; elle s'y refuse; on parle de l'y contraindre; elle me fait demander; quelle était sa volonté; suites de cette affaire. — Arrivée des commissaires des puissances à Blois. — L'impératrice me charge de ses dépêches pour l'empereur son père.—Visite au comte Schouwaloff.—Salon du comte qui vise mon passe-port. — On notifie l'armistice. — Bataille de Toulouse.

CHAPITRE XVIII.

Page 229. — Je reviens à Paris dans la nuit du 9 au 10 avril. — Visite au prince de Schwartzenberg.—Arrivée de Metternich et de lord Castlereagh.—Conversation avec le prince de Metternich. — Je lui remets la lettre de l'impératrice pour l'empereur d'Autriche. — Le prince de Bénévent. — Aspect du salon de ce prince à cette époque. — Retour de M. de Nesselrode. — Paroles du prince de Bénévent. — Traité des puissances avec l'empereur. — Note sur ce traité. Mot du cardinal Gonzalvi. — Mon départ pour Fontainebleau. — Audience de l'empereur ; son opinion sur le départ de Paris, sur le congrès de Châtillon, sur le duc de Tarente, sur lui-même, sur le général Hullin.

CHAPITRE XIX.

Page 248. — Sur Napoléon. — Simplicité de ses goûts. — Sur son amour pour les femmes. — Sur ses habitudes privées. — Sur sa dignité personnelle. — Sur les grands services qu'il a rendus à la France. — Diverses pensées de Napoléon. — Extrait mortuaire de son père. — Marie-Louise à Orléans. — Remise des diamans de la couronne. — Le prince Paul d'Estherazy à Orléans. — Départ pour Rambouillet. — Visite de l'empereur d'Autriche. — Visite de l'empereur Alexandre. — Visite du roi de Prusse. — Départ de Rambouillet pour Gros-Bois ; séjour ; visite de l'empereur d'Autriche ; départ pour l'Allemagne. — L'impératrice Marie-Louise quitte la France le 2 mai et traverse le Rhin entre Huningue et Bâle.

CHAPITRE XX.

Page 267. — Relation anglaise de la campagne de Russie en 1812 avec des notes et commentaires critiques.

GALERIE AUTOGRAPHIQUE.

www.ingramcontent.com/pod-product-compliance
Lightning Source LLC
Chambersburg PA
CBHW070945180426
43194CB00040B/1075